처음 읽는

중국사

다 채 로 운 문 화 의 용 광 로 , 중 국

전국역사교사모임 지음

Humanist

—

2018년, 전국역사교사모임은 창립 서른 돌을 맞았다. 2,000여 명의 선생님이 함께하는 전국역사교사모임은 그동안 학생들과 호흡할 수 있는 더 좋은 수업, 새로운 교재를 만들기 위해 노력해왔다. 그리고 분야별로 전문성 있는 분들이 함께 공부하고 경험을 나누면서,《살아있는 한국사 교과서》,《살아있는 세계사 교과서》등 여러 권의 책을 펴냈다.

'처음 읽는 세계사 시리즈'는 《살아있는 세계사 교과서》의 연장선에서 기획되었다. 이 책을 읽은 많은 독자가, 그리고 학교에서 만나는 많은 학생이 세계사의 큰 흐름을 놓치지 않으면서도 각 나라의 역사를 좀 더 구체적으로 알고 싶어 했기 때문이다. 우리는 2010년 터키사를 시작으로 미국사, 인도사, 일본사, 중국사를 차례로 펴냈다. 많은 독자가 과분한 사랑을 주신 데 대해 깊이 감사드리며, 미진했던 부분을 보완해 개정판을 선보이게 되었다.

낯설고 익숙하지 않은 다른 나라의 역사를 배운다는 건 분명 쉽지 않다. 그래서 세계사의 관점에서 각 나라의 역사를 서술하되, 중요한 역사적 사건과 그 의미를 놓치지 않기 위해 노력했다. 또한 각 나라를 직접 탐방하는 느낌이 들도록 생생하게 서술했으며, 나아가 우리와의 거리감을 좁히고 세계 각 문명과 나라의 참모습을 이해하도록 내용을 다양하게 구성했다.

우리는 학생들과 함께 세계사를 배우고 가르치면서 몸으로 배운 나름의 노하우를 바탕으로 이 책을 기획하고 썼다. 독자들이 이 시리즈를 통해 여러 나라의 역사를 흥미진진하게 체험하면서 오늘을 살아가는 크고 작은 지혜를 얻을 수 있길 바란다.

2018년 12월
전국역사교사모임

머리말

이제 곧 우리 사회의 주역이 될 청소년들이 떠올리는 중국은 어떤 모습일까? 수업을 할 때마다 학생들에게 묻는다. '중국' 하면 무엇이 떠오르는가? 중국을 좋아한다면, 혹은 싫어한다면 그 이유는 무엇인가? 학생들의 답변에 우리는 놀랐고 안타까웠다. 땅덩어리가 넓고 인구가 많다는 뻔한 대답 말고는, 학생들의 대답은 빈약했고 편견에 사로잡힌 것이 많았다. 중국에 관심이 있으면서도, 잘 알지 못하고 좋아하지도 않는다는 모순된 대답도 많았다.

역사를 공부하고 가르치는 사람으로서 중국인들이 누구이고, 무슨 생각을 하며, 어떤 미래를 만들어 가려 하는지에 대한 대답을 중국 역사 속에서 적잖이 찾을 수 있다고 생각한다. 이미 중국의 역사를 풀어낸 책이 많다. 그런데도 우리가 이 일을 시작한 이유는 바로 이런 문제의식 때문이다.

우리는 독자들이 중국사를 읽는 재미에 푹 빠질 수 있도록, 이야기하듯 역사를 풀어내려 애썼다. 그러면서도 중국인의 역사와 문화의 얼개를 짐작해 볼 수 있도록 큰 그림을 보여 주려 하였다. 또한 다른 책들과 달리, 오늘날 중국과 중국인을 이해하는 데 꼭 필요한 근현대사 비중을 크게 늘렸다.

중국은 넓은 땅만큼이나 다양한 환경 속에서 우리와 조금도 다를 바 없는 사람들이 실로 다채로운 역사를 빚어왔다. 수많은 사람이 오랜 세월 동안 빚어낸 다양한 이야기에 독자들이 흠뻑 빠져들 수 있기를 바란다. 이를 통해 중국과 중국인의 진면목을 만나고, 우리 사회가 그들과 어떻게 관계를 맺어야 할지 생각하는 계기가 되길 기대한다.

유감스럽게도 오늘날 한국인 중에는 주변국을 부정적으로 보는 이들이 많다. 근현대 역사가 빚어낸 아픈 결과다. 그러나 남북한이나 일본, 중국이 모두 동아시아라는 한 지붕 아래서 함께 나눈 경험이 결코 적지 않다. 그래서 서로의 차이를 존중하면서 평화적인 미래를 구상하는 것도 가능하다. 이 책이 그런 인식을 만드는 데 조금이라도 기여할 수 있다면 큰 기쁨이겠다.

그동안 책 집필을 제안하고 지원해 주신 전국역사교사모임 집행부 선생님들께 감사드린다. 쉽지 않은 길을 함께 걸으면서 꼭 필요한 조언을 아끼지 않은 윤종배·박인숙·권오경·전형준·이강무 선생님, 시도 때도 없이 들이민 초고를 꼼꼼히 봐 주신 이인석·윤세병 선생님께도 감사드린다.

다양한 색깔로 빛나는 중국인의 삶과 문화, 새로운 미래를 만들기 위한 중국인들의 숨결을 잘 느낄 수 있도록 이 책을 꾸며 주신 휴머니스트 편집부에 감사의 말씀을 드린다.

우리 가족도 또 다른 저자다. 우리가 이룬 성취가 조금이나마 있다면, 최초의 독자이면서 든든한 후원자인 박인숙, 김시정, 김진형, 이승헌, 이 책과 같이 태어난 윤하, 은재와 함께하고 싶다.

2014년 4월
책임 집필자 김육훈, 이지현

차례

프롤로그 | 다채로운 문화의 용광로, 중국 그리고 중국인

높은 하늘에서 한반도를 내려다보자. 아니, 더 높이 쏘아 올린 인공위성에서 한반도를 내려다보자. 아름다운 한반도의 북쪽은 중국과 잇닿아 있다. 남으로 내려와 한반도를 보더라도, 좁은 황해 건너에 있는 중국이 한눈에 들어온다. 중국은 일본과 함께 대한민국에 가장 가까이 있는 나라다.

중국은 땅덩이가 매우 큰 나라로 대한민국 면적의 100배, 남북한을 합친 면적의 45배에 가깝다. 국토의 서북쪽에는 초원과 사막이 드넓게 펼쳐져 있고, 남쪽은 수천 미터 높이의 히말라야 산맥이 자연 국경을 이룬다. 서쪽에서 동쪽으로 갈수록 평야가 확대되지만, 남쪽과 북쪽은 기후가 달라 서로 크게 다른 모습을 띤다. 남쪽은 강수량이 풍부하고 수많은 논과 저수지가 늘어서 있는 데 반해, 북쪽은 비가 적게 오고 광활한 평원과 밭농사 지역이 펼쳐진다.

드넓은 땅에는 한족이 가장 많이 산다. 그러나 중국에는 공식적으

로 55개 소수 민족이 고유한 전통을 유지하면서 함께 산다. 조선족, 만주족, 몽골족같이 익숙한 이름도 있으나 아예 낯선 민족도 많다. 그들의 인구 또한 무려 1억 명이 넘는다. 이들이 쓰는 말이나 종교도 한족과 다르다. 이런 이유로 중국은 다채로운 빛깔을 가지게 되었다.

중국의 면적은 유럽의 2배에 가깝고, 인구는 유럽 전체 인구의 곱절이 넘는다. 그런데도 이들이 하나의 국가를 구성한 것은 놀라운 일이다. 중국에는 교통과 통신이 오늘날처럼 발달하지 않았던 아주 오래전부터 거대한 통일 왕조가 수시로 나타났다. 진·한과 수·당이 그러하였으며, 송·원·명·청이 그러하였다.

통일 왕조의 앞뒤로 제국이 분열된 시기도 짧지 않았다. 춘추·전국 시대나 위진·남북조 시대, 5대 10국 시대가 그것이다. 숱한 전쟁으로 생활터전은 허물어지고 삶은 피폐해졌다. 그러나 이 시기를 분열이나 혼란과 같은 단어로만 설명하기에는 부족함이 많다. 여러 지역 다양

한 계층의 문화가 어우러지고, 한족의 농경 문화에 유목 민족의 문화가 뒤섞이고, 서역에서 전해진 다양한 문화가 소개되었다. 그리하여 이 시기는 실로 새것이 낡은 것을 대체하고, 다양한 문화가 어우러져 새로운 빛을 만들어 낸 때이기도 하였다.

통일 왕조는 하나의 용광로 같았다. 다채로움이 그 속에서 뒤엉켜 세계 최고 수준의 문화를 일구어 냈다. 중국은 인류 최초의 문명이 일어난 곳 중 하나이며, 전근대 시기 내내 동아시아 문명의 중심지였다. 적어도 19세기까지는 세계에서 경제가 가장 발전하고 삶이 풍요로웠던 곳이다.

근현대 시기에 들어서면서 중국은 제국주의 국가들의 침략으로 참기 어려운 굴욕과 고통을 당하였다. 그러나 그들의 역동적인 운동은 100년의 수난을 극복하고 신중국을 탄생시켰고, 신중국 60년 역사는 중국인들의 가능성과 중국 역사의 역동성을 유감없이 보여 주었다.

　현재, 중국은 세계의 가장 중요한 두 국가(G2) 가운데 하나로 불린다. 중국은 외환 보유고가 세계에서 가장 많은 나라다. 경제 규모와 무역 규모도 세계에서 두 번째다. 이제 중국 상품이 없는 곳, 중국과 교역하지 않는 국가는 찾기 어려울 정도다.

　하나이면서 여럿인, 여럿이면서도 하나인 중국.

　이제 중국과 중국인을 만나러 출발해 보자. 그들이 오랜 시간 만들어 낸 역동적인 변화의 이야기를 들어 보자.

우루무치●

신장웨이우얼 자치구

칭하이성

티베트족 자치구

라싸●

중국의 기초 정보
- 국명 : 중화인민공화국
- 면적 : 9,596,961km²(한반도의 43배)
- 인구 : 13억 4958만 명(2013년 현재)
- 수도 : 베이징
- 언어 : 중국어
- 민족 : 한족(91%), 좡족·만족 외 소수민족

일러두기

■ 이 책에 사용한 '인명', '지명' 등은 현재 통용되는 외래어 표기법에 따라 중국어 이름으로 쓰는 것을 원칙으로 삼았으나, 필요한 경우 한자음을 사용하였다. 인명의 경우, 근대 이전의 인물은 한자음으로 표기하였다.

■ 본문 내용 중 보충 설명이 필요한 부분에는 ● 표시를 사용해 각주를 달았다. 그 밖에 내용을 이해하는 데 필요한 동의어나 간단한 설명글 등은 괄호 안에 표기하였다.

■ 본문에 나오는 대화체는 낯선 역사를 좀 더 생생하게 이해할 수 있도록 사료를 바탕으로 구성하였다.

1장

신화와 역사, 중국 문명의 형성

세계의 중심이라고 자처하였던 중국인들, 동아시아 여러 나라에 크고 작은 영향을 주었던 중국 문명. 그 시작은 언제였으며, 어떤 모습이었을까? 오늘날 중국 영토 안에서 가장 먼저 사람이 살았던 때로 거슬러 올라가 보자. 후대 역사가들이 남긴 가장 오래된 역사 기록과 그 당시 삶을 일구었던 이들이 남긴 유적과 유물, 입에서 입으로 전해진 신화 같은 이야기들. 이를 바탕으로 황허와 양쯔 강 유역을 중심으로 초원과 농경 지대를 넘나들면서 탄생한 중국 문명의 기원을 찾아가 보자.

기원전 **170만 년경**   윈난 성에서 위안머우인 등장

기원전 **50만 년경**   베이징 근처에서 베이징인 등장

기원전 **5000년경**   반포 지역에 신석기 마을 형성

기원전 **2070년경**   하나라 건국(추정)

기원전 **1600년경**   은나라 건국

기원전 **1300년경**   은나라, 수도를 은(은허)으로 옮김

기원전 **1046년**   은 멸망, 주나라 성립

기원전 **70만 년경** 구석기 문화 시작

기원전 **8000년경** 신석기 문화 시작

기원전 **2333년경** 고조선 건국

기원전 **1500년경** 청동기 문화 시작

기원전 **3000년경** 이집트
문명 성립

기원전 **1만 년경**   조몬 시대 개막

기원전 **3세기경**   벼농사 시작, 야요이 시대

기원전 **2500년경** 인더스 문명 성립

기원전 **3000년경** 메소포타미아 문명 성립

기원전 **1240년경** 아시리아, 바빌로니아 정복

기원전 **1020년경** 헤브라이 왕국 성립

1 신화에서 역사로

사람이 살기 시작하다

"아! 정말 아름답구나!"

까마득한 옛날, 여와라는 여신이 있었다. 그는 진흙으로 무언가를 빚어 놓고는 바라보며 감탄하고 있었다. 여와가 뿌듯한 표정으로 쓰다듬자 진흙 덩어리는 "후~" 하는 소리를 길게 내쉬었다. 그러고는 한 발 두 발 걷기 시작했다. 최초의 인간이 만들어진 순간이었다.

이후 여와는 매일 진흙을 빚어 사람을 만들었다. 나중에는 황톳물에 새끼줄을 튕겨 많은 진흙 방울을 만들고, 이들을 모두 사람으로 변하게 했다. 이때 탄생한 수많은 사람은 여기저기 흩어져 저마다 살기 편한 곳에서 어우러져 살았다.

여와 이야기가 실려 있는 중국 신화에 따르면, 사람이 살기 시작한 때는 그저 까마득한 옛날이다. 그 까마득한 날은 언제쯤일까, 그날은

눈에 보이는 증거로 밝혀질 수 있을까?

중국 남부 윈난 성에서는 170만 년 전 인류의 흔적으로 보이는 사람의 앞니 2개가 발견되었다. 이 앞니의 주인은 돌을 깨어 간단한 도구를 만들었거나, 식물의 열매나 뿌리를 채집해서 먹었거나, 무리를 지어 이동 생활을 했을 것이다. 증거로 확인되는 최초의 인류라 할 이 구석기인을 '위안머우인(元謀人)'이라 한다.

50만 년 전쯤에는 베이징 근처에서 더욱 발달한 인류가 나타났다. '베이징인(北京人)'이라 불린 이들도 구석기인이긴 마찬가지였다. 그런데 이들은 불을 잘 사용했다. 동굴에 불을 피워 어둠을 물리치고 무서운 맹수들을 쉽게 몰아냈다. 사냥해 온 고기를 익혀 먹으면서 영양 상태도 좋아졌을 것이다.

이들보다 나중에 등장한 인류의 화석도 여러 곳에서 발견되었다. 45만 년 전에는 생김새가 현대인과 비슷한 인류가 나타났다. 이들은 화살촉과 뼈바늘같이 예전보다 훨씬 정교한 도구를 제작했다. 여러 가지 장식품을 만들어 몸치장을 했고, 동료가 죽으면 땅에 묻고 주변에 빨간 가루를 뿌리며 장례를 치르기도 했다.

농사를 짓다

기원전 8000년 무렵, 지구를 뒤덮었던 빙하가 사라졌다. 지구 전체가 이전보다 더 따뜻해졌고 생태계에도 많은 변화가 일어났다. 드넓은 중국 대륙에서 비옥한 땅이 많은 곳, 특히 황허 유역과 양쯔 강 유역에서는 이 무렵부터 인류의 삶을 획기적으로 바꿀 새로운 시도가 이

구석기 시대의 인류와 신석기 문화

중국 대륙에는 적어도 170만 년 전부터 사람이 살았고, 이때부터 구석기 시대가
시작되었다. 신석기 시대는 약 1만 년 전쯤 시작되었다.

● 구석기 시대 인류
 신석기 시대 문화 유적

홍산 문화

베이징인, 산딩둥인 ●

양사오 문화　　　　다원커우 문화

황허

란톈인 ●반포

양쯔 강

허무두 문화

●허무두

위안머우인 ●

마바인 ●

산딩둥인 1933~1934년에 발견된 후기 구석기 시대(약 2만
년 전)의 인류. 저우커우뎬(周口店) 용골산의 동굴에서 온전한
사람의 머리뼈 세 개가 다른 뼈들과 함께 발견되었다.

위안머우인 1965년 윈난 성 위안머우 현에서 발견된 인간의
치아 화석. 약 170만 년 전에 살았던 사람으로 추정된다. 돌
로 만든 도구와 불을 사용했다.

베이징인 1923~1929년에 베이징의
저우커우뎬에서 발견된 화석인류. 약
50만 년 전 인류로 추정된다. 뼈 화석
이 발견된 유적지에서 많은 동물뼈와
돌로 만든 도구가 함께 발견되었다.

복희와 여와

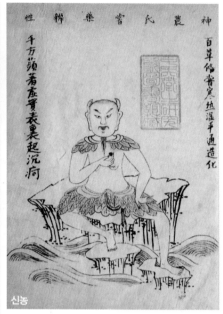

신농

중국 문명의 탄생 신화 중국 문명의 탄생에 얽힌 비밀은 '삼황(三皇)'이라 불리는 신들의 이야기로 전해진다. 진흙으로 인간을 창조하고 혼인 제도를 가르쳐 준 '여와', 그물을 발명하여 고기 잡는 법과 사냥기술을 전해준 '복희', 인간에게 농사짓는 법을 알려 준 태양의 신 '신농'이 바로 그들이다. 여성신인 여와 대신 불을 얻어 음식물을 요리하는 방법을 가르쳤다는 '수인'을 삼황에 포함하기도 한다.

루어졌다.

이 시기의 일은 중국 신화 속에 신농 이야기로 전해진다. 신농은 몸은 사람의 형상이나 얼굴은 소의 모습이었다. 어머니가 신령스런 용의 영감을 얻고서 낳았다. 그는 불을 잘 다스려 '염제'라고도 불렀다. 농기구를 만들어 농사를 가르쳤고 약초를 찾아내서 병을 다스렸으며,

시장을 세워 교역을 가르쳤다고 한다.

　농사를 짓고 병을 다스리고 교역을 시작한 이 모든 것이 바로 신농에 의해 시작되었다고 신화는 전한다. 실제로 그 많은 일을 한 사람이 다 할 수는 없었겠지만, 중국인들은 수백 년 혹은 수천 년 동안 이룬 선사 시대의 역사적 성취를 신농 신화로 기억하는지도 모른다.

　신농 시대로 기억되는, 7000년 전쯤 이야기는 여러 가지 증거를 통해 확인할 수 있다. 황허 유역의 '반포(半坡)' 유적지로 가 보자.

반포 유적 집터 중국 산시 성 시안에 있는 신석기 시대 농경 촌락 유적이다. 전성기 때 200~300여 채의 주거지 유적과 많은 유물이 발견되어, 황허 문명의 초기 모습을 이해하는 데 도움이 된다. 오른쪽은 반포 유적지에서 출토된 제사용 그릇이다.

이 마을은 강 옆의 약간 높은 지대에 형성되었는데, 5명 남짓 살 수 있는 반지하식 집이 여러 채 있었다. 집 안의 가운데에는 난방과 조리에 쓰였던 화로가 있으며, 구석에는 흙으로 빚은 그릇들이 놓여 있었다. 집 근처에는 곡식을 저장한 작은 굴도 여럿 있었다.

원형으로 된 마을에는 집이 200~300여 채였으니 수백 명 혹은 천여 명이 어울려 살았던 셈이다. 이들은 힘을 모아 조와 수수를 재배하고 돼지와 개, 닭 따위를 길렀다.

허무두에서 발견된 볍씨 허무두 유적에서는 볍씨가 대량으로 발견되었다. 이로써 양쯔 강 유역에서 가장 먼저 벼농사가 시작되었다는 사실이 입증되었다.

허무두인의 가옥 저장 성 닝보 시 부근에서 1973년에 발견된 신석기 시대 집터를 조사하여 당시 가옥을 복원한 것이다. 이 유적에서 약 6000~7000년 전 사람들의 생활을 보여 주는 많은 유물이 발견되어, 중국 문명이 황허 유역에서만 싹튼 것이 아님을 알 수 있었다.

특별히 큰 집이 없는 것으로 보아 마을 사람들은 대체로 평등했고 결과물은 공평하게 나누어 가졌으리라 짐작된다. 아마 경험이 풍부한 이가 지도자가 되었을 테지만, 지도자가 다른 이를 지배하는 그런 시대는 아니었을 것이다.

반포보다 조금 이른 시기 양쯔 강 유역의 '허무두(河姆渡)'에도 마을이 형성되었다. 이곳은 황허 유역보다 덥고 습했으며 늪과 수풀이 많았다. 사람들은 나무를 엮어 집을 지었는데, 습기와 해충을 피하기 위해 땅 위로 높게 띄웠다. 이들도 농사를 짓고 짐승을 길들여 기르며 생활했다. 다만 황허 유역과 달리 쌀을 주로 재배했다.

반포와 허무두는 그저 하나의 사례에 불과하다. 지금으로부터 6000년 전쯤에는 농사를 짓고 가축을 기르는 마을이 중국 땅 곳곳에서 등장했다.

'천하'에 '만국'이 등장하다

농사를 짓고 짐승을 기르면서, 마을과 공동체의 모습은 조금씩 바뀌었다. 좀 더 부자인 사람이 있는가 하면, 남들보다 훨씬 가난해진 사람도 생겼다. 부자는 더 큰 부자가 되었고, 가난한 이는 몸이라도 팔아야 생계를 유지할 수 있는 처지로 바뀌었다. 마찬가지로 좀 더 발전한 마을이 있는가 하면 갈수록 쇠퇴한 마을도 생겼다. 문명이 형성된 다른 곳처럼 이곳에서도 계급이 형성되고 국가가 나타났다. 중국 역사의 첫 장은 이렇게 시작되었다.

황제, 전욱, 제곡, 요, 순.

황제 중국 역사를 기록한 《사기》는 전설적인 다섯 통치자, 황제·전욱·제곡·요·순의 이야기로 시작한다. 이 오제가 다스리던 시기에 고대 중국 문명의 기초가 확립되었다고 하는데, 오늘날 중국인들은 황제를 중국 민족 공동 시조로 추대한다. 황제가 다스리던 시기에 문자가 발명되고, 역법이 제정되었다고 전한다.

중국 역사서 《사기(史記)》는 이 다섯 임금〔五帝〕을 중국사의 시작으로 여긴다. 황제는 황허 일대를 통일하고 각종 문물과 제도를 만들었으며, 그 뒤를 네 명의 왕이 차례로 이었다. 이들은 훌륭한 자질을 갖추었다 하여 뭇사람에 의해 추대되었으며, 왕위에 있으면서도 늘 겸손하여 더 나은 사람을 찾아 자신의 자리를 물려주었다고 한다.

이들이 실존 인물인지, 그렇다면 실제 어떤 사람인지는 분명하지 않다. 다만 이들의 이야기 속에서 국가 건설의 초기 모습을 어느 정도 짐작할 수 있다.

이들이 통치하던 때는 왕의 권력이 절대적이지 않았고 통치자의 도덕성이 어느 때보다 중시되었다. 나라의 규모도 그리 크지 않았다. 황제는 황허 유역의 군주로 군림했을 뿐, 산둥에는 '치우'가, 양쯔 강 유역에는 '삼묘' 세력이 동시에 존재했다.

여러 곳에서 발견된 유적과 유물을 보면, 최초의 국가는 작은 도시 규모로 형성된 듯하다. 제법 모양새를 갖춘 마을은 외부의 침략을 막기 위해 성벽을 쌓았는데, 그 하나하나를 당시 사람들은 '방', '읍', '국'이라 불렀다. 그러니 처음부터 하나의 '중국'이 있었던 것이 아니라 천하에 '만국'이 있었던 셈이다.

《사기》에서 사마천은 기원전 2070년 무렵 여러 국가를 통합하여 하(夏)나라가 등장하는 과정을 이렇게 그렸다.

그 무렵 황허 유역 사람들은 해마다 거듭되는 홍수로 큰 고통을 겪었다. 태평성대라 불리는 요순 시대도 마찬가지였다. 그런데 '우'라는 인물이 등장하여 그 어렵다던 치수 사업을 성공적으로 매듭짓자 방·읍·국의 통치자들은 우를 순임금 다음 왕으로 추대했다. 이후 그 아들이 왕위를 이어받아 하 왕조가 시작되었다.

황허 유역의 여러 국가는 하나라 왕의 통치를 인정했다. 그러나 그들 하나하나는 여전히 독립 국가였다. 하나라 왕은 필요할 때 주변 나라들을 통솔할 수 있었으나, 그 역시 여러 왕 가운데 하나였다.

◉ 문자의 발명

사회가 복잡해지고 국가가 탄생하면서 사람들은 문자를 만들어 기록하기 시작했다.

그렇다면 중국에서는 누가 처음 문자를 만들었을까?

바로 황제의 신하라고 전해지는 신화 속 인물, 창힐이다. 까마득한 옛날에는 새끼줄에 매듭을 지어 의사를 표시했다고 한다. 이를 불편하게 여긴 창힐은 우연히 새와 짐승의 발자국을 보고 아이디어를 얻어 문자를 만들었다고 전해진다.

창힐은 실재 인물이 아니었을 것이다. 그러나 그의 이야기는 한자가 사용되기 전의 의사소통 방식을 잘 보여 준다.

창힐의 이야기에 나오는 새끼줄의 매듭은 점차

글자가 새겨진 **청동기** 기원전 9세기 무렵인 서주 시대 청동기로, 산씨반이라 불리는 쟁반이다. 산씨가 이웃 나라와 토지의 경계를 바르게 했다는 등의 내용을 담은 357자가 새겨져 있다.

글자가 새겨진 **거북 등딱지** 은의 수도였던 은허에서는 기원전 1300~기원전 1100년 시기의 문자가 기록된 수많은 거북 등딱지와 짐승의 뼈가 발견되었다.

정형화된 문자로 변화했다. 문자가 막 만들어져 사용되었던 흔적을 당시 유물을 통해 알 수 있다. 청동 표면에 새겨진 문자를 금문이라 하고, 거북의 등딱지나 짐승의 뼈에 새겨진 글자를 갑골문이라 한다. 초기에는 사물의 생김새를 본떠서 글자를 만들었는데, 이러한 초기의 문자를 응용하면서 점차 복잡한 체계의 한자가 완성되었다. 그러니 금문이나 갑골문이야말로 한자의 기원인 셈이다.

2 | 은, 천하만국을 아우르다

읍의 연합국가, 상나라

하나라의 뒤를 이은 왕조는 '상(商)'이었다. 상나라의 시조는 '설'이라는 인물로, 우왕이 치수사업을 벌일 때 작은 국가를 이끌었다.

기원전 1600년 무렵, 설의 후손인 '탕'이 군대를 휘몰아 하나라의 수도를 공격했다.

"저 사치스런 궁궐을 보라! 술로 연못을 만들고 고기로 숲을 만드는 동안 얼마나 많은 백성이 고통을 받았겠는가?"

하나라의 마지막 임금 '걸'은 도망치다 죽임을 당했고, 하나라도 그렇게 멸망했다.

탕은 걸을 왕으로 섬기던 나라들과 손잡고 군대를 일으켜 걸왕을 몰아낸 뒤에도 이들 나라의 자율성을 폭넓게 인정했다. 뒤를 이은 후손들도 마찬가지였다. 상나라는 이들 나라, 즉 여러 읍이 연합한 형태였던 것이다.

상나라 초기에는 몇몇 큰 읍에서 왕과 왕비 자리를 번갈아 가며 차지했다. 그리고 각 읍의 우두머리들은 왕에게 공납을 바치고 전쟁 때에는 협력했으며, 때때로 왕의 관리 노릇도 했다.

사람들은 대부분 농사를 지으며 이들의 지배를 받았다. 상나라 때는 거름 주는 법이 보급되고 저수지가 만들어져 농사도 꾸준히 발달했다. 특히 해와 달의 움직임을 관찰하여 달력을 만들어 사용함으로써 농사에 큰 도움이 되었다.

상나라 주변에는 훗날 주나라를 세운 주방을 비롯해 북쪽에는 강방, 토방 등이 있었고, 남쪽에도 인방, 촉방 등 작은 국가들이 자리 잡고 있었다. 상나라는 한편으로는 이들과 동맹을 맺고 다른 한편으로 치열하게 싸우면서 어렵게 성장했다.

수도를 은으로 옮기다

기원전 1300년경, 상나라는 수도를 '은(殷)'으로 옮겼다. 이 때문에 사람들은 상나라를 은나라라고 부르기도 했다. 이 무렵 상은 왕권이 이전보다 성장하면서 정치적으로 안정되고 농업 경제도 꾸준히 발달했다. 당시 모습은 새로 건설된 수도인 은의 유적이 발굴되면서 알려졌다.

은의 옛터(은허)에서는 거대한 궁궐터와 집터가 발견되었다. 또 13기의 큰 무덤과 1000기가 넘는 작은 무덤이 발굴되었는데, 무덤에서는 수많은 일상용품과 장식품이 함께 발견되었다.

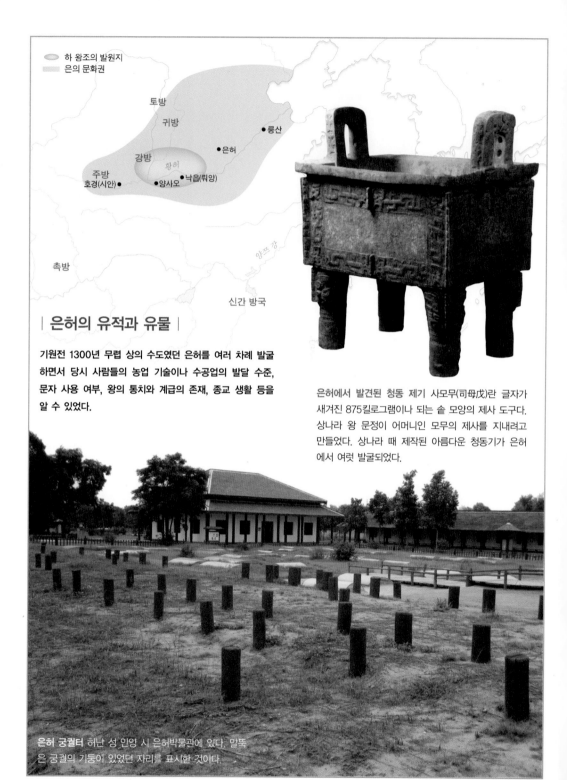

하 왕조의 발원지
은의 문화권

토방

귀방

강방
룽산
은허
황허
낙읍(뤄양)
주방
양사오
호경(시안)

촉방

신간 방국

양쯔 강

| 은허의 유적과 유물 |

기원전 1300년 무렵 상의 수도였던 은허를 여러 차례 발굴하면서 당시 사람들의 농업 기술이나 수공업의 발달 수준, 문자 사용 여부, 왕의 통치와 계급의 존재, 종교 생활 등을 알 수 있었다.

은허에서 발견된 청동 제기 사모무(司母戊)란 글자가 새겨진 875킬로그램이나 되는 솥 모양의 제사 도구다. 상나라 왕 문정이 어머니인 모무의 제사를 지내려고 만들었다. 상나라 때 제작된 아름다운 청동기가 은허에서 여럿 발굴되었다.

은허 궁궐터 허난 성 안양 시 은허박물관에 있다. 말뚝은 궁궐의 기둥이 있었던 자리를 표시한 것이다.

특히 청동기를 제작하는 대형 작업장과 정교하고 아름다운 청동기가 무수히 발견되었다. 청동 주조 기술은 매우 발달하여 다양한 형태의 청동기를 많이 만들었다.

글자가 새겨진 거북의 등딱지와 짐승의 뼈도 무수하게 발견되었다. 은나라는 중요한 일을 결정할 때면 점을 쳐서 신의 뜻을 물었다. 뼈를 불에 달구면 소리가 나며 표면이 갈라지는데, 갈라진 모양을 보고 신의 뜻을 해석했던 것이다. 그 결과를 거북의 등딱지와 짐승의 뼈에 기록했는데, 이것이 한자의 조상이라 할 갑골문자이다.

글자가 새겨진 갑골은 은허를 중심으로 대략 10만 편, 100만 자가량 발견되었다. 그 내용은 전쟁의 결과를 점친 것, 농사의 풍흉을 묻는 것, 재해의 발생 여부를 묻는 것, 질병이나 임신 여부를 묻는 것 등매우 다양했다. 갑골은 당시 사람들이 무엇을 중요하게 생각하고, 어떻게 지냈는지를 보여 주는 소중한 자료이다.

왕이 제사와 정치를 아우르다

기원전 1250년 무렵, 은나라의 전성기를 이끈 왕 무정이 신하들을 불러 모았다.

"이제부터 선왕의 이름에 '제(帝)'를 붙일 것이오. 이는 선왕들께서 하늘의 신과 함께한다는 의미요!"

신하들이 머리를 조아리고 화답하자 무정은 또다시 추상같은 명령을 내렸다.

"조만간 선왕들께 제사를 드릴 것이니 철저히 준비하시오!"

드디어 하늘에 제사를 드리는 날, 의식을 주관하는 무당이 번쩍거리는 청동 의기를 손에 들고 나타났다. 청동 의기에 사람들의 시선이 모인 순간, 무당은 피가 뚝뚝 흐르는 제물을 성스러운 청동 의기 안에 넣고 주문을 외었다.

무당이 크게 소리치자 주변 사람들이 모두 고개를 숙였고, 손발이 묶인 사람들이 끌려왔다. 이들은 마지막 제물로 하늘에 바쳐졌고, 지켜보던 사람들은 더욱 두려워하며 왕 앞에 무릎을 꿇었다.

대규모 제사일수록 제물로 바쳐진 사람이 많았는데, 갑골문에는 이 같은 상황이 잘 나타나 있다. 이뿐만이 아니었다. 왕이 죽으면 죽은 왕을 시중들기 위한 시종은 물론이고, 왕의 부인과 측근의 신하들까지 함께 매장했다. 이런 순장의 광경은 은허 유적지 곳곳에서 발견되었다.

이와 같이 은나라에서 갑골로 점을 치고 제사를 주관한 사람은 다름 아닌 왕이었다. 왕은 최고 권력자인 동시에 최고의 종교적 권위자였다. 왕은 하늘과 땅을 매개하는 존재이며, 신의 뜻을 해석하고 실행

점치는 사람 모양 청동기 상나라 후기에 만들어진 높이 262센티미터 청동기로, 무당의 우두머리로 추측된다. 당시의 왕은 대체로 그런 역할을 했다. 쓰촨 성 싼싱두이(三星堆) 유적에서 발굴되었다.

하는 자로 자처했다. 이후 은나라의 권력은 갈수록 왕에게 집중되었고, 여러 속국에 대한 통제가 강화되었다.

그러나 은나라의 위세가 영원할 수는 없었다. 주변 속국들은 여전히 독립적으로 운영되었고, 호시탐탐 은나라를 넘보고 있었다.

3 | 주, 천자의 나라로 자처하다

주나라, 중원®에 자리 잡다

"멀리서 잘 와 주었소, 나의 군사들이여! 그대들의 칼을 높이 들고 창을 치켜드시오!"

주나라의 무왕은 수많은 군사 앞에서 기염을 토했다. 그는 은의 마지막 임금 주왕을 토벌하자고 소리를 높였다. 주왕은 세금을 지나치게 거두어 사치를 일삼은 데다 포악한 형벌을 가하기까지 했다.

주왕을 임금으로 섬겼던 많은 주변국은 은 왕실에게서 등을 돌렸다. 심지어 수도에 있던 왕의 신하들조차 무왕의 군대가 서둘러 오기를 바랐다. 그러니 전쟁은 해 볼 것도 없었다. 무왕이 돌격하자 몇 배나 많던 은의 군사들은 주왕을 배반하고 돌아섰다.

● 중원 | 황허 중류를 가리키는 말. 나중에는 한족의 활동 무대를 일컫는 말로 뜻이 확장되었다.

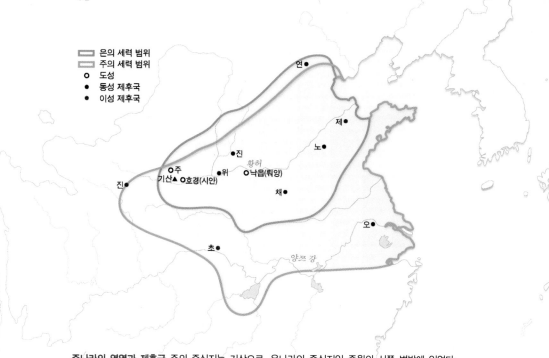

주나라의 영역과 제후국 주의 중심지는 기산으로, 은나라의 중심지인 중원의 서쪽 변방에 있었다. 그러나 주는 중원과 서쪽의 초원 지대를 연결하는 지점에 자리 잡아 양쪽의 문화를 받아들이면서 발전했다. 기원전 11세기 은나라를 멸망시킨 뒤, 주의 왕은 호경을 수도로 삼아 통치하면서 친척과 공신을 여러 지역에 배치하여 제후로 삼았다.

주왕은 보석이 박힌 옷을 뒤집어쓴 채 불 속에 뛰어들었고 군사들은 승리를 자축했다. 백성들도 '하늘이 행복을 내려주셨다'며 기뻐했다. 이제 은나라가 사라지고 주나라가 그 뒤를 이었다. 기원전 1046년의 일이었다.

은나라를 무너뜨린 주 왕실은 어디서 왔을까? 은나라가 위세를 떨치던 때, 무왕의 조상은 기름진 황토 지대인 기산에 정착하여 '주방'이라는 나라를 세웠다. 그리고 은의 왕을 섬기면서도 주변 나라들과 연합하여 세력을 길렀다.

주의 세력이 커지자 은 왕실은 견제하기 시작했다. 은을 무너뜨린 주의 무왕도 은의 수도에 오랫동안 인질로 잡혀 있었다. 그러나 은 왕실의 실정이 거듭되자, 각지의 크고 작은 나라들은 새로운 군주의 출현을 기대했다. 결국 무왕은 폭군을 토벌하자며 이 나라들과 손을 잡았던 것이다.

봉건제를 실시하다

주나라가 새로운 천하의 주인이 된 것은 분명했다. 그러나 주 왕실이 옛 왕실을 따르던 세력을 모두 장악한 것은 아니었다. 교통과 통신이 발달하지 않던 당시에 넓은 영토와 많은 인구를 다스리는 일도 쉽지 않았다.

무왕은 죽은 주왕의 아들에게 은나라의 옛 도읍 땅을 주어 나라를 유지하도록 했다. 그리고 그를 감시하기 위해 자신의 동생들을 주변에 머물게 했다. 또 주 왕실의 친척들을 각각 제후로 삼아 연(燕), 노(魯), 제(齊)라는 나라를 세우도록 했다. 무왕의 뒤를 이은 왕들도 친척들을 여러 곳에 보내 새로운 나라를 세우도록 했다. 이렇듯 땅을 주고(봉토) 새로운 나라를 세우게(건국) 한 체제를 '봉건제'라 불렀다.

시간이 흐를수록 주나라의 영토는 확대되고, 주 왕실은 친척들이 세운 나라, 즉 봉국에 둘러싸여 점점 힘이 세졌다. 새로운 나라를 세워 제후로 봉해진 이들은 해마다 주 왕실에 공물을 바치고 전쟁이 일어날 때에는 병력을 지원했다. 그러나 제후는 자신의 영토 안에서는 사실상 왕이나 다름없었다. 그들은 '경'·'대부'라는 신하들에게 또다

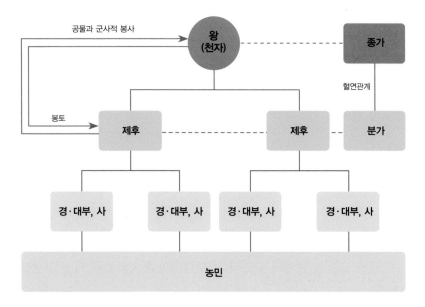

봉건제 봉건은 '땅을 주어 나라를 세우다'라는 뜻의 봉토건국의 줄임말이다. 주의 왕이 자신에게 충성한다는 조건 아래 친척과 공신에게 일정한 지역을 맡아 다스리도록 한 데서 유래했다. 왕이 임명한 제후는 사실상 작은 왕으로, 그들도 자신의 친척을 관리로 삼아 해당 지역을 다스렸다. 처음에는 제후가 왕실의 변방을 지키는 방패 역할을 했으나, 시간이 지날수록 제후의 독립성이 강화되어 국가의 통합성이 약화되었다.

시 일정한 땅을 봉했다. 경과 대부도 제후에게 각종 공물을 바치고 유사시에 군사적인 의무를 졌다.

주 왕실과 제후는 임금과 신하의 관계일 뿐만 아니라 핏줄로 연결된 한집안이었다. 이로써 국왕을 정점으로 주나라 전체가 하나의 혈연관계로 묶여 있다는 인식이 싹텄다. 이런 생각은 넓은 땅과 많은 나라를 결속하는 데 보탬이 되었다. 그러나 그 결속력은 세월이 흐르면 약해질 운명이었다. 왕실의 친척이 아닌 제후국이 많아지고, 핏줄 관계도 옅어졌기 때문이다. 그래서 봉건 체제는 아래로부터 허물어질 약점을 안고 있었다.

천자가 천하를 다스리다

"천명(天命)은 처음에는 하나라에 있었소. 그러나 걸왕이 포악한 정치를 하여 상의 탕왕에게 넘어간 것이오. 탕의 자손이 그 천명을 이었으나 은의 주왕에 이르러 하늘의 뜻을 저버렸으니, 이제 하늘의 명령은 바로 우리 주의 왕실로 넘어온 것이오."

천명은 하늘의 명령이란 뜻이다. 주나라의 통치자들은 하늘의 명령에 따라 자신이 백성을 다스린다고 주장했다. 천명을 받아 백성을 다스리는 왕은 '천자(天子)'라 불렸고, 천자가 다스리는 땅은 '천하(天下)'가 되었다. 주나라 왕은 이제 인간 세계 전체의 통치자를 자처한 것이다.

천자라는 관념은 왕실의 권위를 크게 높였을 뿐만 아니라 봉건제가 유지될 수 있는 근거가 되었다. 나아가 국경 너머에 사는 나라까지 천자의 지배를 받아야 한다는 생각마저 생겨났다. 이와 더불어 백성의 지지를 잃는 순간 천명이 움직인다는 관념이 자리 잡으면서 천자는 덕을 실천하며 어진 정치를 해야 한다는 생각도 싹텄다.

천명을 강조하고 봉건제가 정착되면서 주나라에서는 신분과 서열에 따른 질서가 강조되었다. 이러한 질서를 유지하기 위한 새로운 제사 의식과 규범이 탄생했는데, 바로 '예(禮)'였다. 사람들은 더 이상 은나라와 같이 인간을 제물로 바치는, 두렵고 신비로운 제사는 치르지 않았다. 대신 예를 갖춘 일정한 의식에 맞춰 선왕과 조상의 업적을 찬양하고 혈연 질서를 강조하는 내용의 제사를 올렸다.

질서를 유지하고 예를 갖춘 생활을 위해 신분에 따른 다양한 등급도 생겨났다. 의복, 집의 크기, 장식물, 타고 다니는 수레, 먹는 음식, 심지어는 음식을 먹을 때 사용하는 청동 솥의 개수까지 신분 등급에 따라 모두 달랐다. 이것들은 모두 당시 사람들이 지켜야 하는 규범처럼 여겨졌다.

이처럼 '왕은 천명을 받은 존재다', '천자는 덕으로 통치해야 한다', '신분과 서열에 따라 예를 갖춰야 한다'는 생각은 훗날 여러 왕조의 국가 운영에 크게 영향을 미쳤다.

얼리터우 유적지를 둘러보다

모두 4층으로 이루어진 어마어마한 규모! 엄청 큰 궁궐터와 곳곳에 숨어 있는 무덤들, 그리고 다양한 용도의 청동기가 빼곡히 들어차 있는 곳!

이곳은 바로 중국 허난 성에서 발견된 얼리터우(二里頭) 유적지다. 기원전 2000년에서 기원전 1500년 무렵의 모습을 고스란히 간직하고 있는 얼리터우는 황허 유역 청동기 시대의 문화를 잘 보여 준다.

자 그럼, 발굴장으로 함께 들어가 보자!

가장 오래된 공간인 아래층부터 살펴보자. 1층과 2층에는 여러 종류의 돌로 만든 도구와 토기 들이 묻혀 있다. 이때는 아직 신석기 시대였나 보다. 좀 더 자세히 살펴보니 작은 마을의 윤곽도 보인다. 당시 사람들은 돌로 만든 도구를 가지고 농사도 짓고 가축을 길렀을 것이다. 이들이 모여 살았던 마을은 시간이 지나면서 더 복잡해졌으리라.

이번에는 한참 시간이 흐른 3, 4층으로 올라가 보자. 예상대로 온갖 종류의 화려한 청동기들이 보인다. 청동으로 만든 칼과 창, 도끼 같은 매서운 무기가 시선을 사로잡는다. 당시 사람들은 이 무기들로 전쟁을 하

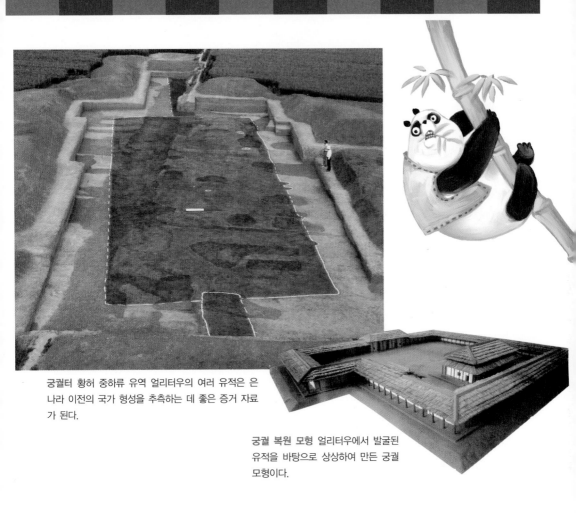

궁궐터 황허 중하류 유역 얼리터우의 여러 유적은 은나라 이전의 국가 형성을 추측하는 데 좋은 증거 자료가 된다.

궁궐 복원 모형 얼리터우에서 발굴된 유적을 바탕으로 상상하여 만든 궁궐 모형이다.

며 영역을 넓혔을 것이다. 청동으로 만든 크고 작은 방울과 거울, 술잔 따위가 보인다. 분명 하늘에 제사를 드릴 때 사용했을 것이다.

엄청난 규모의 궁궐터도 두 군데나 있다. 네모반듯한 궁궐터에는 세련된 청동기가 훨씬 많이 숨어 있다. 궁궐 북쪽에는 커다란 무덤들이 있는데, 여기에는 제사를 치를 때 필요한 도구들과 함께 목이 잘린 채 순장된 사람들의 유골이 보존되어 있다. 그리고 궁궐 주변에는 각종 청동기를 만들었던 작업장과 일반인의 집터도 있다.

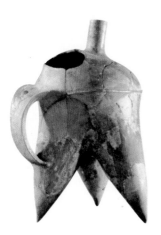

도기 진흙 재질의 도기로 모양이 정교하고 윤택이 난다. 조미료 담는 그릇으로 썼을 것이라 추측된다. 높이 25센티미터.

청동패 직물에 고정해 사용한 것으로 보이는 청동으로 만든 패. 표면에 도철이란 상상 속의 동물이 조각되어 있다. 14.2×9.8센티미터.

청동 술잔 술 마실 때 사용한 청동기로 문양이 단순하고 가볍다. 높이 20.7센티미터.

아! 점을 치는 데 쓰던 뼈들도 있다. 여기에는 갑골문자와 매우 비슷한 모양의 기호들이 새겨져 있다.

그런데 발굴장 안에 있는 사람들이 저마다 얼굴이 상기된 채 웅성거리고 있다. 무슨 일 때문일까?

이곳에서 출토된 청동기는 은나라 때 사용한 청동기보다 이른 시기의 것이라고 한다. 사람들은 전설로만 존재했던 하나라의 실체를 밝힐 수 있는 중대한 증거라고 입을 모은다. 《사기》에 서술된 하나라가 실제 존재했다니, 정말 놀랍다. 하나라 때 사용한 문자가 발견된다면 더 완벽한 증거가 될 텐데!

2장

춘추·전국, 도약하는 사회

한국이나 중국의 전통을 말하면서, 오월동주와 와신상담이란 고사성어나 공자와 맹자의 삶과 생각을 알지 못한다면 우리가 할 이야기는 얼마나 빈약해질까? 발전된 생산력을 바탕으로 역동적인 사회 변화가 일어났던 춘추·전국 시대. 그때도 수많은 사람이 자신의 역사와 사회를 성찰하려 애썼다. 더없이 치열했던 경쟁의 시대, 그 시기를 지혜롭게 살아가려던 이들의 탐구와 실천은 중국 사회의 새로운 도약을 위한 밑거름이었을 뿐 아니라, 여전히 경쟁 시대를 살아가는 모든 이에게 지혜의 원천이 되고 있다.

기원전 **770년**	주의 동천, 춘추 시대 시작
기원전 **651년**	제나라 환공, 패자로 추대
기원전 **551년**	공자 탄생
기원전 **403년**	진(晉)의 분열, 전국 시대 시작
기원전 **370년경**	직하학궁 건립
기원전 **359년**	상앙, 변법 실시
기원전 **333년**	소진, 합종책으로 6국 동맹 결성
기원전 **318년**	6국이 흉노와 연합하여 진에 대항

기원전 **264년경**   포에니 전쟁

기원전 **671년경**   아시리아,
오리엔트
통일

기원전 **400년경**   철기 문화 시작

기원전 **300년경**   벼농사 시작, 야요이 시대

기원전 **317년경**   인도 북부, 마우리아 왕조 건국

기원전 **750년경**   그리스, 폴리스 성립
기원전 **492년경**   그리스·페르시아 전쟁
기원전 **431년경**   펠로폰네소스 전쟁

1 | 격동의 시대가 열리다

동쪽으로 옮겨 간 주나라

"왕이시여, 서둘러 피하십시오. 견융족이 쳐들어왔습니다."

"군대를 소집한 지가 언제인데, 왜 아무도 오지 않는단 말이냐!"

기원전 771년, 유왕은 강력한 군대의 공격을 받아 곤란한 지경에 빠졌다. 위기에 빠진 왕은 제후들에게 도움을 요청했으나, 도우러 오는 제후는 아무도 없었다. 오히려 제후 가운데 몇몇이 이민족인 견융족과 함께 왕을 몰아내겠다고 쳐들어왔다. 워낙에 민심을 잃은 탓이리라.

왕은 혼란 속에 죽임을 당했고, 이듬해 그 아들은 호경(지금의 시안)에서 동쪽의 낙읍(지금의 뤄양)으로 수도를 옮겨 왕위를 이었다. 그러나 제 한 몸 건사하기 쉽지 않았고, 주 왕실과 가장 가까운 노나라조차 그를 본체만체했다. 여러 제후국은 노나라가 하는 대로 따랐다.

왕실이 천자의 권위를 잃으면서, 많은 제후국이 독자적으로 행동했다. 몇몇 힘센 제후는 자신이 천자인 양 행세했다. 제후국끼리 크고 작은 전쟁이 이어졌고, 수많은 제후국이 스러지고 생겨나기를 반복했다.

황허 유역에서 경쟁이 치열해지면서 바깥 세계도 요동쳤다. 중원 밖에는 그들이 오랑캐라 부른 이들이 있었다. 동이(東夷), 서융(西戎), 남만(南蠻), 북적(北狄)이라며 깔보았던 이들이 저마다 세력을 형성하고 중원을 넘나들기 시작했다.

이와 같이 주 왕실이 쇠퇴하면서 제후국이 벌떼처럼 일어나고 중원 밖의 힘센 민족들이 중원을 넘나들던 시기를 '춘추 시대'라 부른다. 이는 훗날 공자가 노나라의 역사를 서술한 《춘추》에서 비롯된 말이다.

제나라 환공, 중원의 패자가 되다

주 왕실이 쇠퇴하자 북쪽에서는 견융족이 세력을 키웠으며, 남쪽 양쯔 강 유역에는 초나라가 일어났다. 견융족과 초나라가 수시로 중원을 넘보았기 때문에 중원의 여러 제후는 위기를 느꼈다.

기원전 658년, 초나라가 대군을 이끌고 중원을 쳐들어왔다. 그러자 놀란 제후들은 경쟁을 멈추고 단결을 도모했다. 바로 이때 산둥의 큰 나라였던 제나라의 환공이 나섰다.

"존왕양이! 중원의 제후들이 단결하여 주 왕실의 권위를 높이고 이민족의 침입을 물리칩시다!"

환공은 초나라의 진격에 맞서는 한편, 주 왕실의 권위를 높이자고

춘추 5패와 동주 주 왕실이 낙읍에 자리 잡은 이후를 동주라 한다. 이 시기 왕실은 유명무실해지고, 제의 환공이나 진(晉)의 문공과 같이 제후들의 회합을 주도한 대제후가 정세를 주도했다. 초의 장왕, 오의 왕 합려, 월의 왕 구천 등 다섯 명이 대표적이다. 이들을 패자라 불렀다.

주장했다. 왕을 떠받들자고 하면서 자신이 왕의 권위를 대신하려는 속셈도 있었다.

기원전 651년, 중원의 제후들이 다시 모였다. 이 자리에서 환공은 제후들 가운데 으뜸이라 할 패자의 지위를 인정받았다. 주 왕실의 권위는 이제 제나라로 옮겨진 듯했다.

환공을 중원의 패자로 만든 일등공신은 제나라의 재상인 관중이었다. 대상인이자 유능한 정치인이었던 관중은 군사력을 강화하고 상공업을 발달시켜 제나라의 부국강병을 꾀했다. 덕분에 제나라는 주변 제후국 가운데 가장 강해졌다.

오 부차의 창(왼쪽)과 월 구천의 검(오른쪽) 부차는 오의 왕(재위 기원전 496~기원전 473), 구천은 월의 왕(재위 기원전 496~기원전 465)이다. 두 나라는 서로를 원수처럼 여겼다. 부차는 아버지가 구천과 싸우다 죽자 날마다 불편한 누에섶에서 잠자며 (와신) 복수를 다짐한 끝에 마침내 대승을 거두었다. 이후 구천은 날마다 쓸개를 핥아 쓴맛을 느끼면서 (상담) 복수를 다짐한 끝에 오를 무너뜨리는 데 성공했다. '오월동주'와 '와신상담'이란 말은 여기서 유래했다. 청동으로 만들어진 이 창과 검에는 '부차의 창', '구천의 검'이라고 새겨져 있다.

그러나 패자의 자리는 한곳에 머물러 있지 않았다. 환공이 죽고 나서 진(晉)나라의 문공이 새로운 패자로 추대되었다. 문공이 죽은 뒤에는 초나라 장왕이 패자가 되었다. 그리고 그 뒤를 이어 오나라와 월나라의 군주가 패자의 자리를 차지했다. 이들 모두 한 세대 만에 중원의 패자 자리에서 밀려난 셈이니, 패자의 지위를 둘러싼 경쟁이 얼마나 치열했을지 미루어 짐작할 수 있다.

사 계층이 떠오르다

세월이 흐르면서 북쪽의 진(晉)과 남쪽의 초(楚), 서쪽 변방에서 일어

그림이 그려진 벽돌 흙으로 만든 벽돌 위에 사냥하고 농사짓는 모습을 부조로 새겼다. 낫으로 수확하는 모습 등에서 당시의 농경 발달 모습을 확인할 수 있다. 후한 시대에 벽돌로 만든 무덤이 많이 유행하면서 그림을 그려 넣은 벽돌(화상전)도 많이 만들어졌다. 한나라 때 제작, 39.6×46.6센티미터.

난 진(秦)이 새로운 강자로 떠올랐다. 반면 경쟁에서 밀린 나라들은 사라졌다. 이제 모든 제후가 한자리에 모일 일도, 한 명의 패자를 추대하는 일도 없어졌다. 대신 다른 나라를 제압하기 위한 끊임없는 경쟁이 불붙었다.

살아남은 나라들은 멸망시킨 소국을 현으로 편성하고 농민을 직접 지배했다. 그리고 수확물을 더 많이 얻고자 경작지 개간을 장려했다. 때마침 철제 농기구를 널리 사용하고, 농사에 소를 이용하기 시작하면서 농업은 빠르게 성장했다.

여전히 인구의 대다수는 농사짓는 농민이었지만 수공업자와 상인이 또 다른 계층을 형성했다. 특히 나라의 경계를 넘나들면서 큰돈을 버는 대상인도 나타났다. 옛날처럼 마을 공동체나 핏줄에 얽매이지 않고 자유로워진 사람들이 그만큼 늘어났다.

나라와 나라의 경쟁만큼, 한 나라 안에서 권력을 차지하기 위한 싸움도 빈번했다. 신하인 경·대부들이 제후의 자리를 빼앗는 일이 자주 일어났고, 제후 자리를 놓고 몇몇 집안이 대대로 싸움을 벌이기도 했다.

제나라에서는 왕실의 성씨가 계속 바뀌었고, 진(晉)나라는 여섯 가문이 경쟁하더니 결국 세 가문이 권력을 나누어 가졌다. 이들 가운데는 경쟁에서 승리하여 권력을 잡는 이도 있었으나 치열한 경쟁 끝에 몰락하는 자들도 헤아릴 수 없이 많았다.

끝없이 추락한 제후, 경·대부와 달리 새롭게 떠오른 계층이 있었다. 바로 사(士) 계층이었다. 이들은 원래 경·대부로부터 봉토를 받고 그들을 섬겼다. 하지만 사 계층 가운데 능력을 갖춘 이들은 나라를 넘나들며 크게 출세하기도 했다.

강해야만 살아남던 춘추 시대 나라들은 부국강병을 위해 조언해 줄 사람을 구했다. 그리고 사 계층은 핏줄에 얽매이지 않고 자신을 우대해 주는 사람을 찾았고, 예전처럼 봉토가 아닌 봉급만 받고 국정을 운영하는 유능한 관리가 되었다.

정치와 경제 운영을 실질적으로 담당하는 새로운 계층의 부상, 그것은 새로운 시대를 예고했다.

2 | 제자백가, 중국 문명의 기초를 닦다

공자와 유가

기원전 551년, 노나라에서 '구'라는 이름을 가진 아이가 태어났다. 성은 공씨, 가문은 대단하지 않았다. 그나마도 세 살 때 아버지가 세상을 떠났다.

노나라는 주나라 무왕의 동생인 주공이 세운 나라였다. 그 때문에 노나라는 주 왕실의 가장 가까운 친척이라고 자부했으며, 곳곳에 옛 주나라의 전통이 남아 있었다.

먹고살기 위해 안 해 본 일이 없었다는 공구, 젊은 시절 경험은 학문의 밑거름이 되었다. 그가 학문에 뜻을 둔 것은 열다섯, 이때부터 주나라의 제도와 문화에 푹 빠졌다.

'힘이 있으면 모든 것을 할 수 있다'라는 논리가 득세하던 시절, 그는 무엇이 옳고 무엇이 그르며, 바람직한 삶은 무엇이고 이상적인 정

취푸의 공자묘 공자의 업적을 기리는 비석이 서 있다. 공자는 덕행이 하늘에 이르렀다는 뜻에서 부자('孔夫子'에서 영어의 공자 칭호인 Confucius가 유래)라고도 불리며, 위대한 스승이자 학문의 가치를 널리 펼친 왕(문선왕)으로 추앙되기도 한다.

공자가 제자를 가르치는 모습을 그린 그림 공자에게는 수많은 제자가 있었는데, 이 가운데 오늘날까지 이름이 전하는 이만 해도 70여 명이다.

| 공자 |

이름은 구(기원전 551~기원전 479). 주나라의 전통이 가장 많이 남아 있던 노나라(오늘날 산둥 성 취푸)에서 태어났고, 일찍부터 주나라의 관제와 예법을 연구했다. 노나라의 관리가 되어 일하기도 했으나, 중년 이후 많은 제자를 길렀고 제자들과 함께 춘추 시대 여러 제후국을 방문하기도 했다.

취푸의 대성전 공자의 위패를 중심으로 양옆에 제자들을 함께 모신 사당이다. 공자가 태어난 산둥 성 취푸는 물론 유교 국가를 자처한 나라들에는 지금도 대성전이 남아 있다.

치는 어떠해야 하는지 질문을 던졌다. 그리고 옛 자료를 모아 책을 엮고, 바람직한 사회를 만들기 위한 방안을 연구했다.

"군주는 군주다워야 하고, 신하는 신하다워야 하며, 아비는 아비다워야 하고, 아들은 아들다워야 합니다. 사람들이 자신의 신분을 분명히 알고, 어떤 일을 해야 하는지를 잘 알아야 합니다."

신하는 임금에게 충성하고 자식은 부모에게 효도하되, 임금은 백성을 하늘로 알고 덕으로 나라를 다스려야 하며, 부모는 자식을 사랑으로 가르치고 보살펴야 한다는 뜻이다. 공자는 모든 사람이 자신의 분수에 맞게 생활할 때 바른 사회가 될 것이라 생각했다.

그는 어진 정치를 펼칠 주군을 찾아 여러 나라를 여행했고, 한때 노나라의 재상이 되어 자신의 이상을 실천할 기회를 얻기도 했다. 그러나 정치 실험은 제대로 이루어지지 못했다. 대신 각지에서 수많은 인재가 그에게 모여들었으니, 제자의 수가 3000명에 이르렀다고 한다.

공자의 가르침을 받은 사람들은 스승의 주장을 간직하며 하나의 학파를 이루었다. 세상은 그들을 '유가(儒家)'라 불렀으며, 공구는 위대한 스승으로 추앙을 받아 공자로 불리게 되었다.

백가가 치열하게 토론하다

"사회의 혼란은 모두 서로 사랑하지 않기 때문에 일어나는 것입니다."

"굶주린 사람에겐 먹을 것을 주고, 전쟁을 일으킨 사람은 응징해야 합니다."

공자가 죽을 무렵, 노나라에 또 한 사람의 위대한 사상가가 태어났다. 이름은 '적', 성은 묵씨. 훗날 묵자로 추앙을 받게 될 인물이었다.

청년 시절 묵자는 공자의 제자들과 함께 공부했다. 그런데 그는 유가의 학자들이 신분질서에 별 문제를 제기하지 않는 데 거부감이 들었다. 모든 사람은 평등하며 모두 존중 받아야 한다고 생각한 그는 차별 없는 사랑을 이상으로 삼았다. 묵자는 지배층의 위선과 사치를 비난하고, 모든 전쟁은 그들의 사리사욕에서 말미암는다고 생각했다. 당시 끊임없이 일어나는 전쟁에 반대했고, 농민이나 수공업자와 함께 생활하며 근검절약을 실천했다.

차별 없는 사랑을 뜻하는 '겸애' 사상과 침략 전쟁에 대한 단호한 반대 행동으로 묵자는 유명해졌고, 많은 제자가 문하에 모여 함께 공부하고 함께 실천했다. 이들을 '묵가(墨家)'라 하는데, 중원에서는 유가와 함께 가장 큰 학파로 성장했다.

공자와 비슷한 시대에 살았던 노자라는 사상가도 있다. 그 역시 춘추 시대의 어지러운 정치 현실에 비판적이었다.

"자연의 법칙에 따라 행동하고, 쓸데없는 말을 늘어놓지 맙시다."

그는 인위적으로 무엇을 강요할 때 모든 문제가 발생한다고 하면서, 마치 물이 흐르듯 자연스러운 흐름에 따라 행동할 것을 주장했다. '무위자연'을 강조한 노자의 사상은 훗날 장자에 의해 재정립되어 '도가(道家)'라는 학파를 형성했다.

한편, 공자의 가르침을 이어받았으나 공자와 다른 해법을 찾은 학파도 나타났는데, 바로 법가(法家)였다.

"항상 강한 나라도 없고 항상 약한 나라도 없습니다. 법을 제대로 받들면 강한 나라가 되고, 그렇지 못하면 약한 나라가 되는 것일 뿐!"

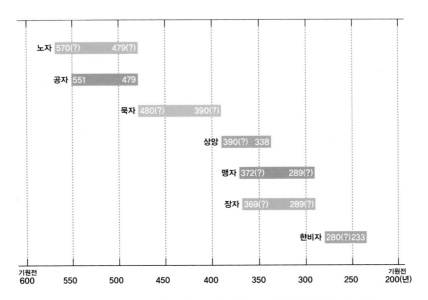

노자	570(?)	479(?)					
공자	551	479					
묵자		480(?)	390(?)				
상앙				390(?)	338		
맹자					372(?)	289(?)	
장자					369(?)	289(?)	
한비자						280(?)233	

기원전 600   550   500   450   400   350   300   250   기원전 200(년)

제자백가 공자가 죽은 후, 유가와 묵가처럼 큰 학파가 형성되고 훌륭한 학자들이 배출되었다. 유가와 묵가 말고도 도가와 법가 등 이 시기 활동한 다양한 학파와 많은 사상가를 제자백가라 한다.

한비자나 상앙이 이런 생각을 대표했다. 그들은 인간은 원래 이기적이라고 보았다. 누구나 공을 세우면 상을 받고 죄를 지으면 벌을 받을 때 나라가 제대로 선다고 생각했다. 신분제를 부정하고 엄격한 법치주의를 강조한 것이다.

법가의 생각은 강력한 권력을 행사하고자 한 군주들의 입맛에 잘 맞았다. 실제로 진(秦)의 몇몇 군주는 법가의 대가를 초빙하여 재상으로 삼고, 나라 운영의 틀을 크게 바꾸었다.

직하학궁도 직하학궁은 제나라 도성 린쯔의 남문인 직문 아래 건물을 세우고, 널리 천하 인재를 불러들여 운영했다 해서 붙여진 이름이다. 약 1세기 반 동안 운영되었는데, 학교이면서 여러 갈래의 사상을 가진 이들이 자유롭게 토론하는 곳이었다.

인간과 사회를 체계적으로 탐구하다

제나라의 수도 린쯔(臨淄) 성에는 '직하학궁'이란 유명한 학교가 있었다. '천하를 빼앗으려면 천하의 인재를 빼앗아야 한다'고 생각했던 전국 시대 때 운영된 학교였다.

직하학궁은 그냥 평범한 학교가 아니었다. 여러 곳에서 수집한 자료로 넘쳐 났고, 다양한 사람들로 늘 북적거렸다. 어떤 때는 유명한 학자가 여러 날 머물며 강의했고, 또 어떤 때는 한 문제를 놓고 여러 학파의 지식인이 며칠 동안 열띤 토론을 벌였다.

당시는 수많은 학문과 사상이 발전했던 '제자백가'의 시대였다. '자(子)'는 학자를, '가(家)'는 학파를 뜻하는 말로, 실로 다양한 지식과 사상이 샘솟았다. 그래서 사람들은 직하학궁의 열띤 토론 광경을 보고 '백가쟁명'이라 불렀다.

제자백가의 시대, 이제 미래를 알기 위해 더 이상 신에게 점을 치지 않아도 되었다. 눈에 보이지 않는 천명에 의지할 필요도 없었다. 사회를 관찰하고 역사를 공부하며 하고자 하는 일을 직접 가늠할 수 있게 되었다.

직하학궁이 번영했던 시기, 제자백가가 활동하던 춘추·전국 시대는 인간과 사회에 대한 체계적인 탐구가 시작된 때였다. 그리고 이러한 탐구는 중국과 이웃 나라의 학문과 사상에 중요한 주춧돌이 되었다.

● 유가의 경전 '오경'

공자는 대단한 독서가이자 많은 책을 남긴 저술가였다. 공자가 직접 편찬하거나 집필에 관계한 책 가운데 유명한 것은 '오경(五經)'이다. 오경은 일반적으로 《역경(易經)》, 《서경(書經)》, 《시경(詩經)》, 《예기(禮記)》, 《춘추(春秋)》를 말한다.

《역경》은 원래 점술과 관련된 내용이었지만 공자가 유가적인 시각에서 정리하여 나름의 독특한 자연관을 담고 있다. 《서경》은 주나라를 비롯한 옛 나라들의 자료를 모아 바람직한 정치 원리 및 정치 제도를 서술한 책이고, 《시경》은 제자들을 가르치기 위해 공자가 직접 선별한 시집이다. 《예기》는 예의 근본정신을 논하고 각종 의례를 해석한 책이며, 《춘추》는 노나라의 역사를 기록한 것으로서 이 책의 이름에서 '춘추' 시대라는 표현이 탄생했다. 오경은 유가에서 가장 중요한 책이었으며, 역대 중국 왕조의 통치자와 지식인 들이 경전처럼 여겼다. 오경의 내용을 익히고 그 정신을 체득하여 실천하는 것이야말로 학문과 삶의 기초가 되었다.

3 | 전국 7웅이 경쟁하다

끝이 보이지 않는 전쟁

기원전 403년, 중원의 대국 진(晉)나라가 분열했다. 왕위를 노리던 세 가문이 제각기 한, 조, 위라는 나라를 세운 것이다. 중원의 패권을 둘러싼 나라들의 경쟁은 어느 때보다 치열했다. 이를 '전국 시대'라 한다.

위의 세 나라에 전통적인 강국 제, 초, 연, 진(秦)을 더해 경쟁의 당사자는 모두 일곱, 이들을 전국 7웅이라 불렀다. 7웅이란 이름에 걸맞게 저마다 패권을 꿈꾸었다.

그러면서도 자칫 패할 경우 나라가 사라질지 모른다는 위기를 느꼈다. 이 때문에 자국의 힘을 기르는 것은 물론이고, 상대의 약점을 찾아 공격하며, 협력과 배반을 넘나드는 현란한 외교술이 등장했다.

기원전 353년, 위나라가 조나라를 공격했다. 조나라는 제나라에 구원을 요청했고, 제나라는 이를 받아들여 위나라와 크게 싸웠다. 11년

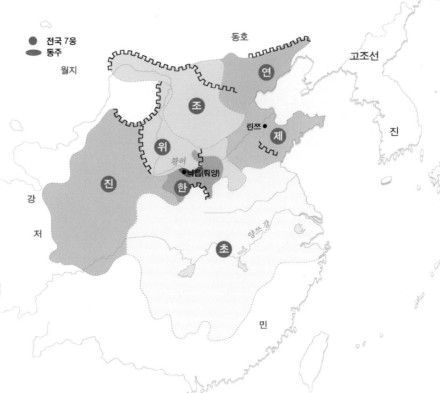

전국 시대와 7웅 기원전 403년에서 기원전 221년 사이를 전국 시대라 일컫는데 제후국 사이의 경쟁이 치열한 가운데 진(秦)이 전국을 통일하던 때까지를 가리킨다. 전국 시대는 가장 강한 국가였던 진과 다른 여섯 국가 사이의 복잡한 외교와 치열한 전쟁으로 혼란스러웠으나, 경제·사회적으로 역동적인 변화가 일어난 시기였다.

뒤에는 위나라와 조나라가 연합하여 한나라를 공격했다. 제나라는 한나라의 구원 요청에 또다시 대군을 일으켰다.

　이와 같은 일이 수없이 이어졌다. 난세라 할 만큼 세상은 어지러웠다. 그러나 전쟁에서 이기기 위해 나라마다 새로운 변화를 꾀했고, 세월이 흐르면서 사회 모습도 몰라보게 바뀌었다.

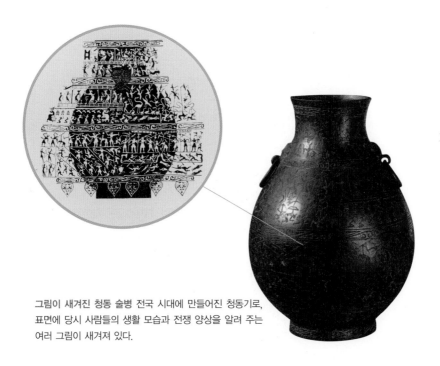

그림이 새겨진 청동 술병 전국 시대에 만들어진 청동기로, 표면에 당시 사람들의 생활 모습과 전쟁 양상을 알려 주는 여러 그림이 새겨져 있다.

예전의 국가는 고작 몇 개의 읍이나 마을을 뜻했다. 그런데 이제는 나라와 나라 사이의 확실한 경계선이 형성될 정도로 영토가 확장되었다. 각 나라는 영토 국가로 거듭난 것이다.

전쟁의 규모도 사뭇 달라졌다. 몇 만 명이 참가한 전쟁이 수시로 일어났고, 3년 넘게 계속되는 장기전도 있었다. 완벽한 방어를 위해 장성을 높이 쌓고, 세련된 철제 무기도 만들어 썼다.

전쟁은 모두를 고통스럽게 했다. 하지만 패권을 꿈꾸는 제후가 있고, 패배를 멸망으로 생각하는 제후가 있는 한 전쟁은 쉽게 끝날 수 없었다.

두장옌 중국 쓰촨 성에 있는 수리 시설로, 전국 시대인 기원전 306년에서 기원전 251년 사이에 건설했다고 전한다. 이 무렵 관개 시설 정비와 농경지 개간이 활발해지면서 농업 생산도 빠르게 늘어났다.

상앙, 변법을 실시하다

"세상을 다스리는 방법은 다양합니다. 옛 법이라 해서 반드시 옳지만은 않습니다. 발상을 바꾸고 새로운 법을 만들어야 부강한 나라를 이룩할 수 있습니다."

기원전 359년, 진(秦)의 제후 효공은 위나라에서 건너온 상앙을 만났다. 상앙은 '법을 상세하게 만들어 평등하게 적용하며, 능력이 있는

상앙 전국 시대 법가 사상가로 잘 알려진 인물로, 20대 중반 진나라에 들어가서 변법이라 불린 대대적인 정치개혁을 주도했다. 또한 병법에 밝아 여러 차례 전쟁을 승리로 이끄는 등 진이 전국 시대를 통일할 기초를 마련했다.

자라면 신분을 뛰어넘어 등용하자'는 법가의 주장을 역설했다.

"그대의 말이 모두 맞소. 내 그대에게 모든 것을 맡기리다. 원하는 대로 해 보시오."

효공은 상앙에게 최고의 벼슬을 내려 개혁을 추진하도록 했다. 변법이 시작된 것이다. 개혁의 주된 내용은 다음과 같았다.

● 세금이나 병역의 의무를 질 때 다섯 집 혹은 열 집이 함께 책임진다.

- 능력이 뛰어나거나 나라에 큰 공을 세웠다면, 신분에 상관없이 상을 준다.
- 더 이상 봉건제는 없다. 전국을 31개의 현으로 재편성하고, 모든 지역에 지방관을 파견한다.

농업 부문에서는 기술 혁신이 이루어졌다. 철로 만든 튼튼한 농기구가 보급되고, 농사에 소를 이용했다. 그 결과 생산량이 크게 늘어났으며, 대여섯 명의 소가족만으로도 충분히 농사를 지을 수 있게 되었다. 상공업도 크게 발달하여 예전과는 비교할 수 없을 정도로 많은 부를 축적할 수 있었다.

이때 등장한 소가족은 모든 제도의 바탕이 되었다. 나라에서는 소가족을 단위로 땅을 나누어 주고, 세금으로 수확물을 거두어들였다. 전쟁이 일어나면 땅을 지급받은 농민을 병사로 삼았다.

진의 변법은 이 같은 변화를 반영한 새로운 제도를 도입한 것이었다. 또한 개혁을 추진하는 과정에서 기득권층의 저항이 약했던 것도 좋은 조건이었다. 이로써 진은 넓은 영토와 많은 농민을 왕이 직접 지배하는 중앙 집권 국가의 꼴을 서서히 갖춰 나갔다.

합종책과 연형책

원래 진(秦)은 중원의 서쪽 변방에 위치한 나라였다. 비옥한 땅이 없는 데다 종종 중원의 나라들로부터 오랑캐라 불리며 무시당하기 일쑤였다. 그러나 진나라는 변법을 통해 완전히 다른 나라가 되었다.

중원의 나라들은 진의 변법을 연구하고 여러 각도에서 변화를 꾀했다. 그러나 진의 팽창은 거침없었고, 두려움을 느낀 나라들은 이에 대처할 방법을 찾느라 분주했다.

소진이란 유명한 재상이 등장한 것은 이때였다.

"진이 제아무리 강해도 여섯 나라를 한꺼번에 꺾을 수는 없습니다. 여섯 나라가 힘을 합쳐 진과 맞서야 합니다."

소진은 먼저 조나라 왕을 설득했다. 조나라 왕은 이웃 나라와의 동맹을 적극 주선했다. 조나라 왕의 걱정은 다른 여러 나라 왕의 걱정이기도 했다. 이윽고 여섯 나라는 동맹을 맺었고, '합종책'을 이끌어 낸 소진은 여섯 나라의 공동 재상이 되었다.

진나라도 가만히 있지만은 않았다. 진나라 왕은 소진과 함께 공부했던 장의를 등용했다. 장의는 여섯 나라의 이해관계가 다름을 강조하며 각각 동맹을 맺어 6국 동맹을 와해하는 연형책을 구사했다.

합종과 연형의 대결은 오랫동안 이어졌다. 진나라가 항상 이긴 것은 아니었지만, 나머지 여섯 나라도 늘 동맹을 유지하지는 못했다. 시간이 흐르면서 진이 승리하는 횟수가 많아졌고, 여섯 나라 사이의 신뢰는 갈수록 약화되었다.

기원전 247년, 훗날 진시황이라 불린 영정이 진의 새 왕이 되었다. 그 역시 법가 사상을 바탕으로 통일 정책을 추진했다.

기원전 230년, 진은 전국 7웅 가운데 하나였던 한나라를 무너뜨렸다. 그것은 끝이 아니라 새로운 시작을 의미했고, 머지않아 나머지 다섯 나라도 같은 운명에 처할 터였다.

제나라의 수도, 린쯔

제나라 수도 린쯔의 성 안에는 7만 호나 되는 집들이 빼곡하고, 각 집마다 장정 3명이 있다고 계산하면 이 도시만으로도 21만 명의 병력을 동원할 수 있습니다. 사람들은 모두 부유해서 생활에 여유가 있으므로 때때로 음악을 듣고, 닭싸움이나 개의 경주를 구경합니다. 또 쌍륙(윷놀이와 비슷한 놀이)이나 축국(축구와 비슷한 운동경기)을 하는 곳도 있습니다. 길가에는 수많은 마차가 어지럽게 다녀 수레바퀴가 서로 부딪칠 정도입니다.

– 유향,《전국책》

산둥 성 광라오 현 남쪽에 린쯔라는 유명한 고대 유적이 있다. 무왕을 도와 주나라를 세우는 데 큰 공을 세운 태공망이 제후로 봉

중국의 옛 수레 산둥 성 쯔보에 있는 중국 고차박물관에 발굴된 모습 그대로 꾸며 놓았다. 이 박물관에는 무덤에서 발굴한 옛 수레의 당시 모습과 복원된 모습이 전시되어 있는데, 과거 운송 수단의 실상을 생생하게 증언하는 유적이다.

제나라의 수도 린쯔 기원전 9세기부터 제나라가 멸망할 때까지 수도로 번성하였다. 왕실이나 귀족들은 물론 상인이나 수공업자, 학자 들이 모여들어 인구가 7만 호에 이르렀다니 당시로는 거의 세계적인 도시였다. 사진은 린쯔 역사박물관에 있는 마을 모형이다.

해졌던 제나라의 오랜 수도이다.

린쯔는 제나라가 진나라에 멸망당할 때까지, 나라 전체를 통틀어 가장 번영했던 대도시였다. 진작부터 그 땅에 살던 사람들에 더하여 당대의 유명한 학자나 관리가 되길 꿈꾸는 이들이 린쯔로 구름같이 모여 들었다.

당시 린쯔의 인구나 도시 규모는 대단했다. 실제 발굴해

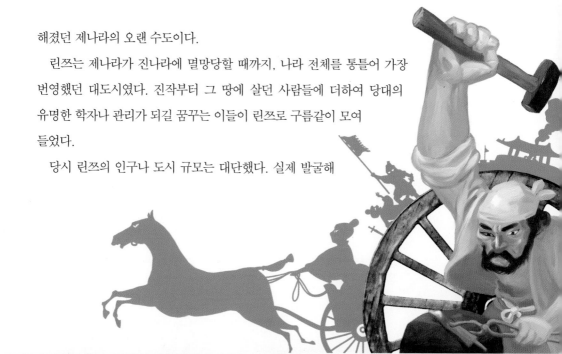

보니, 대략 3~5킬로미터의 기다란 성벽이 동서남북으로 둘러싼 도시였던 것으로 밝혀졌다.

린쯔에는 철제 농기구와 무기를 만들던 대장간 유적이 많았다. 춘추·전국 시대는 철기 문화가 본격적으로 퍼지던 때였던 것이다.

또한 수공업에 종사하는 장인들이 많았다. 그들은 농기구뿐만 아니라 지배층을 위한 사치품, 즉 값이 비싸고 화려한 비단과 아름다운 빛깔을 띠는 옥 제품, 금은 공예품 따위도 만들었다.

린쯔는 사치품을 사고파는 상인들과 사람들로 북적거렸다. 당시의 상인은 각 나라의 경계를 넘나들며 활동했는데, 여러 나라를 돌며 장사하는 대상인도 있었다. 상인 가운데는 큰돈을 벌어 국왕 못지않은 힘을 자랑하고 재상의 자리에 오른 사람도 있었다.

린쯔에서는 옛날 화폐가 수없이 발굴되었다. 주로 칼 모양의 화폐가 만들어졌고, 주변 나라에까지 널리 유통되었다. 전국 시대의 또 다른 대도시들도 저마다 다양한 모양의 청동 화폐를 주조했는데, 화폐의 종류에 따라 환율도 달랐다.

린쯔에 가면 변화의 소용돌이 속에 있던 춘추·전국 시대의 모습을 볼 수 있다. 그리고 왜 제나라가 수백 년 동안 다른 강대국들과 어깨를 견줄 수 있었는지 그 해답을 찾을 수 있다.

제나라 성벽

3장

진·한, 통일 제국의 형성

진·한 시대를 거치며 'China'란 말, 한자와 한족이란 말이 탄생하였다. 자신을 중국, 중화라 간주하는 생각도 뚜렷해졌다. 그리고 공자와 맹자의 사상이 국가가 지향할 가치, 인륜의 규범으로 뿌리내리기 시작했다. 강력한 통일 제국이 등장하면서 중국의 드넓은 영역 안에 사는 다양한 민족이 점차 한 나라 안에 사는 하나의 중국인이란 생각을 하기 시작했다. 이들이 건설한 고대 문명은 진·한과 싸우면서 교류했던 주변 지역으로 소개되어, 중국 주변의 여러 나라에서 고유한 문화가 성장하는 데 기여했다.

기원전 **221년**	진(秦)의 중국 통일
기원전 **215년**	몽염이 흉노 제압, 만리장성 축조 시작
기원전 **209년**	진승·오광의 난
기원전 **202년**	유방, 한나라 건국
기원전 **139년**	장건, 흉노 견제를 위해 서역 파견
기원전 **124년**	한 무제, 장안에 태학 건립
기원전 **91년경**	사마천, 〈사기〉 완성
8년	왕망, 신왕조 건국
25년	유수, 뤄양을 도읍으로 후한 건국
105년	채륜, 종이 발명

| 기원전 **37년** | 로마, 스파르타쿠스의 반란 |
| 기원전 **27년** | 로마, 제정 수립 |

| 기원후 **30년경** | 헤브라이에서 크리스트교 성립 |

기원전 **108년**	고조선 멸망
기원전 **57년**	신라 건국
기원전 **37년**	고구려 건국
기원전 **18년**	백제 건국

| 기원전 **1만 년경** | 조몬 시대 개막 |
| 기원전 **3세기경** | 벼농사 시작, 야요이 시대 |

| 기원전 **247년경** | 옛 페르시아 땅에 파르티아 건국 |

| 기원전 **146년경** | 카르타고, 로마에 멸망 |

1 | 진, 'China'를 만들다

황제가 탄생하다

기원전 221년, 마지막까지 저항하던 제나라가 항복했다. 마침내 진 (秦)은 여섯 나라를 모두 제압해 오래전부터 꿈꾸던 통일의 대업을 이룩했다. 진의 고향이었던 서쪽 변방에서, 초의 옛터인 양쯔 강 이남, 그리고 바다에 잇닿았던 제와 연의 옛 땅까지, 실로 거대한 영역이 하나의 국가로 통합되었다.

진나라의 왕 '정'은 마치 온 세상을 다 가진 듯 기뻐했다. 그리고 자신이야말로 이 세상의 유일한 통치자라고 자처했다. 급기야 "나에게 왕이란 호칭은 어울리지 않는다. 나의 공적에 어울리는 새로운 칭호를 의논하라" 하고 지시했다.

"왕을 '태황'으로 고치십시오. 빛나고도 빛나는 위대한 분이란 뜻입니다."

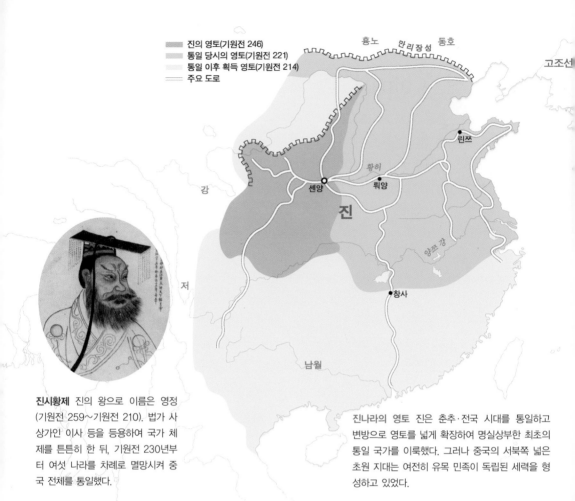

진의 영토(기원전 246)
통일 당시의 영토(기원전 221)
통일 이후 획득 영토(기원전 214)
주요 도로

흉노　만리장성　동호

고조선

린쯔

황허

셴양

뤄양

진

양쯔강

강

저

창사

남월

진시황제 진의 왕으로 이름은 영정(기원전 259~기원전 210). 법가 사상가인 이사 등을 등용하여 국가 체제를 튼튼히 한 뒤, 기원전 230년부터 여섯 나라를 차례로 멸망시켜 중국 전체를 통일했다.

진나라의 영토 진은 춘추·전국 시대를 통일하고 변방으로 영토를 넓게 확장하여 명실상부한 최초의 통일 국가를 이룩했다. 그러나 중국의 서북쪽 넓은 초원 지대는 여전히 유목 민족이 독립된 세력을 형성하고 있었다.

　"'황'만으로는 부족합니다. '제'라는 글자가 들어가야 합니다. 하늘에 살며 만물을 관장하는 분이란 뜻입니다."

　그래서 탄생한 칭호가 '황제(皇帝)'였다. 빛나는 우주 만물의 주재자, 바로 위대한 하늘신 그 자체였다. 왕이 훌륭한 인물이란 뜻을, 천자가 하늘의 아들이란 뜻을 가진 것과 비교하면, 진나라의 왕 영정이 자신의 업적을 얼마나 자랑스러워했는지 잘 보여 준다.

스스로를 하늘신으로 생각한 그는 자신의 업적이 대를 이어 영원할 것이라 생각했다. 그래서 자신을 시황제라 부르도록 했다. 그 계승자가 2세 황제, 3세 황제로 이어져 천세, 만세에 이를 것이라 생각한 모양이다. 비록 2세 황제에서 끝나고 말았지만.

진시황은 통일된 나라의 실질적인 통치자가 되길 원했다. 그는 주나라가 멸망한 원인이 봉건제에 있다고 보았다. 제후들이 저마다 독립하니 나라가 제대로 유지될 수 있겠냐는 것이었다. 그래서 진에서 이미 실험했던 군현제를 전국에 적용했다.

진에서 멀리 떨어진 제나 초의 옛 땅은 물론이고, 전국의 모든 땅을 36개 군과 수백 개의 현으로 재구성했다. 그러고 나서 황제가 직접 임명한 지방관을 보내 군현을 다스리도록 했다. 새로운 도로를 내고, 여섯 나라가 쌓은 성은 허물어뜨렸다.

이제 넓은 나라에서 오직 황제만이 유일한 통치자였다. 무너진 나라의 옛 왕실과 그를 받들던 수많은 경·대부는 더 이상 옛 명성과 지위를 이어 갈 수 없었다.

하나의 China가 등장하다

군현제를 통해 진의 법률이 천하에 적용되었다. 옛 여섯 나라의 법률은 사라졌고, 황제가 임명한 관리는 새 법을 엄격히 시행했다.

이 밖에도 드넓은 지역과 많은 인구를 하나의 규칙 아래 통제할 수 있는 정책을 시행했다. 우선 모든 일이 문서 행정을 통해 이루어졌으니, 공문서에 쓰일 문자를 하나로 통합하는 작업을 추진했다. 그 결과

| 진나라의 화폐, 문자, 도량형의 통일 |

진의 통일은 강력한 통합 정책으로 이어졌다. 이로써 다양한 역사와 전통을
가졌던 중국의 각 지역이 실질적인 통합을 향해 한 걸음 더 나아갔다.

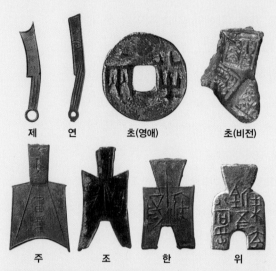

제　　연　　초(영애)　　초(비전)

주　　조　　한　　위

진(반량전)

각국의 화폐 춘추 시대에 처음으로 청동 주화가 사용되었다. 중원에
는 포전(布錢)이라 불리는 조개[貝] 모양이 많았으며, 제와 연에서는
칼 모양의 화폐[刀錢]가 사용되었다. 둥근 모양의 화폐[圓錢]는 진나
라 등에서 쓰였다.

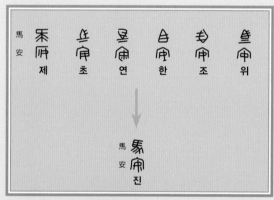

소전체십이지전

진의 통일 문자 통일 당시 여러 지역은 말이나 글자가
많이 달랐다. 원활한 문서 행정을 위해 진에서 사용하던
소전체로 문자의 통일을 꾀했다.

상앙이 제작한 되 진은 중국을 통일한 후 길이를 재는
자, 부피를 재는 되, 무게를 재는 저울을 통일했다. 조세
부과나 교역에서의 편의를 위해 도량형 통일이 필요했다.

'소전체'라는 글자체를 만들어 전국에 보급했고, 이를 바탕으로 문자를 통일했다.

경제적 통일도 추진했다. 나라마다 달랐던 화폐를 '반량전'이라는 새 화폐로 통합하여 전국에서 사용하도록 했다. 길이, 무게, 부피 따위를 재는 기구도 통일했다. 이로써 세금을 걷거나 교역할 때 통일된 기준이 적용되었다.

하지만 이 같은 통합 정책은 이따금 문제를 일으켰다. 서둘러 추진하느라 부작용도 적지 않았고, 과도한 정책도 꽤 있었다. 그래서 저마다의 전통을 존중하자거나 지역의 자율성을 보장해야 한다는 주장도 나왔다.

반면 진시황은 강력한 황제권, 중앙 집권 정책에서 물러설 생각이 없었다. 주나라 전통을 중시하며 봉건제를 주장한 유가는 배척되었다. 이러한 상황에서 '분서갱유'라는 사건이 터졌다.

"실용 서적과 진의 역사서를 제외한 나머지 책은 모두 불태워라!(분서)", "황제의 권위에 도전하는 유학자는 모두 땅에 묻어라!(갱유)"

분서와 갱유로 모든 책이 사라지고 모든 학자가 죽은 것은 아니었다. 또 시황제가 이 같은 탄압을 계속한 것도 아니었다. 그러나 사상과 학문의 자유는 사라졌고, 시황제의 정책에 대한 논평은 힘들어졌다.

만리장성과 지하 궁전, 농민은 힘들다

아무리 시황제라도 제 뜻대로 할 수 없는 이들이 있었다. 북서쪽 넓은 초원에서 큰 세력을 형성한 유목 민족인 흉노족이었다. 말을 탄 무리가 바람같이 나타났다가 어느새 사라져 버리기 일쑤였으니, 변경은 늘 시끄러웠다.

시황제는 흉노족을 제압하기 위해 가장 신뢰하는 몽염 장군을 북쪽으로 보냈다. 정예병 30만 명을 이끈 몽염은 흉노족과 싸워 몇 차례 승리했다. 그러나 시황제는 좀 더 근본적인 해결을 시도했다. 흉노족을 막을 거대한 장성을 쌓기 시작한 것이다.

시황제는 수많은 농민을 동원하여 몽염에게 보냈다. 몽염은 농민들을 채찍질하여 거대한 성을 쌓았다. 아예 새로 쌓은 곳도 있고, 이전에 쌓았던 성을 보수하고 연결한 곳도 있었는데, 이를 통해 만리장성이라 불릴 수천 킬로미터의 장성이 만들어졌다.

진나라가 쌓은 만리장성 현재 중국 베이징 근처에서 볼 수 있는 벽돌로 쌓은 만리장성은 명나라 때 만들어진 것이다. 진나라의 만리장성은 현재의 장성보다 훨씬 북쪽에 위치해 있었고, 모두 흙을 다져 만든 것이었다. 장성의 동쪽에서 서쪽까지 약 2700킬로미터인데 중간에서 갈라져 나온 성을 합치면 4000킬로미터가 넘는다.

아방궁도 진시황이 전국 시대를 통일한 이후 새로 지은 궁전으로, 산시 성 시안 서쪽 아방촌에 있다 하여 아방궁이라 불렸다. 시황제 때 죄수 70만 명을 동원하여 짓기 시작했다가 그가 죽은 후에 완성되었다. 규모가 매우 크고 화려했다고 하는데, 진이 멸망할 때 불태워졌다(기원전 207). 그림은 청나라 때 위안라오가 그린 〈아방궁도〉이다.

사람들은 만리장성을 농민들의 시체를 쌓아 만들었다고 수군거렸다. 그러나 시황제가 벌인 공사는 여기에서 그치지 않았다. 특히 새 궁궐과 지하 무덤을 짓는 데 막대한 인력과 경비를 동원해 뭇사람들의 분노를 자아냈다.

지하 깊숙이 구덩이를 파게 한 뒤, 묘실은 구리로 만들고 그 안에 궁전과 백관의 좌석을 마련했다. 온갖 진기한 물건을 궁중에서 옮겨다 채웠다. …… 수은으로 크고 작은 시내와 바다를 만들고…… 묘실 위는 천상의 모습을 갖추고 아래는 지상의 모습을 본떴으며, 인어 기름으로 불을 밝히고 영원히 꺼지지 않는 설비를 갖추어 놓았다.

– 사마천,《사기》

나라 전체가 마치 거대한 공사장 같았다. 가족 중 누군가는 공사에 동원되었으니, 남아 있는 가족만으로는 농사를 지을 수가 없었다. 파산하는 농민이 속출했으나 통치자들은 엄격한 법의 잣대만 들이댈 뿐이었다. 농민들은 가혹한 통치에 지쳤고, 불길이 당겨지기만 하면 저항의 불꽃이 활활 타오를 기세였다.

2 | 한, 집권 체제를 제도화하다

유방, 천하를 다시 통일하다

기원전 209년, 진시황이 죽은 지 2년째 되던 해였다. 변방 수비에 동원되어 길을 나섰던 진승과 오광 무리는 도중에 큰 홍수를 만났다. 아무리 애를 써도 정해진 날까지 목적지에 도착할 수 없었다.

진의 규율이 엄격하여 이들을 용서해 줄 리가 없었다. 고심하던 두 사람은 같은 처지가 된 동료들을 불러 모았다.

"우리는 곧 죽게 될 것이오. 어차피 죽을 목숨, 못된 통치자들과 싸워 새로운 세상을 만들어 보지 않겠소? 왕이나 귀족, 장군의 신분이 태어날 때부터 정해진 것은 아니지 않소."

가난한 농민 출신인 이들의 주장은 처지가 같은 사람들의 마음을 움직였다. 진의 군졸이 되길 거부한 이들은 이제 진을 무너뜨릴 봉기군이 되었다.

항우(오른쪽)와 유방(왼쪽)의 또 다른 대결, 장기판 한국인들이 오래전부터 즐기던 장기는 진을 무너
뜨린 두 영웅 항우와 유방의 대결에서 소재를 따왔다. 초기에는 항우의 세력이 훨씬 앞섰으나, 하이
허 강에서 벌어진 마지막 전투에서 초군이 패하고 항우도 죽었다. 누구의 도움도 바라기 어려운 고
립무원의 상태를 사면초가라 하는데, 마지막 전투 때 항우의 군대가 처한 상황에서 유래한 말이다.

이들의 봉기는 얼마 뒤 진압되었지만 또 다른 봉기가 잇달아 일어
났다. 숨죽이고 있던 옛 여섯 나라의 후예들도 여러 곳에서 군사를 일
으켰다. 이들을 끌어모아 진나라에 정면으로 도전한 이가 바로 항우
와 유방이었다.

초나라 장군의 후손으로 그 힘이 산을 뽑을 정도였다던 항우, 시골
의 가난한 농민 출신으로 친화력이 탁월했던 유방, 두 사람은 진을 무

너뜨리기 위해 경쟁하면서 협력했다.

기원전 207년, 유방이 먼저 진의 수도를 함락했다. 곧이어 항우가 이끈 대군도 도착했다. 진은 멸망했고, 많은 이의 원성을 샀던 거대한 궁궐도 불탔다.

이로부터 4년 동안 항우와 유방은 서로 사활을 건 전투를 벌였다. 처음에는 항우가 앞섰으나 유방의 반격도 거셌다. 기원전 202년, 유방은 마침내 항우를 물리치고 천하를 다시 한 번 통일했다.

유방은 스스로 황제라 부르고, 진나라의 수도인 셴양(咸陽)과 가까운 장안(지금의 시안)을 도읍으로 정했다. 토지가 비옥하고 황허를 이용하여 세금과 물자를 실어 나르기 편리한 데다, 산과 강으로 둘러싸인 천연의 요새였기 때문이다.

집권 체제를 가다듬다

훗날 한 고조로 불린 유방은 진시황과는 다른 방식으로 나라의 안정을 꾀했다. 수도 주변은 황제의 관리가 다스리는 군현제를 실시하되, 수도에서 멀리 떨어진 곳은 친척이나 통일에 공을 세운 사람을 왕으로 삼는 봉건제를 실시했다. 이른바 군국제를 실시한 것이다.

덕분에 나라는 곧 안정되었으나 황실과 왕으로 임명된 제후들 사이에 갈등도 생겼다. 황실은 기회가 될 때마다 제후 세력을 억누르려 했고, 제후들은 황실을 경계하면서 실력을 길렀다.

기원전 154년, 결국 터질 것이 터졌다. 황실에서 추진한 새로운 정책이 불씨가 되었다.

"제후 왕의 충성심이 언제까지 유지될지 아무도 알 수 없습니다. 제후가 가진 봉토의 크기를 줄여야 합니다. 그리고 제후 자리를 후손에게 넘겨줄 때 봉토를 여럿으로 나누어 상속하도록 해야 합니다. 그래야 왕실을 위협할 정도로 큰 나라가 남지 않지요."

그러나 제후 왕들은 황실이 내놓은 정책을 도저히 받아들일 수 없었다. 그들은 나라를 세우는 데 기여했기 때문에 당연히 자기 몫도 있어야 한다고 생각했다.

사실 제후는 황제의 신하이지만 봉토 안에서는 왕이었다. 법을 제정하고 군대를 유지하며, 관리를 임명했다. 이에 필요한 세금도 재량껏 거두었다. 그래서 몇몇 왕이 몰래 손을 잡는다면 황제라 할지라도 어쩔 수가 없었다.

한의 수도에서 멀리 떨어진 오와 초의 왕들이 저항의 중심에 섰다. 이들은 뜻을 같이하는 제후 몇몇을 자기 편으로 끌어들여 대규모 동맹군을 꾸렸다. 이른바 오초칠국의 난이 일어난 것이다.

제후들과 황실은 치열한 전쟁을 벌였다. 결국 승리는 황실에 돌아갔다. 황실은 제후들의 자율성을 줄였다. 왕국의 관리도 황제가 직접 임명하고, 세금 역시 중앙에서 파견한 관리가 거두어들였다.

제후들은 점차 유명무실해졌고, 온 나라는 황제가 임명한 관리가 맡아 다스리게 되었다. 군현제가 사실상 전 지역으로 확산된 것이니, 진에서 추진했던 중앙 집권 체제가 한나라 때 정착된 셈이다.

이후 황제가 결정한 사항은 일사불란하게 전국에 적용되었다. 진, 초, 연, 제 같은 옛 왕조 이름이 사라지고, 한이 유일한 나라 이름이 되었다. 오늘날 중국인을 한족, 사용하는 글자를 한자라 부른 것은 통일 국가인 한 왕조가 오랫동안 이어진 데서 유래했다.

비단길이 열리다

기원전 141년, 한나라의 최고 전성기를 이끌었던 무제가 즉위했다. 그는 이전 황제들의 정책을 계승하여 집권 체제를 강화해 나갔다. 이전에 민간에서 이루어지던 소금과 철의 제조와 판매를 국가가 맡음으로써 국가 재정을 살찌웠다. 변방의 불안 요소였던 흉노 문제도 해결의 실마리를 찾았다.

흉노는 진·한 교체기에 활발하게 변경을 넘나들었다. 이는 한나라가 들어서고 나서도 마찬가지여서, 유방이 30만 대군을 이끌고 흉노와 싸우다가 죽을 뻔한 적도 있었다. 그래서 한은 황제의 딸을 흉노의 통치자와 결혼시키고 많은 선물을 주어 평화를 유지했다.

기원전 129년, 무제는 흉노와 전쟁을 시작했다. 국가 재정이 어느 정도 두터워졌고, 흉노족의 기마술에 맞설 수 있는 대규모 기병까지 준비했으니, 이번에는 이전의 치욕을 씻을 수 있을 것이라고 생각하였다. 이로부터 10년 동안 한은 엄청난 물량 공세를 퍼부으며 흉노를 괴롭혔다.

기원전 119년, 흉노는 결국 고비 사막을 넘어 북으로 달아났다. 이제 흉노 세력권의 일부, 즉 중앙아시아 쪽으로 뻗은 서쪽 지역까지 한의 영토가 되었고, 이곳에도 평화가 찾아왔다.

그런데 이 지역을 장악하면서 예기치 않은 소득이 있었다. 흉노를 통해 한나라의 번영을 알게 된 서역®의 여러 나라가 한과 교류하길

| 한나라와 비단길 |

한은 기원전 2세기 말 무제가 통치할 무렵 전성기를 이루었다. 이때 한은 흉노를 제압하고 서쪽으로 진출하여 중앙아시아의 여러 지역과 교류했으며, 중앙아시아 여러 나라를 통해 인도와 서아시아, 지중해 연안과 교류했다. 이 교역로를 통해 중국의 비단이 다른 세계로 알려졌다 하여 비단길이란 말이 생겼다.

공후(왼쪽)와 비파(오른쪽) 고대 중국의 대표적인 현악기로, 서역에서 전해진 것으로 알려졌다.

로마
콘스탄티노플
흑해
카스피해
아랄해
사마르칸트
대완
오손
흉노
황허
오환
고조선
안티오크
시리아
바그다드
파르티아
대월지
박트라
카불
소륵
우전
누란
둔황
월지
강
장안(시안)
뤄양
한
황해
지중해
알렉산드리아
저
양쯔 강
동중국해
인도
곤명
남월
광저우
민월
교주

■ 무제 즉위 당시의 한의 영토
■ 한의 최대 영토
■ 흉노의 활동 영역
→ 장건의 행로
— 비단길
— 해상 교통로

서역으로 떠나는 장건 한무제 때 흉노와 싸우기 위해 서역과 군사동맹을 맺을 목적으로 길을 나섰다. 10여 년 동안 흉노에 잡혀 있다가 탈출하여 서역을 방문한 뒤 돌아와서 중국 서쪽 여러 나라에 대한 정보와 교통로를 상세하게 정리하였다. 한이 중앙아시아로 진출하는 계기가 되었다.

바란 것이다. 한나라 역시 그들과 화친하면서 흉노를 견제하길 원했다. 한과 서역 여러 나라의 교류는 이렇게 시작되었다.

포도, 석류, 호두, 상아, 산호 같은 서역의 물품과 음악, 춤 등의 예술이 한나라에 전해졌다. 한나라의 질 좋은 비단과 약재는 서역에서 인기가 높았다. 특히 비단은 서역 상인을 통해 로마 제국에까지 알려졌다.

비단길이 열린 것이다.

◉ 불멸의 역사서 《사기》

"극형을 받으면서도 태연할 수 있었던 것은 이 책의 집필을 중단할 수 없었기 때문입니다. 이 책을 완성하여 많은 사람에게 읽힐 수만 있다면, 오늘의 치욕은 충분히 씻을 수 있습니다."

사마천은 대대로 역사를 기록하는 사관 집안에서 태어났다. 어느 날, 그는 흉노와 싸우다가 패한 친구를 변호하다 무제의 노여움을 샀다. 사형을 당할 위기에 처한 사마천은 유일하게 살아남을 수 있는 방법인 궁형●을 선택했다. 자신이 쓰고 있던 역사서를 완성하기 위해서였다.

이렇게 탄생한 《사기》는 최초의 임금으로 알려진 황제 때부터 한

● **서역** | 중원의 서쪽이란 뜻으로, 중국의 서쪽이나 오늘날 중앙아시아를 일컫는 말이다.
● **궁형** | 생식기에 가하는 형벌로, 사형죄에 버금가는 사람에게 부과한다.

사마천과 사기 사마천(기원전 145?~기원전 86?)은 궁중에서 천문역법을 제정하는 데 관여하거나 문서를 관리하는 일을 맡았다. 역사서 편찬을 일생의 과업으로 생각하여 기원전 104년 무렵부터 기록을 모아 정리하기 시작하여 기원전 91년쯤 《사기》를 완성한 것으로 추정된다.

나라 무제 때까지의 역사를 서술한 130권의 방대한 역사서다. 이 책은 본기, 표, 서, 세가, 열전 이렇게 다섯 부분으로 구성되었는데, 이러한 역사 서술의 방식을 '기전체'라 한다. 이와 같은 서술로 각 시대 통치자의 정치와 행적, 여러 제도와 문물, 다양한 사람의 이야기가 한데 어우러져 풍부하고 종합적인 역사를 재현했다. 이 때문에 《사기》는 훗날 중국 역사서의 본보기가 되었다. 온갖 역경을 극복하고 인간과 역사를 성찰할 줄 알았던 사마천이 있었기에 《사기》는 불멸의 역사서로 탄생할 수 있었다.

3 │ 유가, 국가 유교로 거듭나다

유교를 새로운 표준으로 삼다

한나라 초기에만 해도 통일에 공을 세운 이들이 주요 관직을 맡았다. 군인 출신이 많았고 상인이나 학자도 제법 있었다. 나라가 안정된 뒤에는 점차 두 부류의 관리가 주를 이루었다.

먼저, 친가와 외가 가릴 것 없이 황실의 친척이 꾸준히 관직에 나갔다. 고위 관직은 대체로 이들 몫이었다. 특히 외척 가운데서 나라 정치를 좌지우지한 인물도 여럿 나왔다.

한편, 새로운 부류의 관리도 점차 형성되었다. '현량'이니 '효렴'이니 하는 관리 추천제가 실시된 것이 계기였다. 인품이 훌륭하다고 널리 알려졌거나 학문에 밝은 이들이 주로 추천되었다.

관리 후보자를 기르기 위한 교육 제도도 체계화했다. 무제는 장안(지금의 시안)에 '태학'이란 학교를 세웠다. 경전에 밝은 사람을 박사

노래자 이야기를 새긴 화상석 무덤방의 벽면에 조각된 그림을 탁본한 것이다. 효자로 널리 알려진 초나라의 노래자 이야기를 소재로 했는데, 이 시기에 유교 윤리가 널리 퍼졌음을 알 수 있다.

로 임명하여 학생을 가르치도록 했는데, 학생이 많을 때는 무려 3만 명에 이를 정도였다.

오경을 비롯한 유가의 경전이 학교 교육의 중심이었다. 중국 역사에 대한 성찰을 바탕으로 체계적인 정치 이론을 제시했기 때문이다. 게다가 임금에게 충성하고 부모에게 효도하라는 유가의 윤리 사상은 체제 안정에 도움이 되었다.

그렇다고 공자와 맹자의 뜻대로 정치를 행한 것은 아니었다. 옛 유가 사상가들은 봉건제를 이상으로 여겼고, 통치자가 백성의 뜻을 존중하고 덕으로 다스려야 한다고 주장했다. 그러나 한나라는 중앙 집권 체제가 자리 잡았고 황제의 독재를 인정했다. 이는 법가에서 유래한 생각이었다. 이렇듯 한나라 때는 유가와 법가 사상이 어우러지면서 국가 유교의 틀을 갖추어 갔다.

유교는 한나라의 새로운 통치 이념으로 자리 잡았다. 이제 관리가 되려는 이는 반드시 공자와 맹자의 사상이 담긴 유교 경전을 공부하고, 유교 윤리를 실천하는 데 모범을 보여야 했다. 임금에게 충성하고 부모에게 효도하는 유교 문화는 점차 확산되었고, 바른 정치가 무엇인지를 탐구하고 이를 실천하려는 학자적 관리가 사회의 한 계층으로 자리 잡아 갔다.

왕망, 유교적 이상 국가를 꿈꾸다

기원전 202년에 건국된 한나라는 220년에 멸망했다. 그런데 나라가 세워진 지 200년 만에 잠시 왕조가 단절된 적이 있어 전한과 후한으로 구분한다. 그 전환점에 바로 왕망이 세운 신왕조(8~23)가 있다.

9년, 왕망이 유씨 황제를 밀어내고 황제 자리에 올랐다. 뭇 신하들이 그를 황제로 추대했고, 힘에서 밀린 유씨 황제는 자기 손으로 옥새를 넘겨주었다. 물론 나라의 실권을 한손에 틀어쥔 왕망이 사전에 계획한 결과였다.

왕망의 가문은 그 무렵 대표적인 황실 외척이었다. 집안은 가난했으나, 왕망은 어려서부터 유교 경전에 해박했고, 유교 가르침을 널리 실천하여 왕씨 집안에서 두루 인정을 받았다. 그는 서른여덟의 나이로 재상 자리에 올라 권력을 장악했다.

왕망은 대개혁을 추진했는데, 개혁 구상의 기준은 바로 유교 이념이었다.

그는 유교적 이상국가의 모델인 옛 주나라의 정치·경제 제도를 표준으로 삼았다. 주나라의 관제를 기록했다고 알려진 《주례》에 따라 관직 제도를 새롭게 고치고, 주나라의 토지 제도를 본떠 토지 개혁을 시도했다.

《시경》에 이르기를, '하늘 아래 왕의 땅이 아닌 곳이 없고, 땅 끝까지 왕의 신하가 아닌 자가 없다'고 한다. 모든 토지는 나라의 것이니 함부로 사고팔지 말며, 땅을 많이 가진 이들은 땅이 없어 가난한 이들에게 나누어 주도록 하라!"

이것이 왕망이 구상한 '왕전제'였다. 그뿐만 아니라 토지를 경작하는 데 반드시 필요한 노비도 함부로 사고팔지 못하게 했다. 심지어는 집안의 노비를 함부로 죽였다 하여 자기 아들을 처벌했다. 그러나 개혁은 곧 벽에 부딪혔다. 많은 토지와 노비를 가진 지배층이 거세게 저항했기 때문이다.

"우리 땅과 노비를 강제로 빼앗기게 되었으니, 이게 말이 되는가! 주나라의 제도로 돌아간다는 것은 시대를 거스르는 짓이지!"

결국 왕망의 이상은 3년을 채 유지하지 못하고 꺾이고 말았다.

한편, 유교적 이상주의자였던 왕망은 고집스런 중화주의자이기도 했다. 그는 중국이 세계의 중심이자 모든 문명의 표준이라고 강조했다. 그래서 서북방의 유목 민족을 함부로 대하였고, 이것은 또 다른 변방의 위기를 불러왔다.

여러 해 동안 흉노와 전쟁이 이어졌다. 그는 전쟁에서 종종 패했고, 그로 인해 내부는 점점 더 위기에 빠졌다. 왕망에 대한 지배층의 지지는 흩어졌고, 전쟁으로 고통받은 농민들도 봉기했다. 다양한 봉기군이 전국을 휘몰아치면서, 왕망의 시대도 끝났다.

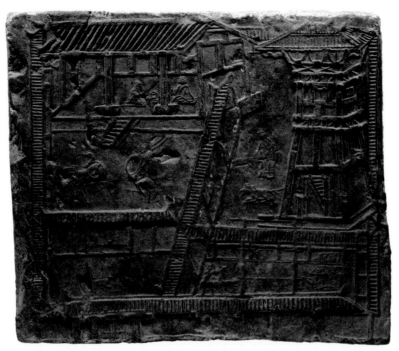

집이 그려진 벽돌 한나라 때 무덤 내부를 장식하기 위해 사용된 벽돌로, 제법 규모 있는 가옥에서 차를 마시는 주인과 청소하는 시녀의 모습이 그려져 있다. 정원에 자리한 높은 곳을 조망할 수 있는 건축물도 눈길을 끈다.

호족이 등장하다

한나라에는 넓은 토지와 많은 노비를 거느린 지주가 많았다. 이들 중에는 상업에 투자하여 큰돈을 벌고, 자식을 관리로 추천하여 출세한 사람들이 있었다. 이 같은 지방 세력을 호족이라 한다.

왕망 정권이 무너진 뒤 계속된 혼란은 군대를 일으킨 호족에 의해 점차 수습되었다. 최후의 승리자는 바로 유수였다.

황제가 된 유수는 자신을 도운 또 다른 호족들을 무시할 수 없었다. 유수는 이들에게 중앙 정치에 참여할 수 있는 기회를 열어 주었고, 호족들은 자신의 지역에서 폭넓은 자치권을 행사할 수 있었다.

광무제 유수는 한 황실의 부흥을 내걸고 왕망 이전의 여러 제도를 대부분 되살렸다. 태학에서 학생을 가르치는 일, 우수한 인재를 추천받아 관리로 발탁하는 일, 향촌의 유력한 인재를 추천받아 중앙 관리로 삼는 일도 그대로 진행되었다.

한편, 이상하게도 광무제의 후손들은 오래 살지 못했다. 원래 한나라는 제도적으로 중앙이 지방을 지배하고, 황제에게 권력이 집중되어 있었다. 그런데 어린 세자들이 잇달아 황제로 등극하면서 황제의 외척 세력과 환관이 실질적인 권력자로 떠올랐다.

이들이 비정상적으로 차지한 권력을 지키기 위해 부린 횡포는 상상을 초월했다. 관리 사회의 상식이 무너지고 정치 운영의 방향이 실종되는 일이 자주 일어났다.

특히 유교 지식인들은 이러한 상황을 참지 못했다. 제법 관리 생활을 했던 인물은 물론이고, 관리 후보자로 추천되어 바람직한 정치에 대해 공부하던 태학의 학생들도 분노했다.

"환관과 외척은 당장 물러나라! 모든 권력을 황제에게 되돌려라! 나랏일은 올바른 이념에 따라 정해진 법대로 이루어져야 한다!"

점차 외척과 환관을 정면에서 비판하는 무리가 생겨났다. 이응이나 진번 같은 이들이 대표적이었다. 사람들은 이들을 '강직하여 권세를 두려워하지 않는다'고 칭송했고, '온 세상이 본받을 모범'이라 추앙했다. 그리고 이들을 '청의파'라 불렀다.

청의파는 외척과 환관의 탄압을 받았다. 그러나 청의파를 지지하는 움직임은 꾸준히 이어졌고, 한 황실은 점차 인심을 잃었다.

◉ 훈고학의 발달

진시황이 분서갱유를 한 이후로, 또 한나라가 세워지는 과정에서 일어난 혼란으로 춘추·전국 시대에 저술된 책들이 많이 사라졌다. 이를 안타깝게 여긴 한나라의 학자들은 남아 있는 책을 모으고 옛 진나라의 학자를 초청하여 없어진 책들을 다시 쓰기 시작했다. 글자 하나하나에 숨겨진 뜻을 파악하는 것은 원래 경전을 복원하는 데 필수였다.

이 과정에서 확립된 학문 방법론이 훈고(訓詁)였다. '훈'은 글자나 문장의 뜻을, '고'는 옛말을 현재 언어로 바꾸어 풀이한다는 뜻이다. 국가에서는 유교의 기본 경전인 오경 각각에 박사를 두어 원래의 경전을 복원하고, 경전에 대한 표준 해석을 만들도록 했다. 이처럼 한나라 때 재구성된 경전이 후세에 전해졌다. 그러나 학자에 따라서 주장이 다른 경우도 종종 있고,《춘추》와 같이 아예 판본이 다른 책도 나올 정도여서 원래 경전 내용이 어떠했는지는 아무도 모른다.

진시황이 잠든 곳,
셴양을 가다

"헉헉, 숨차다. 무슨 언덕이 이렇게 높지?"

끝없이 이어진 돌계단을 지나 가까스로 꼭대기에 도착했다. 시야가 탁 트이며 저 아래 펼쳐진 들판이 한눈에 들어온다.

여기는 진나라의 수도 셴양 서쪽 부근, 진시황이 잠들어 있는 곳이다.

"이 허허벌판에 진시황은 어디 묻혀 있는 거야?"

"바로 우리 발밑에 있어. 이 언덕 전체가 진시황의 무덤이지."

진시황은 왕위에 오르자마자 자신의 무덤을 만들기 시작했다. 그 규모는 동서 485미터, 남북 515미터, 높이 76미터로 정말 어마어마하다. 《사기》에는 진시황 무덤을 만드는 데 70만 명이나 동원했다고 전한다.

황릉 속에는 진시황이 지낼 커다란 궁궐과 더불어 진기한 보물이 가득했다고 한다. 혹시 누가 도굴할까 봐 자동 발사되는 화살 장치

진시황릉 중국 산시 성 린퉁 현에 있다. 이 큰 언덕이 그 자체로 무덤인데, 시황제가 즉위한 뒤 곧바로 공사를 시작하여 모두 70만 명이 공사에 동원되었다. 몇 차례 도굴되었다는 기록이 있으나, 정식으로 발굴 조사는 되지 않았다.

병마용갱 병사와 군대에서 사용하는 말 모양의 흙인형을 묻어 둔 구덩이
란 뜻이다. 죽어서도 또 다른 삶을 누린다고 믿은 당시 사람들은 죽은 왕의
호위 군대를 만들어 왕릉 옆에 묻었다.

까지 있었다고 하니, 황릉을 지키려던 진시황의 집념을 엿볼 수 있다.

하지만 이 모든 것을 눈으로 확인하지는 못했다. 아직도 대대적으로 발굴하지 못하고 있
는 까닭이다. 그만큼 황릉이 크고 복잡한 구조라는 증거이리라.

진시황릉에서 동쪽으로 이동해 보자. 1킬로미터 정도 떨어진 이곳은 병마용갱이다. 이곳
의 면적은 무려 2만 제곱미터가 넘는다.

먼저 가장 규모가 큰 1호갱에 들어가니, 황릉을 지키는 호위군단이 늠름하게 서 있다. 이
들은 모두 흙으로 구워 만든 인형이다. 원래는 인형마다 색칠이 되어 있었는데, 발굴되고
얼마 지나지 않아 모두 색이 바랬다고 한다.

"이 인형들, 내 키보다 큰데?"

"얼굴 생김새랑 머리 모양도 모두 다른걸? 진짜 사람 같아."

이들의 엄격한 표정과 흐트러짐 없이 줄 서 있는 모습에서 긴장감이 느껴졌다.

2호갱에는 전차와 말, 청동으로 만든 무기 들이 늘어서 있다. 그 옆에는 활을 쏘는 병사, 말을 탄 병사, 전차를 탄 병사 들도 보인다. 가장 규모가 작은 3호갱은 병사들을 지휘하는 본부라고 한다. 장군의 것으로 추정되는 색칠된 전차가 발견되었기 때문이란다.

진시황은 이 용맹한 병사들을 이끌고 다니며 전쟁터를 누볐을 것이고, 진나라에 대항한 나라들을 하나씩 제압했을 것이다. 그리고 이곳 셴양에서 큰소리로 천하 통일을 선언했을 것이다. 중국 최초의 황제로서 그 당당한 위용이 느껴진다.

4장

위진·남북조, 다양한 문화의 융합

3~6세기는 조조와 유비, 손권이 대결하던 삼국 시대부터 수가 중원을 재통일하던 때까지다. 중원은 온통 전쟁과 정치적 혼란이 이어졌다. 그러나 이 기간은 또 경쟁에 승리하기 위한 노력이 활발하게 이루어지면서, 한족과 유목 민족이 어울리고, 서역을 통해 소개된 새로운 문화와 중국 전통 문화가 뒤섞이면서 새로운 중국이 탄생한 때이기도 하다. 더욱 다채로워진 문화, 새로운 시대를 향한 활발한 문화 창조 노력은 중국 문화를 새로운 궤도로 끌어올렸을 뿐 아니라, 주변 여러 지역의 문화 발전에도 중요한 영향을 미쳤다.

★ * * *

184년 황건적의 난

208년 적벽대전

220년 후한 멸망, 위·촉·오 삼국 시대 시작

280년 진(晉) 무제, 삼국 통일

304년 5호 16국 시대 시작

405년 도연명, 〈귀거래사〉 지음

439년 북위의 화북 통일, 남북조 시대 시작

460년 윈강 석굴 조성 시작

494년 효 문제, 뤄양으로 천도하고 한화 정책 실시

534년 북위, 동위와 서위로 분열

375년 게르만족,
로마 제국으로 이동 시작

395년 로마 제국, 동서로 분열

476년 서로마 제국 멸망

481년 프랑크 왕국 건설

375년 백제, 고구려 평양성 공격

427년 고구려, 평양으로 수도 옮김

433년 신라·백제 동맹 성립

300~900년경 중앙아메리카,
마야 문명 성립

4~6세기경 야마토 정권 성립

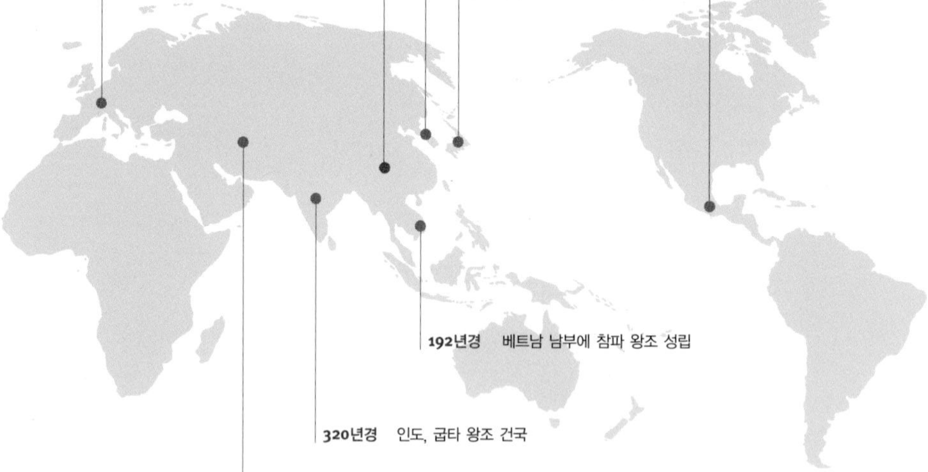

192년경 베트남 남부에 참파 왕조 성립

320년경 인도, 굽타 왕조 건국

227년경 사산 왕조, 페르시아 성립

1 | 소설 삼국지의 시대

황건적, 한나라를 허물다

환관과 외척이 권력을 장악하면서 뜻있는 관리마저 점차 입을 닫았다. 관직을 얻고자 했던 호족들은 고향에 돌아가 또 다른 기회를 노렸다. 농민의 삶도 '사람들이 서로 잡아먹고 노약자는 길거리에 버려질' 만큼 어려워졌다.

184년, 농민들이 큰 무리를 이루어 봉기를 일으켰다. 어려운 살림에 흉년까지 겹쳐 살기 힘들었기 때문이다. 30만 명이 넘는 농민들이 무리를 지어 관청과 부자들을 공격했다.

봉기를 주도한 이는 '태평도'를 창시한 장각이었다.

"못된 관리가 사라지고, 부자들의 탐욕에 시달리지 않는 세상을 한 번 만들어 봅시다!"

태평도는 노자의 사상에 여러 민간 신앙이 어우러진 종교였다. 장

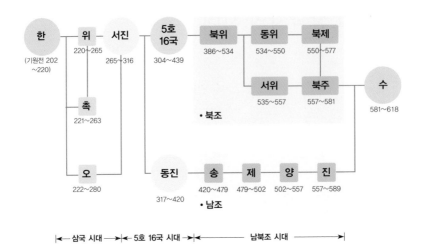

위진·남북조 시대의 정치 변화 한이 망하고(220) 삼국이 성립된 때로부터 수가 중국을 다시 통일한 때(589)까지를 위진·남북조 시대라 부른다. 유목 민족 세력이 북방으로 대거 이주하고, 한족이 남방으로 활발하게 이주하던 이 시기는 정치·사회적으로 혼란스러웠으나, 사회·문화적으로 매우 역동적인 변화가 일어나던 때이기도 하다.

각은 새 종교를 통해 절망에 빠진 농민들에게 구원의 메시지를 전했다. 화북에서 강남에 이르기까지 수십만 명의 농민이 노란색 두건을 머리에 두르고 봉기했다.

봉기가 들불처럼 번지자 한나라 조정에서는 서둘러 대책을 마련했다. 봉기를 진압할 관군을 최대한 모으는 한편, 호족들에게도 동참해 줄 것을 요청했다.

황건적이 봉기했을 때 호족들도 크게 놀랐다. 굶주린 농민들이 호족들의 재산을 빼앗으려 들었기 때문이다. 그래서 호족들은 지역별로 군사를 조직하여 관군과 협력했다.

황건적의 봉기는 조금씩 수습되었다. 태평도를 이끌던 장각도 오래지 않아 죽었다. 그러나 내란 같은 상황은 오랫동안 계속되었다.

천하가 셋으로 나뉘다

농민 봉기가 이어지는 동안 한나라는 아래로부터 허물어졌다. 호족들이 점차 자립을 선언했으며, 그들 중 몇몇은 몇 개의 주를 아우를 정도로 세력을 키웠다. 소설《삼국지》에 나오는 원소나 유표, 손견 같은 이가 대표적이다.

통일을 향한 경쟁에서 조조가 가장 앞섰다. 그는 조정을 장악하고, 황제의 명령을 앞세워 지방 세력을 공격했다. 먼저 원소를 물리쳐 화북 일대의 호족을 통합했으며, 양쯔 강 유역으로 군대를 휘몰았다.

208년, 적벽에서 양쯔 강을 사이에 두고 조조의 군대와 유비·손권 연합군이 맞섰다. 자칭 100만 명에 이른다는 조조의 군대는 당장이라도 강을 건널 듯 상대를 압박했다. 그러나 유비·손권 연합군은 그 지역의 지형과 기후에 밝았으며, 반드시 이기겠다는 결의에 가득 차 있었다.

"장군님, 바람이 조조의 진영 쪽으로 불고 있습니다!"

"이때다! 마른 짚으로 위장한 배에 불을 붙여라!!"

동남풍이 불던 어느 날 새벽, 조조의 진영 깊숙한 곳에 도착한 유비·손권 연합군은 일제히 배에 불을 질렀다. 때마침 조조 쪽으로 불어닥친 바람은 조조 진영의 수많은 배를 순식간에 불태워 버렸다.

전투는 유비·손권 연합군의 승리로 끝났고, 조조는 통일의 꿈을 버

| 소설 《삼국지》의 시대 |

여전히 많은 사람에게 인기를 끄는 《삼국지》는 위·촉·오 세 나라가 일어나서
경쟁하는 과정을 소재로 한 책이다. 원·명 교체기에 살았던 나관중이 세간에
전해지는 여러 이야기를 정식 역사서 《삼국지》(진수 편찬)를 참조하여 편찬했
다. 소설 《삼국지》는 촉을 중심에 놓고 유비와 관우, 장비와 제갈량을 중심으
로 이야기를 풀어 간다. 그러나 한의 영역과 문화를 가장 직접적으로 승계한
것은 조조와 그 자손이 꾸려 간 위나라여서, 오늘날 역사학계는 위진·남북조
시대란 표현을 쓴다.

	위	촉	오
전국 13주	9	1	3
호수(만 호)	66	28	52
인구(만 명)	443	94	230

❶ **유비** 소설 《삼국지》에서 관우, 장비와 의형제를 맺고 제갈량의 도움으로 나라를 세운다. 유비(161~223)는 한 황실의 친척으
로 알려졌으며, 현재의 쓰촨 지역을 중심으로 촉한을 세워 촉한의 첫 황제가 되었다.
❷ **손권** 강남의 대호족으로 유비와 손잡고 남쪽으로 세력을 확장하던 조조의 군대를 크게 물리쳐 삼국의 형세를 이루었다. 손권
(182~252)은 건업을 중심으로 오나라를 세워 첫 황제가 되었다.
❸ **조조** 한의 관리 집안에서 태어났으며, 잇달아 일어난 봉기를 진압하는 데 공을 세우면서 조정을 장악하였다. 조조(155~
220)는 황실의 권위를 앞세워 세력을 확장하였으며, 스스로 위왕이라 불렀다. 훗날 그의 아들 조비가 한의 황제로부터 제위를
넘겨받았다.

린 채 가까스로 도망쳤다. 이후 강남에는 손권이 세력을 확고히 하였고, 쓰촨에서 유비가 세력을 형성했다. 이로써 조조와 손권, 유비 세 사람이 한의 넓은 영토를 셋으로 나눈 꼴이 되었다.

216년에 조조는 스스로를 '위왕'이라 칭했다. 4년 뒤 그의 아들은 허울뿐인 한의 황제를 밀어냈다. 이로써 한나라는 멸망하고 위(魏)나라가 탄생했다. 그러자 유비는 청두(成都)에 촉(蜀)을, 손권은 건업(지금의 난징)에 오(吳)를 세우고 황제라 칭했다. 삼국 시대가 시작된 것이다.

세 나라는 서로 정통이라 주장하면서 치열하게 경쟁했다. 세 나라는 각자 주변 세력을 아우르면서 국력을 키웠다. 이 과정에서 한족의 세계는 옛 한나라의 국경을 넘어 확대되었고, 한족 이외의 여러 종족이 중국사의 또 다른 주역으로 들어섰다.

통일의 대업, 사마씨 집안이 이어받다

세 나라 가운데 위나라가 가장 강했다. 옛 한나라의 중심부로 경제가 발달하고 인구가 많은 지역에 자리했기 때문이다. 그래서 삼국 시대는 마치 적벽대전 때처럼, 촉과 오가 손잡고 위와 경쟁하는 양상이 계속되었다.

그러나 통일의 대업을 이룩한 것은 조조의 후손도, 유비나 손권의 후손도 아니었다. 통일 국가의 황제는 위나라 황실을 도와 조정을 장악했던 사마씨 집안에서 나왔다.

사마씨 집안을 일으킨 이는 사마의였다. 조조의 진영에 참가하여 촉의 제갈량과 지혜를 겨룬 것으로 유명한 바로 그 사람이다. 한의 조정에서 한 황실을 뒤엎은 위나라가 일어난 것처럼, 사마의와 그 후손이 위 황실 안에서 위를 허물어뜨렸다. 결국 조정의 실권을 장악한 사마의의 손자 사마염은 265년 위의 황제를 몰아내고 스스로 황제가 되었다. 그러고는 나라 이름을 진(晉)이라 고쳤다.

263년 촉한이 가장 먼저 사라졌다. 그리고 280년에는 진의 첫 황제인 무제 사마염이 대군을 편성하여 오나라를 침략했다. 후한이 망한 지 60년 만에 진이 재통일했다.

통일을 이룩한 사마염은 친척들을 왕으로 삼아 적지 않은 영토를 직접 다스리도록 했다. 조조나 사마의처럼, 신하가 황실을 공격하지 못하게 막자는 뜻에서였다. 그리고 농민들에게 일정한 토지를 지급하고, 지배층의 대토지 소유를 규제하여 농민 생활을 안정시키려 노력했다.

서진 무제 사마염(236~290)은 소설 《삼국지》에서 제갈량과 지혜를 다툰 사마의의 손자이다. 아버지 때 이미 위나라 실권을 장악했으며, 265년에 황제 자리에 올라 나라 이름을 진으로 고쳤다. 황실을 튼튼히 한다며 친척을 왕으로 삼아 나라 곳곳을 다스리도록 했는데, 이 왕들이 황제 자리를 놓고 경쟁하면서 진의 통일도 순식간에 흐트러졌다.

그러나 진의 통일은 오래가지 못했다. 많은 군대를 거느리며 왕으로 군림하던 황실의 친척들이 황제 자리를 놓고 치열하게 싸웠기 때문이다. 한순간 온 나라가 전쟁터로 바뀌었다. 이른바 '8왕의 난'이다.

누가 황제가 될지 알 수 없었고, 혹시 누군가 황제가 된다 하더라도 권력이 확고하지 못해 혼란은 계속되었다. 여러 왕은 경쟁에서 이길 목적으로 여러 유목 민족 병사를 사병으로 끌어들였다. 그러나 그때까지만 해도 이들 민족이 진나라의 운명에 커다란 위험 요소가 될 줄은 아무도 짐작하지 못했다.

2 한족과 유목 민족이 어우러지다

5호 16국 시대가 열리다

한나라에 한족만 산 것은 아니었다. 후한 초 흉노족이 변방에 대거 정착했고, 이후 서북쪽 변경에는 갈족·선비족·저족·강족 같은 유목 민족이 정착했다. 이들을 아울러 '5호'라 부른다.

한족은 이들을 오랑캐로 여기며 차별했고 세력을 키우지 못하도록 흩어져 살게 했다. 그러나 인구가 늘고 경제력이 커지면서 이들은 점차 하나의 세력을 형성했다.

8왕의 난은 이들 유목 민족에게 좋은 기회였다. 진의 통제력이 무너진 데다, 유목 민족의 군사력을 이용하려던 왕들 덕분에 이들의 세력은 어느 때보다도 강했다.

304년에 유연이란 인물이 흉노의 여러 부족을 통일한 뒤 한나라를 세웠다. 그는 옛 한 황실의 후손이라 자처하면서 진의 영토 상당 부분

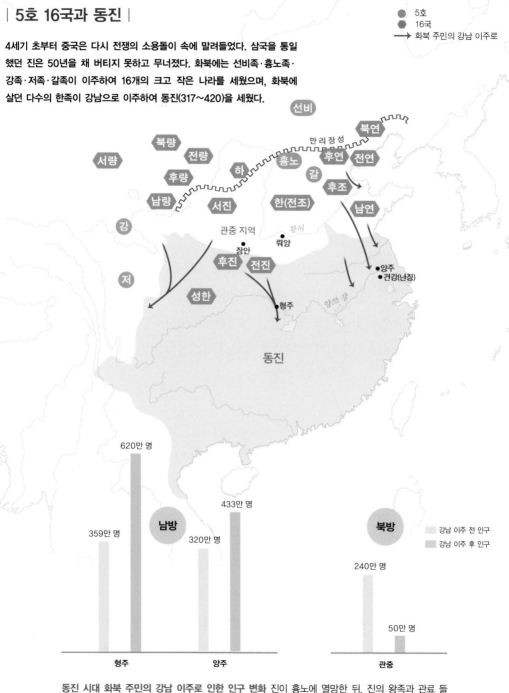

| 5호 16국과 동진 |

4세기 초부터 중국은 다시 전쟁의 소용돌이 속에 말려들었다. 삼국을 통일
했던 진은 50년을 채 버티지 못하고 무너졌다. 화북에는 선비족·흉노족·
강족·저족·갈족이 이주하여 16개의 크고 작은 나라를 세웠으며, 화북에
살던 다수의 한족이 강남으로 이주하여 동진(317~420)을 세웠다.

● 5호
● 16국
→ 화북 주민의 강남 이주로

선비

북연

만리 장성

북량
전량
하
흉노
후연
전연
서량
후량
갈
남량
서진
한(전조)
후조
남연

강

관중 지역   황허
뤄양

저
후진
전진
장안

성한
형주
양쯔 강
양주
건강(난징)

동진

620만 명

359만 명

남방

433만 명

320만 명

북방

강남 이주 전 인구
강남 이주 후 인구

240만 명

50만 명

형주   양주   관중

동진 시대 화북 주민의 강남 이주로 인한 인구 변화 진이 흉노에 멸망한 뒤, 진의 왕족과 관료 들
이 대거 강남으로 이주하였고, 전란을 피해 이주한 유민들도 많았다. 화북의 인구가 급격히 줄고 양
쯔 강 유역의 인구가 많이 늘어난 사실을 알 수 있다.

을 빼앗았다. 316년에는 유연의 아들이 진을 멸망시키고 황제를 사로잡았다. 통일의 대업을 이룬 진은 50년 만에 운명을 다했다.

전쟁 통에 살아남은 진 황제의 친척들은 양쯔 강을 건너 강남으로 옮겨 갔다. 그리고 사마예를 황제로 추대하여 동진을 세웠다. 전쟁을 피하려는 수많은 귀족과 농민도 양쯔 강을 건넜다.

이들이 사라진 화북은 유목 민족의 경쟁 무대가 되었다. 5호라 불린 흉노족·갈족·선비족·저족·강족이 16개의 나라를 세워 경쟁했는데, 이 시기를 5호 16국 시대라 한다.

화북의 여러 나라는 유목 민족의 소박하고 진취적인 문화를 유지하면서, 발전한 한족의 전통과 제도를 받아들였다. 그래서 이 시기는 왕조의 흥망성쇠가 수시로 일어났던 전쟁의 시대이자 능력이 중시되고 다양한 문화가 어우러지는 새로운 변화의 시대였다.

강남의 실력자, 귀족

양쯔 강 이남을 뜻하는 강남은 옛날 초와 오의 중심지였고, 당시에는 변방처럼 여겨졌던 곳이다. 원래 황허 유역에 비해 인구도 적고 생산력도 떨어졌지만, 동진이 건국하고 화북에서 많은 사람이 이주하면서 빠르게 변화했다.

동진에서는 이주한 화북의 지배층과 강남의 토착 세력이 손을 잡고 새로운 지배층을 형성했다. 이들은 화북 지역을 되찾아 한족 왕조를 부활한다는 명분으로 연합했으며, 화북에서 이주한 농민들을 받아들여 경제 발전의 새로운 기초를 닦았다.

동진 벽화 위진·남북조 시대 동진의 벽화로, 당시 귀족들의 생활 모습을 보여 준다. 이 시기 북방 귀족이 군사력과 중앙 관직을 독점하면서 강남의 토착 세력과 손잡고 귀족 중심의 국가 체제를 만들었다.

늘어난 인구를 바탕으로 꾸준히 토지를 개간하고 수리 시설을 만들었다. 화북의 발전한 농업 기술을 도입하면서 생산력은 빠르게 증가했다. 농업 발달을 주도한 지배층 대부분은 대토지를 소유하게 되었다.

이들은 또한 관리 추천제를 통해 정치권력도 장악했다. 당시에는 조조 때부터 실시한 구품중정제로 관리를 등용했다. 각 지역의 능력 있는 인재를 9등급으로 나누어 관직에 추천하던 제도였으나, 시간이 흐르면서 좋은 가문의 사람들이 높은 등급을 받고 중앙 정계에 진출하는 수단으로 전락했다.

이제 넓은 토지와 많은 노비를 소유하면서 중앙 관직을 대대로 세습하는 특권 계층이 형성되었다. 바로 '귀족'이라 불린 이들이었다.

420년에 하급 무관 출신 유유가 반란을 일으켜 황제 자리를 차지한 뒤, 나라 이름을 송으로 고쳤다. 그러고 나서 얼마 뒤 다시 비슷한 일이 일어나 제, 양, 진의 왕조가 이어졌다. 동진부터 이어진 다섯 왕조의 시기를 남조(南朝)라 부른다. 비록 황제는 바뀌었으나 귀족이 남조 사회의 지배층이었다는 사실은 달라지지 않았다.

자연 속에서, 마음이 흐르는 대로

"음모가 판치는 정치는 생각하기도 싫구려."

"거문고 뜯고 술이나 마시면서 자연과 벗하며 삽시다."

위와 진나라 시대에는 혼란한 정치를 멀리하며, 관직에 나가는 대신 자신의 내면을 들여다보고 자연과 벗하려는 새로운 풍조가 나타났다. 바로 '청담(淸談)'이다. 완적, 혜강 등 죽림칠현이 청담 사상가로 잘 알려졌다.

여사잠도(부분) 동진 시대의 명문 귀족으로 훌륭한 미술작품을 남긴 고개지(344?~408?)의 작품이다. 서진의 장화란 인물이 쓴 교훈서 《여사잠》의 내용을 그림과 글로 표현한 두루마리 형식의 그림이다. 원래 작품은 전하지 않고, 당나라 때 베낀 그림이 영국박물관과 타이완의 고궁박물관에 전한다. 349.5×25센티미터.

죽림칠현도(부분) 남조 초기 무덤에서 발견된 벽화로, 왼쪽에서부터 혜강, 완적, 산도, 왕융의 모습이다. 이들 옆에 그려진 완함, 유영, 향수까지 죽림칠현이라 하는데, 유교적인 예속 생활에서 벗어나려던 위·진 시대 지식인의 모습을 잘 보여 주는 인물들이다. 240×80센티미터.

완적은 어머니의 장례식 날 예를 갖춰 슬퍼하는 대신 술을 마시고 고기를 먹어 사람들을 놀라게 했다. 슬퍼하는 마음이 중요하지 형식이 중요한 게 아니라는 사실을 보여 주기 위한 행동이었다. 그들은 유교 문화가 인간의 본성을 억누른다고 비판하면서 마음이 가는 대로 생활하자고 주장했다.

이처럼 위·진 시대에는 유교적 가치관이 쇠퇴했다. 지식인들 사이에서 노자와 장자의 사상이 인기를 끌었고, 여기에 민간 신앙이 어우러진 도교와 서역에서 전해진 불교가 사람들 마음을 사로잡았다.

뒤이은 남조의 문화도 이와 비슷했다. 많은 지식인은 현실 정치에 절망했고, 성취를 위해 하루하루 노력하는 인생은 허무한 것임을 지적했다.

초막 짓고 사람들 속에 살아도

마차 수레 소리 시끄럽지 않아라.

그대에게 묻나니 언제 그럴 수 있단 말인가.

마음이 속세를 멀리하면 절로 그렇다네.

동쪽 울타리 아래서 국화꽃 꺾어 들고

한가로이 남산을 바라다보네.

산 기운은 황혼에 더욱 곱고

날아오르는 새 짝지어 돌아오누나.

이 가운데 참뜻 있으려니

말하려 해도 이미 말조차 잊었다네.

－도연명, 《음주》, 제5수

　　도연명은 자연의 아름다움과 그 속에서 만끽하는 행복을 〈귀거래
사〉를 통해 노래했다. 당시에는 이와 비슷한 미의식을 보여 준 예술가
들이 아주 많았다. 유교 경전을 읽고 유교식 예의범절을 지키며 현실
정치에 참여하기보다 마음이 흐르는 대로 살며 개인의 행복을 추구하
는 삶이 남조의 지식인 사회에서 널리 유행했던 것이다.

3 | 불교의 시대가 열리다

북위, 화북을 통일하다

5호라 불리던 유목 민족 가운데 선비족이 있었는데, 탁발규가 이들을 통일하여 북위(北魏)를 세웠다. 북위는 439년에 5호가 세운 나라들을 모두 통합하는 데 성공했다. 이때부터 수나라가 중국을 통일할 때까지를 남북조 시대라 한다.

북위의 셋째 황제인 효문제는 한족의 전통과 문화를 적극적으로 받아들여 통일을 공고히 했다. 이른바 한화 정책이다.

"수도를 옛 위나라와 진나라의 도읍이었던 뤄양으로 옮기겠다!"

효문제는 선비족 출신 귀족들의 반대에도 불구하고 수도를 한족 문화의 중심지로 옮겼다. 그리고 한족의 언어를 공용어로 삼고, 선비족에게 한족 옷을 입게 했으며, 선비족의 성씨를 한족의 성씨로 바꾸도록 했다. 이와 함께 선비족과 한족의 혼인을 적극 장려했다.

북조와 남조 화북에서 5호 16국의 혼란은 북위의 통일로 종식되었다. 이후 북위는 다시 동위(북제)와 서위(북주)로 분열되었으며, 남중국에서도 동진의 뒤를 이어 여러 차례 왕조가 교체되었으나, 이전과 같은 혼란은 어느 정도 제어될 수 있었다. 북위가 화북을 통일한 때 (439)부터 수가 전체를 다시 통일한 때(589)까지를 남북조 시대라 한다.

건국 직후 북위의 영역
화북 통일 당시 북위의 영역

또한 북위는 이미 남조에서 정착된 구품중정제를 받아들여 추천에 의해 관리를 선발했다. 그리고 균전제를 실시하여 몰락한 농민에게 토지를 지급하고는 세금을 걷어 재정을 충당했다. 이 과정에서 호적 제도도 정비했다.

종족 사이의 갈등이 줄어들고 다양한 문화 전통이 어우러지면서,

화북 지역은 빠르게 안정을 되찾아갔다. 북위의 화북 통일은 거대한 통일 제국의 출현을 예비하는 과정으로 손색이 없었다.

대규모 석굴 사원을 만들다

뤄양으로 옮기기 전 북위의 수도는 평성이었다. 북위는 평성에 머무르는 동안 윈강에 대규모 석굴 사원을 만들었다. 거대한 바위 절벽을 파서 크고 작은 굴 40여 개를 만들고, 거대한 불상들을 조각했다.

"왕은 곧 부처다. 부처를 섬기듯 왕에게 정성을 다해야 한다."

거대한 불상을 만든 사람들은 이 같은 주장을 실천했고, 북위 황제를 많이 닮은 불상도 만들었다. 불교는 한나라 때 처음 전해졌다. 그때만 해도 일부에게만 소개되었으나, 후한이 망하고 정치·사회적인 혼란이 이어지면서 점차 많은 사람들의 관심을 끌었다. 불교가 널리 퍼진 때는 화북이 5호 16국 시대로 접어들 무렵부터였다.

민중은 불교에서 정신적으로 의지할 곳을 찾았다. 잦은 전쟁으로 미래가 불확실했기 때문이다. 게다가 유교적 가치관을 대신하여 내면의 평화를 추구하는 흐름은 남조의 귀족 문화와도 잘 맞았다. 남북조 시대에 들어서도 불교는 빠르게 확산했다.

이제 화북의 군주들은 불교를 일으킨 황제로 불리길 원했다. 이에 불교계는 '황제가 곧 부처'라는 교리로 화답했다. 황제와 관리들은 불교를 후원했으며, 막대한 돈을 들여 거대한 석굴 사원을 조성했다.

수도를 뤄양으로 옮긴 뒤에도 마찬가지였다. 북위의 황실은 앞서 지은 윈강 석굴을 본받아 대형 석굴 사원을 만들었다. 이때 조성된 석

❶ 윈강 석굴 북위의 수도였던 다퉁 시에 있는 대규모 석굴 사원으로 251개의 석굴에 5만여 개의 불상이 조각되어 있다. 5~6세기에 만들어졌다. 사진은 제20굴에 있는 대불이다.

❷ 룽먼 석굴 북위가 수도를 뤄양으로 옮긴 뒤 만들어지기 시작하여 당나라 때까지 꾸준히 만들어진 수많은 석굴 사원이다. 2300여 개의 석굴에 약 10만 점 가까운 불상이 조각되어 있다.

❸ 막고굴벽화 화려하게 채색된 벽화는 석가의 일대기나, 극락과 해탈을 열망하는 내용을 담고 있다. 벽화를 한 줄로 전시하면 그 길이가 54킬로미터에 이른다고 한다.

굴 사원이 뤄양 근처에 있는 룽먼 석굴로, 이후 왕조까지 석굴 건립이 이어져 중국 최대의 석굴 사원으로 자리매김했다.

다시 통일을 향하여

강력한 한화 정책을 펴던 효문제가 죽은 뒤, 한화 정책이 가져온 문제점이 점차 드러났다. 선비족의 결속력은 약해졌고, 그동안 선비족이 가졌던 강건한 기질도 약화되었다. 더욱 큰 문제는 인구의 다수였던 한족이 빠르게 진출하면서, 선비족의 지위가 크게 떨어졌다는 점이었다.

서쪽 변방을 지키던 선비족의 불만이 점차 거세졌다. 이곳에는 선비 귀족 집안의 자제들이 힘들게 변경 수비를 담당했는데, 이들이 보기에 뤄양의 북위 왕조는 더 이상 선비족이라 할 수 없는 지경이었던 것이다.

변방의 군인들이 왕조를 무너뜨리기 위해 일어섰고, 나라 전체가 삽시간에 내란 상황에 빠졌다. 이 과정에서 북위는 동위와 서위로 나뉘었다. 동위와 서위는 서로 정통성을 두고 싸웠다. 그런데 이 과정에서 부병제라는 새로운 군사 제도가 나타났다.

싸움에서 자주 밀린 쪽은 서위였다. 이에 서위에서는 선비족과 한족을 가릴 것 없이, 평범한 농민들까지 병력으로 동원하기로 결정했다.

"평상시에는 농사를 짓고, 나라가 위태로워지면 전투에 참가한다."

"누구든 공을 세우면 높은 관직에도 나아갈 수 있다."

농병일치의 원칙 아래 새로운 군사 제도가 세워지면서, 동위와 경쟁에서 밀리던 서위는 어느 정도 균형을 회복할 수 있었다.

그러나 얼마 뒤 동위와 서위에는 내분이 일어났다. 그리하여 각각 북제와 북주라는 새로운 왕조가 세워졌다. 577년에 서위를 계승한 북주는 권력을 차지하려는 내부 분열로 약해진 북제를 무너뜨렸다. 이로써 화북은 북주가 다시 한 번 통일했다.

요동치는 화북의 정세는 남조의 양나라에도 큰 화를 미쳤다. 동위의 정권 다툼에서 밀려나 양나라로 피신해 온 후경이 오히려 자신을 보호해 준 양나라에 반기를 들었다. 이로 인한 혼란은 걷잡을 수 없이 커졌고, 결국 양나라는 멸망했다. 그 뒤를 이어 진나라가 들어섰지만, 화북의 북주에 대적할 만한 힘은 이미 상실한 상태였다. 바야흐로 남북조를 통일할 위대한 공적이 북주에 넘어간 듯했다.

● 목란시

덜그럭덜그럭 목란이 방에서 베를 짠다.

베틀 소리 멈추고 긴 한숨 소리 들려온다.

무슨 걱정인가 물으니

어젯밤 군첩이 내렸는데, 가한께서 군사를 부른다오.

그 많은 군첩 속에 아버지도 끼여 있소.

우리 집엔 장남 없고, 목란에겐 오라비 없으니

내가 안장과 말을 사, 아버지 대신 싸움터에 나가겠소.

뮬란 중국의 대표적인 영웅 문학의 하나인 〈목란시〉에 얽힌 이야기는 1998년에 애니메이션 〈뮬란〉
으로, 2009년에는 〈뮬란: 전사의 귀환〉이란 영화로 제작된 바 있다.

북위 때 지어졌다는 〈목란시〉의 일부이다. 주인공 목란은 나이
많은 아버지를 대신하여 전쟁터에 나갔다는 당찬 여인이다. 그
녀의 가족은 북쪽 변방에서 이주해 온 유목민인데, 한곳에 정착
해 살면서 베틀로 옷감도 짜고 농사도 지으며 한족 문화에 익숙
해졌다. 이 시를 통해 한족과 유목 민족이 어우러져 살았던 남북
조 시대의 생활상을 읽을 수 있다.

◉ 선종과 보리달마

위진·남북조 시대에는 서역에서 온 불교와 중국 전통이 만나 '선종' 불교가 형성되었다.

선(禪)은 조용히 명상하는 것을 뜻한다. 선종은 경전을 파고드는 것보다 자신의 마음을 살피는 것이 더 중요하다고 여겼다. 이를 위해 마음을 차분하게 가라앉히는 '좌선'을 수행 방법으로 삼았다. 진정으로 마음이 안정된 사람이라면 '무심히 행해도 거리낌이 없는 최고의 정신적 경지'에 도달할 터였다.

소림사 허난 성 덩펑 시 쑹산에 있는 오래된 사찰이다. 496년에 북위 효문제가 창건했다고 전한다. 달마가 530년부터 9년간 머물렀으며, 당나라 초기 무예승 이야기를 다룬 영화 〈소림사〉의 배경이 된 곳이다. 남북조 시대의 불상을 비롯하여 많은 유물과 유적이 지금까지 전한다.

달마 인도 불교가 중국의 전통과 어우러져 탄생한 선종 불교의 창시자로 알려진 인물. 인도인이며 처음에는 남조의 양나라에 도착했으나(520년 무렵) 훗날 북위의 영역인 소림사에서 수행했다.

선종을 창시한 사람은 인도에서 건너온 승려 보리달마였다. 그는 북위의 효문제가 창건했다고 알려진 소림사에서 수행했다. 무려 9년 동안 벽을 마주 대하고 참선했던 그는 사람의 마음은 본래 깨끗하다고 주장하며 제자들을 길렀다. 시간이 흐르면서 그의 생각과 행동에 공감하는 사람들이 늘어났고, 선종은 중국의 전통적인 불교로 자리 잡았다.

촉의 수도이자 도교의 발상지, 청두

삼국 시대 촉나라의 수도였던 청두.

여기는 촉을 세운 유비와, 하늘과 자연의 이치까지 꿰뚫어 보았다는 지략가 제갈량의 활동 무대다.

유비는 청두를 중심으로 쓰촨 지역을 차지하고 나라를 세웠다. 그러나 이 지역은 산이 많고 땅이 척박한 데다 인구도 적었다. 삼국 가운데 가장 전력이 떨어졌던 촉은 제갈량의 뛰어난 지략으로 명맥을 이어 갔다. 소설 《삼국지》에는 촉이 가장 이상적인 나라로, 유비가 가장 현명하고 어진 군주로 묘사되지만, 실제 역사가 꼭 그렇지만은 않았다.

청두

쓰촨 성 청두의 무후사 무후사는 도교에서 제갈량을 모시는 사당인데, 청두 말고도 여러 곳에 같은 이름의 사당이 있다. 이곳의 무후사는 유비와 제갈량을 함께 제사 지낸다.

청성산 도교 사원 쓰촨에 있는 청성산은 도교의 성지 같은 곳이다. 이곳에는 지금까지 남아 있는 도교 사원이 수십 군데나 된다.

청성산 도교상 재물의 신을 모신 전각이다. 도교는 여러 민간 신앙을 바탕으로 현세의 복을 구하는 종교. 그래서 도교 사원에서 재물의 신은 매우 인기가 많다.

청두는 또 다른 측면에서 역사적으로 유명한 공간이다. 촉이 흥망을 거듭하던 시기를 전후하여, 이곳에서 도교가 탄생했다.

도교는 노자의 사상에 여러 민간 신앙을 아우른 독특한 종교였다. 그리고 사후 세계보다 현실을 중요시했다. 질병을 치유하여 건강하게 살고, 각종 재앙을 피하며, 부귀영화를 얻어 가문이 번영하길 바라는 등, 지극히 소박하고 현실적인 소원을 비는 성격이 강했다. 이를 위해 신비한 주술의 힘을 빌리거나 심신을 수양하는 데 힘을 기울였다.

청두의 북쪽 교외에는 해발 1600미터의 청성산이 있다. 이 산에는 도교 사원들이 늘어서 있는데, 지금까지 남아 있는 것만 서른여덟 군데나 된다. 사원에는 노자의 상을 비롯

하여 각종 민간 신앙을 대표하는 신들이 모셔져 있다.

후한 말, 장릉은 이 부근에서 초기의 도교 교단을 창시했다. 그는 원래 태학에서 유학을 공부했지만, 말년에는 청두에 자리 잡고 설교하며 신도를 모았다.

"쌀 다섯 두씩 바치면, 그 누구라도 함께할 수 있다."

장릉이 만든 교단은 '오두미도'였다. 교단에 가입하려면 반드시 쌀 다섯 두를 바치도록 한 데서 붙여진 이름이다.

청두를 비롯한 쓰촨 지역에 널리 퍼져 나간 장릉의 조직은 주술로써 질병을 치료하고 빈민을 구제하면서 사람들의 마음을 사로잡았다. 당시 고된 삶에 지친 농민들은 도교에 귀의하여 마음의 위안을 얻고자 했다. 그 결과 거대 교단이 탄생했다.

오두미도는 이보다 약간 일찍 등장한, 장각이 만든 태평도와 함께 도교의 기원이 되었다. 도교는 유교의 권위가 떨어진 위진·남북조 때부터 크게 발달하여, 북위에서는 한때 도교를 국교로 삼았을 정도였다.

이 같은 과정을 거치면서 청두는 도교의 성지로 자리 잡았고, 도교의 흥망성쇠를 함께 했다.

5장

수·당, 동아시아 문화권의 형성

한반도와 중국, 일본과 베트남을 묶어 동아시아 문화권이라 부른다. 중국 서북의 유목 민족 왕조들도 이 문화권에 포함할 수 있다. 드넓은 지역, 다양한 전통을 가진 문명이 하나의 문화권을 이루었다고 할 수 있던 시기가 바로 수·당이 중국을 통일하여 그 어느 때보다 번성했던 6세기 말부터 300여 년 동안이었다. 고구려를 침략했던 수 양제, 당 태종이 활동했던 시기, 시의 성인인 두보와 시의 신선인 이백이 활동했던 시기, 중국이 자랑할 만한 위대한 문화유산이 그 어느 때보다 많이 만들어졌던 시기가 바로 이때였다.

589년   수 문제, 중국 통일

605년   수 양제, 대운하 건설 시작

612년   수 양제, 고구려 침략

618년   이연, 당 건국

637년   당 태종, 율령 반포

690년   측천무후, 주를 세우고 황제 즉위

755년   안사의 난

780년   양세법 실시

875년   황소의 난

800년   프랑크 왕국의 카롤루스 대제,
        서로마 황제 대관

562년   신라, 가야 정복

612년   살수대첩

648년   신라, 당나라와 동맹

676년   신라, 삼국 통일

698년   발해 건국

610년   무함마드가
        이슬람교 창시

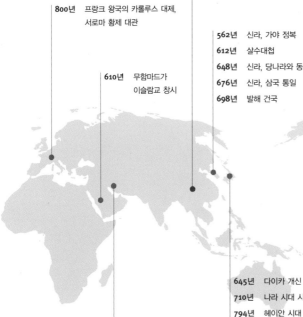

645년   다이카 개신

710년   나라 시대 시작

794년   헤이안 시대 돌입

642년   사산 왕조 페르시아,
        이슬람에 멸망

1 수, 중원을 다시 통일하다

문제와 양제, 통일을 이룩하다

"출정 준비를 모두 마쳤습니다."

"이제 우리 50만 군대는 진 황제를 사로잡고 통일을 이룩할 것이다!"

대군 앞에서 자신만만하게 목청을 높인 이는 수나라의 첫 번째 황제 문제였다. 이름은 양견, 북주의 장군 출신이자 황실의 외척이었다. 그는 어린 외손자에게 황제 자리를 물려받아 581년에 수(隋)나라를 세웠다.

문제의 꿈은 컸다. 우선 남조의 진나라를 꺾어 중국을 통일하고, 서쪽의 돌궐과 북방의 고구려까지 제압하여 천하의 유일한 군주가 되는 것이었다.

문제의 아들 양광이 대군을 이끌고 남하했다. 내부 분열에 시달리

역대제왕도 수·당 시대 귀족인 염입본의 작품을 송나라 때 모사한 것이다. 한나라에서 수나라까지 13명의 제왕을 그렸는데, 그림은 왼쪽부터 수 양제, 수 문제, 북주의 3대 왕 무제이다.

던 진나라는 수나라의 공격에 제대로 맞서지 못했다. 589년 수나라는 드디어 분열의 시대에 마침표를 찍었다.

수 문제는 거대한 제국을 통치할 새로운 국가 체제를 가다듬었다. 우선 중앙의 관제를 3성 6부 중심으로 체계화했고, 전국을 주·현으로 나누어 중앙에서 관리를 파견하는 방식으로 지방을 통치했다.

과거 제도 시행은 또 다른 야심찬 시도였다. 귀족들이 지위를 세습하는 데 활용한 구품중정제를 폐지하는 대신 공정한 시험을 통해 학문에 밝은 이를 관리로 선발하도록 했다.

한편, 북주 시절 시행했던 균전제나 부병제와 같은 좋은 제도는 그대로 이어받았다. 그리고 모든 제도와 개혁의 내용은 율령으로 제도화했다. 이로써 법에 따라 나라를 운영하는 기초가 마련된 것이다.

문제의 뒤를 이은 황제는 수많은 전쟁에서 큰 공을 세운 둘째 아들

양광이었다. 바로 대운하를 건설한 양제였다.

그는 가장 먼저 뤄양과 황허, 화이허를 잇는 '통제거'를 만들었고, 황허에서 탁군(지금의 베이징)까지 연결하는 '영제거', 뒤이어 강남의 양쯔 강까지 연결하는 '강남하'를 건설했다.

양제는 자신이 건설한 운하를 통해 종종 순행을 떠났다. 그가 탄 배는 어떤 황제가 탔던 배보다도 크고 화려했다. 4층 높이에 길이는 600미터나 되었고, 방은 120개가 넘었다. 총 90킬로미터나 되는 순행 행렬에 따르는 배만 5000여 척이었고, 배에 탄 사람만 해도 8만 명이 넘었다. 그는 자신이 이룬 업적에 기쁨을 감출 수가 없었다.

"물길이 연결되어 남북을 쉽게 오갈 수 있으니, 이 어찌 기쁘지 아니한가!"

"폐하, 각지의 공물과 조세를 운송하기가 무척 편리해졌사옵니다."

"그뿐이겠습니까? 군사들도 신속하게 이동할 수 있으니 변방 수비에도 큰 도움이 되옵니다."

1750킬로미터나 되는 대운하는 경제가 발달한 강남과 정치·군사 중심지인 화북을 손쉽게 이어 주는 데 크게 기여했다. 나라의 통일은 더 튼튼해졌고, 경제도 새로운 활기를 찾았다.

또 다른 강국, 돌궐과 고구려

수나라가 중원을 통일했을 때, 서북방 초원 지대와 만주에는 또 다른 강국이 있었다. 몽골 고원부터 중앙아시아에 걸친 드넓은 초원에는 돌궐이 있었다. 그리고 만주에서 한반도 북부를 아우른 고구려도 강

서돌궐

동돌궐

거란

둔황

만리장성

탁군(베이징)

고구려

평양

영제거(608)

백제 신라

토욕혼

광통거(584)
장안(시안)

황허
뤄양

통제거(605)

티베트

수

화이허

한구(587)

강도(난징)

강남하(610)

양쯔 강

여항(항저우)

→ 양제의 고구려 원정로
⌐⌐⌐ 운하

수나라와 대운하

수나라는 세 명의 황제가 겨우 38년 동안 통치했던 왕조이다. 그러나 오랜
세월 동안 분열되었던 남북을 통일하고, 통일을 튼튼히 다질 수 있는 대운
하를 만들었으며, 다음 왕조에서도 이어질 정치·토지·군사 제도를 뿌리내
렸다는 점에서 그 의의가 매우 크다.

대운하 문제 때 처음 운하 건설이 시작된 이래 양제 때까지 모두 5개의 운하가 만들어졌다. 이로써 사람들이 배를 타고 편하게
왕래할 수 있었다. 대운하는 중국의 대통합에 큰 구실을 했으나, 당시 기술로는 세계 어디서도 생각할 수 없는 대공사를 치르며
많은 사람이 큰 고초를 겪었다. 왼쪽은 양제의 대운하 순행을 보여 주는 그림이고, 오른쪽은 강남을 대표하는 운하 마을 저우창
의 풍경이다.

성함을 자랑했다. 수나라는 이 두 나라를 통합해야 통일이 완성된다고 생각했다.

흉노의 후예인 돌궐은 오랜 세월 부족 단위로 흩어져 살았다. 그런데 중국이 분열되었던 6세기 후반에, 부족을 통일하고 초원의 대제국을 이루었다. 이제 막 중원을 통일한 수나라에게 돌궐은 힘겨운 상대였다.

수의 문제는 돌궐을 경계하며 대책 마련에 고심했다. 돌궐은 여러 부족이 연합하여 나라를 이루었는데, 문제는 '칸'이라 부른 각 부족의 우두머리를 분열시키는 작전을 펼쳤다. 이 작전으로 돌궐을 동서로 분열시키는 데 성공했고, 중앙아시아로 향하는 교통로를 확보했다.

동북쪽의 고구려도 상당한 세력을 형성했다. 고구려는 만주 일대를 거의 통일했으며, 남북조의 분열을 교묘히 이용하여 세력을 확장했다. 수나라가 중원을 통일하자, 고구려는 돌궐과 손잡고 수나라를 견제하기도 했다.

문제는 고구려에 수나라를 받들 것을 강요했다. 그러나 고구려가 말을 듣지 않자, 30만 대군을 조직하여 고구려를 침략했다. 그 뒤를 이은 양제는 더욱 심했다. 그 역시 고구려의 굴복을 요구하다 거절당하자, 아버지보다 더 많은 군대를 조직하여 고구려를 침략했다.

612년 탁군에는 무려 113만 명의 군사가 모였다.

"고구려는 큰 나라를 섬기지 않고 제멋대로다."

"힘껏 싸워 중화의 힘을 보여 주자! 저 오만한 오랑캐를 물리치자!"

군사들은 하나같이 해볼 것도 없는 전쟁이라 생각하고 육지와 바다로 침략했다.

그러나 고구려는 국경에서부터 침략자들을 저지했으며, 바다를 건너온 해군을 평양성 앞에서 물리쳤다. 아무리 애를 써도 국경 부근조차 넘기 어려워지자, 초조해진 수나라 장수들은 별동대를 조직하여 평양성을 직접 공격했다. 그러나 이들 대부분은 고구려의 반격으로 죽음으로 내몰렸고, 고구려 침략은 실패로 끝났다.

이듬해도, 그 이듬해도 수나라는 다시 대군을 이끌고 고구려를 공격했다. 그러나 고구려는 완강히 버텼고, 수나라 대군은 단 한 번도 승리하지 못했다.

농민 봉기, 제국을 무너뜨리다

"차라리 내 팔을 자르고 싶네."

"그 무슨 끔찍한 소리인가?"

"매일 공사판에 동원되니 힘들어서 그러네."

황제가 대통일을 꿈꾸는 동안, 공사와 전쟁에 동원된 사람들의 처지는 말이 아니었다.

대운하 건설에 동원된 사람들 중에는 일이 너무 힘들어 죽는 이가 속출했고, 운하의 양쪽 언덕 위에는 수많은 무덤이 생겨났다. 뤄양을 비롯하여 여러 곳에 화려한 별궁을 짓느라 동원된 사람도 많았다. 그래서 너무 지친 농민들이 제 팔과 다리를 잘라 놓고는, '복 받은 손'이니 '복 받은 발'이니 하고 한탄할 정도였다.

고구려 침략은 농민들의 분노가 폭발하는 계기가 되었다. 수많은 사람이 전장에서 돌아오지 못했다. 패배가 이어지자, '랴오둥에 가서 개죽음 당하지 말자'라는 노래가 유행하기도 했다. 농민들은 황제를 원망했고, 군인들은 전선에서 도망쳤다. 이후 이들은 합심해 황제에 맞서는 반란군이 되었다.

고구려를 두 번째로 침략할 때 대규모 반란이 일어났는데, 이는 불에 기름을 끼얹은 꼴이었다. 이로부터 반란의 물결이 온 나라를 휩쓸었다. 여러 곳에서 일어난 반란 조직은 200개나 되었는데, 여기에는 농민과 하급 관리 들이 적극 동참했다.

618년에 양제는 양쯔 강 하류의 어느 별궁에서 자신의 친위대장에게 살해당했다. 수나라는 순식간에 수습 불가능한 분열의 상태로 빠져들었다.

2 | 당 태종, 황제이면서 대칸이 되다

동아시아의 표준이 된 당의 율령

수나라가 기울던 617년에 이연은 군대를 이끌고 수도 장안을 점령했다. 그리고 나서 이듬해 양제가 죽었다는 소식을 듣고는 스스로 황제가 되어 당(唐)나라를 세웠다.

이연은 수나라 말기에 일어난 여러 반란 세력을 차례로 물리쳐 통일을 완성하였다. 이 과정에서 이세민이란 아들의 공이 매우 컸다.

그 뒤 이세민은 형과 동생을 죽이고 나서 아버지의 황제 자리를 물려받았다. 그가 곧 태종으로, '정관의 치세'라 불린 당의 전성기를 열었던 인물이다.

태종은 우수한 인재를 대거 등용하고, 수의 통치 제도를 이어받아 나라의 기틀을 다졌다. 이때 나라를 운영하는 각종 제도를 아울러 율령이라 하는데, 당 율령의 얼개를 요약하면 다음과 같다.

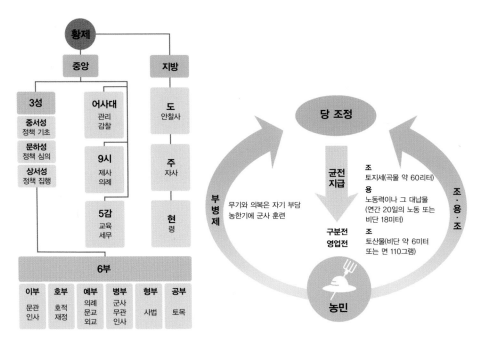

당의 관제 당의 중앙 관제에서는 정책을 기초하는 중서성, 정책을 심의하는 문하성과 정책을 집행하는 상서성 등 3성과 6부가 중심이 되었다. 3성 6부제는 발해와 고려를 비롯한 이웃 나라에도 큰 영향을 끼쳤다.

국가와 농민 당나라 때 국가와 농민의 관계를 보여 주는 표다. 국가는 농민에게 토지를 지급하여 자영농으로 살아갈 수 있는 조건을 만들어 주며, 그들로부터 세금을 걷고 농병일치 방식의 군사 제도를 운영했다.

- 중앙의 행정 조직은 3성 6부제를 중심으로 하고, 지방의 통치 조직은 주현제를 기본으로 한다.
- 18세 이상의 농민에게 일정한 토지를 분배하고(균전제), 농사를 짓는 농민에게 세금을 걷으며(조·용·조), 이들을 일정 기간 징발하여 군사로 삼는다(부병제).
- 유교 교육을 강화하고, 과거제를 통해 경전에 대한 이해와 글쓰기 능력이 입증된 자를 관리로 선발한다.

태종의 뒤를 이어 고종이 즉위했으나 병약했다. 그 틈을 타 고종의 황후였던 측천무후가 국정을 주도하며 권력을 장악했다. 그녀는 황제권을 넘보는 귀족 세력을 숙청하고, 과거를 통해 인재를 등용했다. 능력이 있다면 이민족 출신이라도 고위 관리로 등용하였다.

690년에 측천무후는 나라의 이름을 '주(周)'라 고치고 스스로 황제가 되었다. 중국 역사상 유일한 여성 황제였다. 훗날 그녀가 죽은 뒤 황실은 옛 모습을 되찾았지만, 측천무후가 정권을 잡은 45년의 시기 또한 당 최고의 전성기였음은 틀림없다.

변경을 안정시키고 비단길을 열다

돌궐은 동서로 나뉘고 나서도 그 세력은 여전히 만만찮았다. 특히 당의 수도와 가까운 동돌궐은 해마다 국경을 넘어왔다. 당을 세운 이연은 한때 돌궐 왕에게 스스로 신하라 칭하며 도움을 요청했고, 거듭되는 돌궐의 침략 때문에 수도를 옮기려 한 적도 있었다.

태종은 이 같은 문제를 해결하는 데 성공했다. 그는 부족 간의 분열을 이용하여 동돌궐을 공략했다. 그리고

당 태종 당 태종(재위 626~649)은 당의 실질적인 창업자이며 두 번째 황제였다. 645년 고구려를 침략한 적도 있는데, 그가 통치하는 동안 나라 전체가 평화롭게 잘 다스려졌다 하여 후세의 통치자들이 그의 연호를 따서 '정관의 치[貞觀之治]'라 불렀다. 그가 23년 동안 신하들과 나눈 대화를 기록한 책 《정관정요》는 후세 제왕들이 많이 읽었다.

8세기 중엽 당의 영역과 동서 교역 당 태종 때부터 본격화된 영토 확장은 8세기 중엽 절정을 이루었다. 이 시기 동안 당은 서북방 초원 지대를 통합하고, 톈산 산맥을 넘어 중앙아시아 지역으로도 세력을 뻗었다. 이로써 육지를 이용한 동서 교역이 어느 때보다 활발했다.

회흘

서돌궐

안북1

동돌궐

북정
안서1

안북2 · 선우

발해
안동2

흑해
●콘스탄티노플
비잔티움 제국

카스피 해

안서2

당 황허

발해
안동2

덕저우

신라

지중해

바그다드●

장안
뤄양

토번
양양

양쯔 강

남조

광저우

남중국해

아라비아 해

인도

안남

벵골 만

임읍
진랍

■ 건국 초 당의 영역
■ 당의 최대 세력 범위
── 육상 교통로
── 해상 교통로
● 6도호부

예빈도 측천무후의 아들 장회태자의 묘에는 장안에 드나든 외국 사신들의 모습이 벽화로 남아 있다. 오른쪽 끝에는 토번의 사신, 두 번째는 신라의 사신, 그 옆에는 비잔티움의 사신으로 추정된다.

서돌궐의 중심지가 된 서역으로 대군을 파견하여, 동서 교류의 중심지로 자리 잡은 서역의 나라들을 차례로 통합했다.

　당은 새로 점령한 땅에 '도호부'를 두어 관리와 군대를 머물게 했다. 동돌궐을 무너뜨린 뒤에는 안북 도호부, 서돌궐을 무너뜨린 뒤에는 안서 도호부를 두어 점령지를 지배하고 이웃 민족을 감시했다.

그보다 좀 더 먼 나라들과는 조공-책봉 관계[*]를 맺었다. 신라 왕은 당 황제의 신하로 몸을 낮추었고, 그 대신 당과 경제·문화 교류를 활발히 할 수 있었다.

이제 당의 황제는 농경 민족의 황제이면서 동시에 초원과 사막 지대에 살고 있는 유목 민족의 대칸(Khan, 군주)으로 자처했다. 스스로 지상에서 유일한 통치자인 듯, 수도 장안을 세계의 중심으로 여겼다.

고구려는 이 같은 사실을 인정하지 않았다. 때문에 당은 수십 년 동안 고구려를 침략했다. 668년 결국 고구려가 멸망하자 당은 그 땅에 안동 도호부를 설치했다. 그러나 옛 고구려 땅의 주민들이 다시 발해를 세움으로써 당은 팽팽한 신경전을 벌여야 했다.

장안에서 세계로, 세계가 장안으로

당이 서역을 장악하면서 비단길을 통한 동서 교류가 활발해졌다. 이슬람교를 믿는 서역 상인은 물론이고, 더 먼 곳에서 오는 상인도 많았다. 인도와 서아시아나 지중해 연안의 비잔티움 제국을 오가는 사람도 있었다.

비단길을 통해 전해진 당의 도자기와 비단이 서역에서 큰 인기를 끌었던 한편, 장안에는 서역의 진기한 상품과 다양한 문화가 소개되었다.

● **조공-책봉 관계** | 황제 국가인 당이 주변 국가의 군주를 임명하는 형식을 취하고, 평화를 유지하면서 경제·문화 교류를 진행하는 중국 중심의 외교 관계를 말한다.

①

| 장안성 |

당의 수도인 장안은 당대 최대 도시이자 가장 국제화된 도시였다. 아울러 동아시아 여러 나라의 수도 건설에도 영향을 주었는데, 발해의 상경성이나 일본의 헤이조쿄가 대표적이다.

②

		대명궁	
서역 상인 거주 구역	궁성		
	황	성	
서시 西市			동시 東市
주민 거주 구역	주작대로	관리 거주 구역	

❶ 장안성 서시 장안은 가장 풍요로운 도시이자 가장 국제화된 도시였다.
❷ 궁 배치도 북쪽 가운데 황궁을 두고, 도시 전체를 계획적으로 분할한 최고의 계획도시였다.
❸~❺ 당삼채 당나라 때의 수준 높은 도자기 기술을 보여 주는 귀족 여인, 낙타를 탄 상인, 서역인의 모습이다.
❻ 호무 서역에서 온 여성 무희가 춤추는 모습을 그린 당시 그림이다.

③ ④ ⑤

6

"오늘 저녁에 서시에서 큰 공연이 열린다며?"

"응. 며칠 전 새로운 호희들이 들어왔다며 선전하던데?"

"이제 곧 새로운 춤이 유행하겠군!"

당시 수도 장안은 100만 명이 모여 살던 세계적인 대도시였다. 도시 한가운데 있는 주작대로를 중심으로 집들이 바둑판 모양으로 펼쳐져 있었다. 북쪽 정중앙에 있는 궁성은 황제의 존엄을 보여 주었고, 서역 상인이나 관리, 주민이 사는 곳은 확실하게 구분되어 있었다.

동서 양쪽에 대칭되게 자리 잡은 시장은 장안에서 가장 활기찼는

불경을 가지고 장안에 들어오는 현장 수나라와 당나라 때는 불교를 공부하기 위해 인도로 유학하는 승려가 많았다. 현장(602?~664)도 그중 하나였다. 그는 10년 넘게 인도에 머물면서 불교를 공부하고, 많은 불교 경전을 갖고 돌아왔다. 불경을 한문으로 번역하여 불교 발전에 크게 기여했다. 손오공으로 유명한 《서유기》는 그의 여행을 모티프로 하여 만들어진 이야기다.

데, 이곳에서 수많은 문물이 교류하고 최신 유행이 탄생했다.

당시 사람들은 서역 사람들을 '호(胡)'라고 불렀는데, 장안의 거리에서는 '호상(胡商, 서역의 상인)', '호승(胡僧, 서역의 승려)', '호희(胡姬, 서역의 무용수)'들을 쉽게 만날 수 있었다. 호상들이 물건을 파는 '서시(西市, 장안의 서쪽 시장)'는 많은 사람으로 북적거렸는데, '호풍(胡風)'이라 불린 서역 문화의

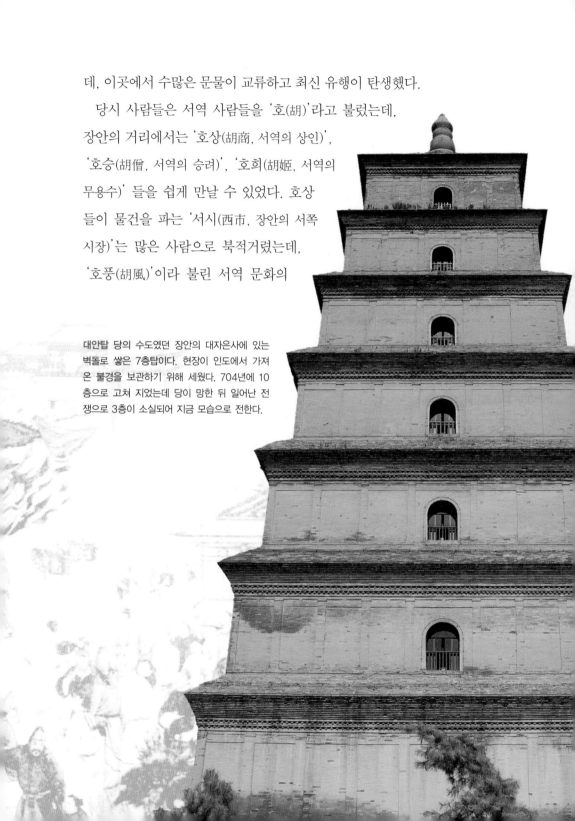

대안탑 당의 수도였던 장안의 대자은사에 있는 벽돌로 쌓은 7층탑이다. 현장이 인도에서 가져온 불경을 보관하기 위해 세웠다. 704년에 10층으로 고쳐 지었는데 당이 망한 뒤 일어난 전쟁으로 3층이 소실되어 지금 모습으로 전한다.

중심지였다.

장안에는 불교와 도교 말고도 서역에서 전해진 다양한 종교의 사원이 있었다. 그중에는 경교라 불리던 네스토리우스파 기독교와 페르시아에서 온 조로아스터교나 마니교도 있었다. 청진교라 불리던 이슬람 사원도 여럿 있었다.

당의 국제적이고 개방적인 성격으로 인해 상인뿐만 아니라 학자와 승려 등 당대 최고 지식인들도 장안으로 모여들었다. 신라의 최치원은 당의 유학생 출신으로 과거에 합격하여 관리 생활까지 했고, 일본의 승려 엔닌은 당의 여러 곳에서 공부하며 흥미로운 여행기를 남겼다. 또 당의 승려 현장은 인도 각지에서 불법을 연구한 뒤 장안에 돌아와, 불경을 번역하고 《대당서역기》라는 방대한 기행문을 남겼다.

이처럼 당은 자신의 전통 위에 서역의 문물을 적극 수용하여 국제적인 문화를 발전시켰다. 그리고 주변의 나라들은 당의 발전한 제도와 문물을 앞다투어 수용했다. 그 결과 7, 8세기 무렵의 동아시아에는 한자, 유교, 불교, 율령 등을 공유하는 독특한 문화가 형성되었다.

3 | 변화의 새바람이 불다

안사의 난, 율령을 뒤흔들다

나라는 망했으나 산하는 여전하고
도성에 봄이 오니 초목이 우거졌네.
시세를 슬퍼하여 꽃에 눈물 뿌리고
이별 한스러워 새 소리에 마음마저 놀란다.
……

－두보, 〈춘망〉

당나라 때의 대표적인 시인 두보의 작품이다. 시의 성인이라 불리는 두보는 나라가 망했는데도 산하가 여전하니 눈물이 난다고 읊었다. 두 해 전 일어난 안녹산의 난으로 온 나라가 위기에 처하였음을 슬퍼한 시였다.

안녹산은 국경 부근 3개 지역을 다스리는 절도사였다. 절도사는 황제가 임명하지만, 다스리는 지역 안에서는 왕이나 다를 바 없었다. 알아서 세금을 걷고, 알아서 군사를 기를 수 있었다. 이 무렵 농민을 의무병으로 동원하던 부병제가 무너졌기 때문이다.

사병처럼 운영하는 군대가 있으니, 절도사 중에는 황실의 명을 거역하거나, 아예 독립하려는 이가 있었다. 그리고 안녹산처럼 새 나라를 세우려는 이도 나왔다.

755년 안녹산은 20만 대군을 이끌고 당의 수도 장안으로 진격했다. 그러고 나서 제2의 도시 뤄양을 점령한 뒤 스스로 황제 자리에 올랐다. 현종은 양귀비와 함께 장안을 버리고 머나먼 변방으로 피난을 떠났다.

757년에 안녹산이 죽자, 부하였던 사사명이 반란군을 이끌었다. 반란군은 수시로 내부 분열이 일어났음에도 불구하고 9년 동안 화북의 넓은 지역을 차지하며 세력을 떨쳤다. 그래서 이 사건을 안사의 난이라 불렀다.

당은 이들을 제압했지만, 이전의 강성한 나라로 돌아가지는 못했다. 국가에서 파악한 호구도 907만 호에서 290만 호로 급격히 줄었다. 게다가 절도사들은 많은 군사를 거느리고 반독립적인 세력으로 성장하여 중앙을 위협했다.

나라에서 농민들에게 땅을 나누어 주는 균전제는 이미 무너졌고, 농병일치를 지향하는 부병제는 해체되었다. 인구가 줄고 빈부 격차가 커지면서, 조·용·조를 중심으로 한 조세 행정도 변화했다.

"재산의 많고 적음을 조사하여 세금을 부과한다."

"세금은 가구를 단위로 봄과 여름 2회에 걸쳐 징수한다."

"세금은 무조건 돈으로 걷는다."

780년 새로운 조세 제도로 양세법을 도입했다. 이로써 균전제, 조·용·조, 부병제를 중심으로 한 율령의 기초는 완전히 허물어졌다.

당의 운명을 뒤흔든 강남 지역

안사의 난을 거치면서, 당은 수많은 절도사가 다스리는 구역들로 나뉘었다. 특히 화북에서는 독자적인 절도사들이 넓은 지역을 차지했다. 그러나 당나라는 이후로도 140여 년 동안 더 왕조를 유지했는데, 그 비밀은 바로 강남에 있었다.

당시 강남에서는 농지를 확대하고 수리 시설을 만드는 일이 활발하게 진행되었다. 이와 더불어 농기구를 개량하고, 품종을 다양하게 늘렸으며, 비료 주는 법도 개선하였다. 그 결과 농업 생산량이 크게 늘어났다.

이를 바탕으로 상업이 발달하고 여러 곳에 도시가 형성되었다. 다양한 상품을 내다 파는 상인이 등장했고, 전국을 누비며 활동하는 상인 조직도 생겨났다. 바다를 이용한 무역도 활발해져, 남중국해와 인도양을 무대로 한 교역도 활기를 띠었다.

강남 지역도 여러 절도사가 다스렸다. 하지만 황실은 이 지역을 관리하는 데 공을 들였고, 절도사 대부분은 오랫동안 당 조정에 충성했다. 당 조정은 이곳에서 부담하는 세금으로 재정을 충당했고, 이를 바탕으로 화북의 비협조적인 절도사를 토벌하기도 했다.

그러나 9세기 후반부터 강남에서 농민 반란이 여러 차례 일어났다. 늘어나는 세금과 관리의 부정부패가 그 원인이었다. 농민 반란의 절정은 875년에 일어난 황소의 난이었다.

"더 이상 우리의 재산을 빼앗기지 말자!"

"부패한 관리를 우리 손으로 처단하자!"

황소는 소금을 팔던 상인이었다. 황소가 농민 반란에 합류하자, 그와 함께 소금을 판매하던 상인 조직이 대대적으로 가담했다. 그는 돌궐, 위구르* 출신의 병사들을 끌어들여 전투력을 높였으며, 부대를 신속하게 이동하는 전략으로 조정을 혼란에 빠뜨렸다.

881년, 황소는 뤄양을 함락한 뒤 장안을 공격했다. 황제는 장안을 버리고 달아났고, 황소는 스스로 황제 자리에 올랐다.

"여러분, 이제 새로운 세상이 왔습니다. 백성들이 잘 먹고 잘사는 세상을 한번 만들어 봅시다."

그러나 기쁨도 잠시, 황소는 곧바로 반격을 당하고 수세에 몰렸다. 결국 황소는 부하 주온에게 배신당한 뒤 자살하고 말았다.

조정에서는 황소의 난을 끝낸 주온에게 '주전충'이라는 이름을 내려 치하했지만, 그가 당을 멸망시킬 인물이 되리라고는 상상조차 하지 못했다.

● **위구르** | 몽골 고원 서쪽에서 중앙아시아에 이르는 초원에서 살던 투르크계 주민으로, 8세기 중엽 동돌궐을 멸망시키고 위구르 제국을 세웠다. 그 후손이 오늘날 중국 서북부에 많이 산다.

유불선의 어울림에서 유교 혁신으로

당나라 때는, '불교로 마음을 닦고, 도교로 몸을 닦으며, 유교로 세상을 다스린다'라는 말이 있을 정도로 여러 문화가 공존했다.

먼저, 당은 교육 제도와 과거 제도가 잘 운영된 나라였다. 유교 경전이 과거 시험 과목으로 되면서, 유교 교양은 지식층의 소양이자 바람직한 정치의 기준으로 자리 잡았다. '역사 앞에 부끄럽지 않아야 한다'며, 나라에서 역사 편찬을 맡는 기관을 두기 시작한 것도 당나라 때였다.

그렇다고 당이 유교 국가였다고만 할 수는 없었다. 오히려 도교와 불교가 어느 때보다 유행했고, 이로부터 유래한 문화가 사회 전반에 자리 잡았다.

당의 황실은 도교의 원조라 할 노자를 조상으로 여겼다. 곳곳에 노자의 사당을 짓고 황제가 앞장서서 참배했다. 도교의 사제, 즉 도사 가운데는 높은 관직에 오른 이도 많았다.

불교도 널리 유행했는데, 황실의 권위를 높이는 데 불교를 이용하기도 했다. 남북조 때부터 짓기 시작한 룽먼의 석굴 사원은 이 시기에도 계속 조성되고, 선을 중시한 선종 불교가 널리 확산하여 이웃 나라에까지 영향을 주었다.

그런데 안사의 난 이후 도교와 불교를 비판하는 이들이 나타났다. 처음에는 사원이 타락했다는 둥, 종교 행사에 돈을 허비한다는 둥 비판이 많았다. 그러나 시간이 지나면서 불교와 도교의 교리 자체를 문제 삼는 주장도 높아졌다.

봉선사 석불 룽먼 석굴에서 가장 널리 알려진 17.4미터의 불상으로, 당 고종이 태종을 위하여 만든 불상이다. 측천무후가 시주를 많이 했다거나 얼굴 생김이 측천무후를 모델로 삼았다는 이야기가 전해지는 아름다운 불상이다.

주나라의 도가 쇠미해지고 공자가 세상을 떠났으니

진나라 때는 책이 불태워지고

한나라 때는 노자와 장자 사상이 성행했으며

진에서 수 왕조에 이르는 동안에는 불교가 성행했으니
도덕과 인의를 말하는 자가 없다.

– 한유, 〈원도(原道)〉

세상을 바르게 할 지혜를 유가에서만 찾자던 한유는 이렇게 탄식했다.

한유는 유교 경전에 담긴 참뜻을 새로 찾자며, 훗날 고문 운동이라 불릴 학문 연구를 주창했다. 이 운동은 지식인들에게 퍼졌고, 다음 시대 새로운 유교 문화의 형성으로 이어졌다.

◉ 천재 시인, 이백과 두보

중국에서 천재 시인으로 손꼽히는 이백(701~762)과 두보(712~770)는 모두 당 현종 때 사람이다. 당시 사람들은 이백을 시선(詩仙), 두보를 시성(詩聖)이라 칭송했다.

이백은 부유한 상인 집안에서 태어났다. 자유분방한 성격으로 자연의 아름다움과 인생의 즐거움을 주로 노래했다. 그의 재주를 흠모한 현종의 요청으로 양귀비를 노래하는 시를 짓기도 했다. 평상시에 도교와 술에 심취한 그는 입에서 흘러나오는 말이 곧 시가 될 정도였다.

반면, 몰락한 귀족 집안에서 태어난 두보는 인간의 고뇌와 시대의 아픔을 성찰적으로 노래했다. 유교적 가치관을 가졌던 그는

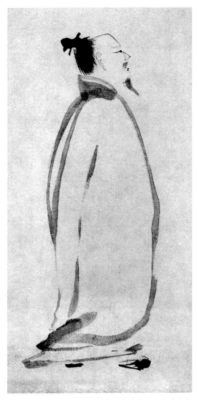

이백 1201년 남송의 화원 양해가 그린 〈술을 마시면서 걸어가는 이백〉이란 그림이다.

두보 쓰촨 성 청두의 두보 초당에 있는 흉상이다. 두보는 청두 절도사 아래에서 공부원외랑이란 관직을 맡기도 했다.

일반 백성과 나라를 사랑하는 마음을 시에 녹여 냈다. 특히 안사의 난을 비롯한 어지러운 현실을 묘사한 시들이 유명했다. 그는한 번 지은 시를 완벽해질 때까지 계속 고쳤다고 한다.

훗날 이백은 낭만적인 시풍을, 두보는 사실적인 시풍을 개척했다고 평가받았다. 당은 이들 덕분에 시문학의 황금기를 누렸다.

어이하여 푸른 산에 사느냐고 묻기에

웃고 대답 아니 해도 마음 절로 한가롭네.

복사꽃 흐르는 물 아득히 떠가거니

또 다른 세상일래, 인간 세상이 아니로세.

- 이백, 〈산중문답(山中問答)〉

서역으로 통하는 관문들

당 태종은 돌궐을 제압하고 당의 통치 범위를 서역, 오늘날의 중앙아시아 지역까지 넓혔다. 이곳은 비단길의 중요한 길목으로, 상인과 지식인 등 수많은 사람이 오갔다. 중국과 서역의 연결 통로였던 이 길을 함께 걸어 보자.

일단 가는 곳마다 경치가 무척 아름답고 웅장하다. 시야가 탁 트이는 넓은 사막과 초원이 끝없이 펼쳐지고, 초원 너머 저 멀리에는 만년설에 뒤덮인 산들이 굽이굽이 이어져 있다.

가장 먼저 도착한 곳은 자위관이다. 자위관은 만리장성의 서쪽 끝에 자리하고 있다. 거대한 성벽으로 둘러싸여 있는

자위관 간쑤 성 자위관 시에 있다. 자위관 성루는 황토를 다져서 만들었는데, 명나라 때부터 이곳에 성을 쌓고 관문을 만들었다고 전한다. 관문을 나가면 고비 사막이 펼쳐진다.

이곳은 만리장성과 연결되어 군사적 요충지로서의 역할도 톡톡히 수행했다. 서역으로 향하는 사람들은 이곳에서 말을 바꿔 타고 다시 먼 길을 떠났다.

좀 더 서쪽으로 가면 막고굴로 유명한 둔황이 나온다. 둔황은 그림 같은 오아시스 도시다. 한 무제 때부터 개척된 이곳은 페르시아인, 투르크인, 인도인 등 여러 종족이 어울려 사는 국제 무역 도시로 번영했다. 훗날 당 태종은 이곳에 병력을 주둔해 돌궐을 방어하고 동서 무역의 요충지로 삼았다.

둔황 주변의 사막 한가운데는 위먼관(玉門關)이 서 있다. 당나라 때 지은 관문으로, 지금은 일부만 덩그러니 남아 있으나 당시에는 규모가 컸을 것이다. 실로 많은 사람이 이 문을 통과하느라 북새통을 이루었으리라.

내친김에 더 서쪽으로 가 보자. 중국 북서부 깊숙이 자리한 이곳은 투루판이다. 해수면보다 280미터나 낮아 '아시아의 우물'이라 불리지만, 한여름엔 기온이 40도를 웃돌 정도로 뜨겁다. 작열하는 태양과 극도로 건조한 기후는 훠예산(火焰山)을 만들었다. 훠예산은 붉은빛을 띠는 바위들이 마치 불에 타는 모습을 하고 있다 하여 이름 붙여졌다. 이곳은 《서유기》

위먼관 한나라 때 서역 경영의 최전선이었다. 지금 남아 있는 관문은 당나라 때 지었다.

웨야취안 둔황 모가오 굴 가까이 있다. 생김새가 초승달 모양이라 하여 웨야취안(月牙泉)이라 부른다.

훠예산 해수면보다 훨씬 낮으며 한여름엔 기온이 40도 가까이 오를 정도로 뜨겁다. 훠예는 한자의 *火焰*(화염)을 중국식으로 읽은 것이다.

자오허 고성 신장웨이우얼 자치구 투루판 시 서쪽에 있다. 당이 안서 도호부를 설치했으며, 이전에는 차사전국이 있던 곳이다. 기원전 2세기 이후 성곽을 쌓고 국가를 이루었는데 옛 성문과 사원, 거리 유적 등이 비교적 잘 보존되어 있다.

의 마지막에 나오는 배경으로도 유명하다. 손오공 일행은 커다란 부채로 훠예산의 불을 끄고 나서야 서역으로의 여행을 계속할 수 있었다. 아시아의 우물답게 물이 마른 적이 없다고 하니 신기할 뿐. 게다가 예로부터 향기로운 포도를 많이 생산하여 곳곳이 포도밭이다.

투루판 근처에는 옛 성터들이 남아 있다. 이 가운데 자오허(交河) 고성은 당 태종 때 안서 도호부가 설치된 곳으로서 서역의 여러 나라를 다스리는 본거지였다. 가오창(高昌) 고성 또한 당이 정복한 곳으로서 현장을 비롯한 당의 승려들이 불경을 공부하던 사찰이 있었다고 한다.

서역으로 뻗어 간 비단길의 도시에는 현재까지도 이슬람교, 라마교, 불교, 크리스트교 등 다양한 종교가 공존하고 있다. 다양한 문화를 받아들인 당의 개방적이고 국제적인 풍모를 새삼 느낄 수 있는 공간이다.

6장

송·원, 동서양 교류의 중심

10~14세기 동안 중원의 북쪽에는 거란과 여진이 등장했고, 몽골이 대세력을 형성했다. 셋 모두 고려를 침략하거나 위협했다. 고려 사람들처럼 중국 중원의 주역들도 그들의 침략으로 고통을 받았고, 전쟁을 막기 위해 노력했으며, 다른 많은 지역과 마찬가지로 지배를 받았다. 그러나 이 기간은 또 중원과 유목 세계의 융합이 활발했으며, 성리학이 성립되는 등 다양한 사상적 탐구가 이루어졌고, 바닷길과 육지의 길이 이어지면서 세계적인 교역로가 완성된 때이기도 했다.

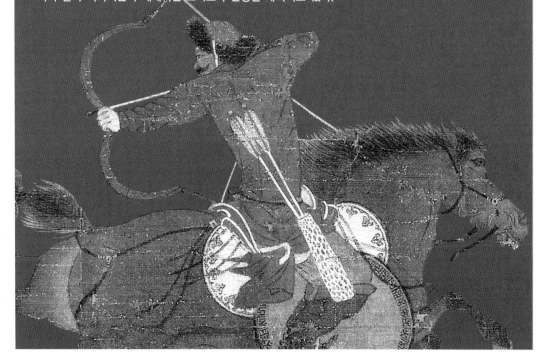

907년   당 멸망, 5대 10국 시대 시작

916년   야율아보기, 요 건국

960년   조광윤, 송 건국

1004년 요와 송, 형제 관계 맺고 화친

1069년 왕안석의 신법

1115년 아구타, 금 건국

1127년 북송 멸망, 남송 성립

1190년 주희, 《대학》·《논어》·《맹자》·《중용》을 새롭게 간행

1206년 칭기즈칸, 몽골 제국 건설

1240년 바투, 키예프 정복

1258년 훌라구, 바그다드 정복

1271년 쿠빌라이, 원 건국

1274년 마르코 폴로, 대도 도착

1279년 남송 멸망, 원의 중국 재통일

1054년 크리스트교, 동서 교회로 분열
1077년 카노사의 굴욕
1096년 십자군 전쟁

892년   견훤, 후백제 건국
918년   왕건, 고려 건국
1019년 강감찬, 귀주대첩
1126년 이자겸의 난
1170년 무신정변
1231년 몽골 침입
1270년 삼별초 항쟁

1037년 셀주크튀르크
        건국

1192년 가마쿠라 바쿠후 성립
1274년 여·원 연합군 제1차 침입

1299년 오스만튀르크 건국

1293년 인도네시아,
        마자파히트 왕조 성립

1067년 안남, 참파 정벌

1　정복 왕조, 중원을 위협하다

정복 왕조 요, 5대 10국을 통일한 송

907년에 주전충이 당을 멸망시키고 새 왕조를 세웠다. 당이 무너진 뒤 후량, 후당, 후진, 후한, 후주의 다섯 왕조가 서로 당의 계승자라고 주장했다. 이 밖에도 곳곳에 10개국이 더 있었다. 이때부터 송이 건국된 960년까지를 5대 10국 시대라 부른다.

5대 10국 시대는 힘 있는 절도사들이 왕이나 황제를 자처했다. 그들이 다스리는 나라 역시 절도사가 관할하는 여러 구역으로 나뉘어 있었다. 이처럼 무장 세력이 사회 전반을 이끌어 간 전란의 시기를 거치면서, 문벌 귀족이 주도하던 당나라 때의 모습은 더 이상 찾을 수 없게 되었다.

여러 왕조는 자기들끼리 경쟁하면서 유목 민족을 끌어들이는 경우도 잦았다. 절도사들 가운데는 유목 민족 출신이 많았고, 심지어 후진이나 후한처럼 돌궐족 계통이 세운 나라도 등장했다.

특히 거란족의 대두는 두드러졌다. 거란족은 몽골 고원 동쪽의 초원에서 살았는데, 916년 야율아보기가 8개 부족을 통일하여 요나라를 세우고 스스로 황제 자리에 올랐다.

요나라는 발해를 멸망시키더니, 후진 왕조를 탄생시키는 데도 큰 역할을 했다. 그 대가로 오늘날 베이징과 톈진 주변을 비롯한 연운 16주를 차지했다. 요나라처럼 중국의 일부 혹은 전체를 지배한 북방 유목 민족의 국가를 '정복 왕조'라 한다.

요는 유목 민족의 생활 풍습과 문화 전통을 유지했다. 그러나 연운 16주의 한족에게는 이전처럼 주현제를 실시했다. 나라는 하나였지만, 종족 구성과 생활 양식에 따라 이원적인 통치 방식을 적용했던 것이다.

한편, 5대의 마지막 왕조 후주 시대에 이르러 분열을 마무리할 기회가 찾아왔다. 후주의 두 번째 황제였던 세종은 금군이라 부른 직속 부대를 만들어 군사력을 집중하고, 여러 차례의 통일 전쟁을 성공적으로 이끌었다.

그의 뒤를 이어 나이 어린 황제가 등극하자, 황제의 친위대장이었던 조광윤은 황위를 빼앗았다. 조광윤은 나라 이름을 송(宋)으로 바꾼 뒤, 군 지휘권을 자신에게 집중하는 데 힘을 기울였다.

"황제의 자리가 꼭 즐거운 것만은 아니오. 밤에 안심하고 잘 수가 없으니."

"폐하, 그 무슨 민망한 말씀이십니까?"

"여기 있는 여러분 중에서도 황제가 되고 싶지 않은 사람이 어디 있겠소?"

| 정복 왕조 시대 |

요는 초원에서 유목 생활을 하던 거란족이 세운 나라이며, 유목 지역과 농경 지역을 동시에 통치하기 위해 이원적인 체제를 갖추었다. 요의 뒤를 이어 등장한 여진족의 금 나라도 비슷한 이원적 통치를 실시했는데, 요와 금 같은 국가를 정복 왕조라 부른다.

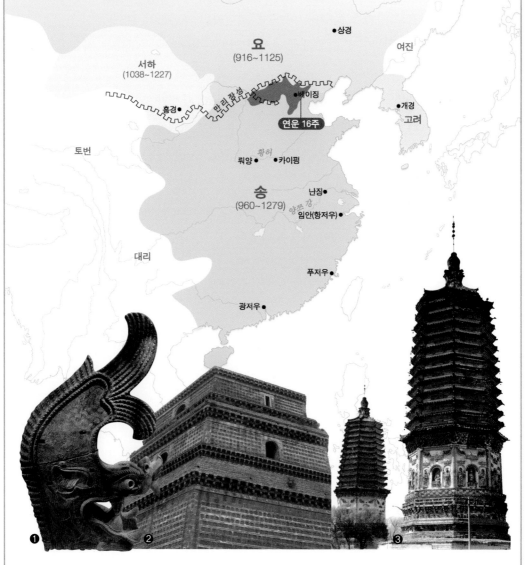

❶ 서하 왕궁의 치미 옛 서하 왕궁이 있던 곳에서 발굴된 치미. 치미는 지붕의 양 끝에 있는 조각 장식을 가리키는 말로, 이 치미는 용 머리에 물고기 꼬리 형상을 하고 있다.
❷ 카이펑 번탑 북송의 수도였던 카이펑에 있는 벽돌탑으로, 977년 완공되었다. 원래 9층이었으나 현재 3층만 남아 있다.
❸ 충싱사 쌍탑 중국 랴오닝 성 베이전 현에 있다. 벽돌로 만든 8각 13층 탑인데, 동쪽 탑이 43미터, 서쪽 탑은 42미터이다. 요 나라 때 쌓았다고 전한다.

언젠가 조광윤은 자신을 추대한 장군들과 술을 마시며 이 같은 말을 던졌다. 장군들은 황제의 뜻을 알아차리고는 군 지휘권을 내놓고 지방관으로 자리를 옮겼다. 이 말은 저항하면 용서하지 않겠다는 경고이자 군 지휘권을 황제에게 바치면 편안히 살게 해 주겠다는 회유였던 것이다.

점차 모든 군대가 황제의 군대로 재편되고, 황제가 직접 지휘관을 임명했다. 중원은 점차 안정을 되찾고, 송 태조 조광윤은 강력해진 군대를 앞세워 통일 전쟁을 벌였다. 그리하여 979년 마침내 분열을 극복하고 통일을 이룩했다.

이제 초원을 통일하고 화북의 일부를 장악한 요와 새로운 통일 국가를 자처한 송의 경쟁이 시작될 터였다.

요와 서하, 송을 위협하다

만리장성 이남의 연운 16주는 오랫동안 한족의 생활 무대였다. 유목민족의 입장에서는 화북으로 쳐들어갈 수 있는 군사적 요지이기도 했다. 이곳의 지배를 둘러싸고 요와 송은 거의 해마다 전쟁을 치렀다.

먼저, 요는 고려를 침략하여 송과 동맹을 맺지 않겠다는 약속을 받아 냈다. 그 후 대규모 병력을 연운 16주에 집중한 뒤 송과 전면전을 시도했다.

위기를 맞은 송의 조정에서는 의견이 분분했다.

"요의 기세는 너무 강해 꺾기가 어렵습니다. 화의를 청해야 합니다."

"화의를 청하다니요! 끝까지 싸워 이 땅을 지켜 내고, 연운 16주를 회복해야 합니다!"

논란 끝에 송의 황제가 직접 군대를 이끌고 나섰고, 몇 차례 전투가 벌어졌다. 그러나 싸우기도 전에 상대의 요구를 들어주자는 주장이 나올 정도였으니, 결과는 뻔했다. 1004년에 송은 요의 요구를 거의 들어주고 가까스로 평화를 유지했다.

송은 요와 형제 관계를 맺어 자존심을 지켰다. 반면 요는 연운 16주를 완전한 영토로 인정받고, 해마다 많은 양의 비단과 은을 받아 냈다. 이제 요는 초원의 통일자이자 만주와 화북의 농경 지역을 차지하고 송을 굴복시킨 나라로 위세를 떨쳤다. 거란을 뜻하는 '키타이'라는 말은 중국 전체를 가리키는 말이 되어 서역에 널리 전해졌다.

얼마 뒤, 이번에는 서하가 송을 위협해 왔다. 서하는 송의 서쪽 변경 밖에 있는 탕구트족이 통일하여 세운 나라였다. 비록 규모는 작았지만 비단길의 요충지에 자리를 잡고 동서 무역의 이익을 독차지하고 있었다. 두 나라는 무려 7년 동안 계속 싸웠다.

송은 무려 100만 명의 군사를 투입하고도 이렇다 할 승리를 거두지 못했다. 결국 1044년에 두 나라는 평화 조약을 맺었다. 서하가 송에 신하의 예를 갖추는 대신, 송은 서하에 해마다 막대한 양의 비단과 은을 건네기로 약속했다. 이는 송이 요와 맺은 조약과 비슷했다.

문치주의, 그 빛과 그림자

'우리는 상대에 비해 땅도 더 넓고 인구도 더 많다. 그런데도 우리가 상대를 막아 내는 것은 고사하고 굴욕을 당하는 이유는 무엇인가?'

송의 많은 사람이 이 같은 문제를 제기했다. 그 답은 송이 나라를 통일하고, 그 통일을 유지하는 과정에서 찾을 수 있었다.

먼저, 군사 제도에 큰 문제가 있었다. 송 태조는 군 지휘권을 황제에게 집중했다. 급여를 주고 모집한 이들로 병사를 채웠고, 무관이 아닌 문관으로 하여금 이들을 지휘하도록 했다. 덕분에 군대를 동원한 반란의 가능성이 줄고 황제의 권력은 강화되었다. 그러나 병력을 유지하기 위해서는 엄청난 돈이 들었고, 무관을 우대하지 않는 사회 분위기는 병사들의 사기를 떨어뜨렸다. 송의 국방력이 약화된 원인은

황제가 주관하는 과거의 최종시험 당나라 때 과거의 최종시험은 이부에서 치렀다. 이 과정에서 신언서판(생김새, 말하기, 글쓰기, 판단력)이란 주관적인 채점 기준 때문에 결과적으로 귀족의 자제가 대거 임명되었다. 반면 송에서는 황제가 직접 최종시험을 주관함으로써 능력이 더 중시되었다.

바로 여기에 있었다.

또 다른 문제점도 있었다. 역대 황제들은 '문치주의'를 내세웠고, 이에 기초를 두고 중앙 집권적 관료 제도를 확립했다. 이제 중요한 관직을 맡은 관리는 모두 과거를 통해 선발되었다. 과거는 수시로 치러졌고, 관리의 수도 빠르게 늘어났다.

과거가 유교 경전을 중심으로 치러지면서, 공부하는 사람을 뜻하는 '사(士)'와 관리를 뜻하는 '대부(大夫)'가 일치하게 되었다. 문치주의가 자리 잡은 송나라 때는 문신 관료의 수가 급격히 늘고, 사대부라 불린 새로운 계층이 본격적으로 형성되었다.

이들은 대부분 지주였고, 상업에 투자하여 더 부자가 되는 사람도 많았다. 부유한 사대부는 점차 관직을 독점했고, 진취적인 개혁을 가로막는 일도 많았다. 이러한 구조적인 문제가 바로 송의 국력을 약화시킨 커다란 원인이었다.

● 입신양명의 관문, 과거

부자가 되려거든 좋은 밭을 살 필요가 없다.
책 속에서 천 석의 쌀이 절로 굴러 나온다.
……
아내를 맞이하려 해도 좋은 인연이 없음을 탄식하지 말라.
책 속에서 옥 같은 미녀가 나타날 것이다.
남아로 세상에 태어나 훌륭한 인물이 되려 한다면

경서를 창문 앞에 두고 부지런히 읽도록 하라.

- 진종 황제, 〈권학가〉

송나라 때는 과거 시험의 중요성이 이전보다 훨씬 높아졌다. 문치주의를 내세운 태조 때 이루어진 제도 개혁도 한 원인이었다. 태조는 최종 단계에서 황제가 직접 면접을 보고 합격 순위를 정하는 '전시'를 도입했다. 그래서 과거 시험을 맡은 관리가 귀족 집안의 사람을 뽑아 벼슬을 세습하던 전통은 발붙이기 어려워졌다. 대신 능력이 출중하면 관리로 나아갈 수 있는 길이 더 넓어졌다.

과거 시험을 잘 치르기 위해서는 유학의 경전을 모두 외워야 했다. 어려운 한자로 된 그 많은 내용을 암기하려면 어려서부터 죽어라 공부해야 했다. 생계를 걱정하지 않고, 좋은 스승을 모실

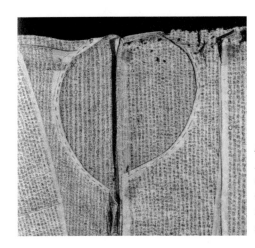

부정 행위를 위해 만든 속옷 과거 시험에서는 한자로 문서 작성을 어느 정도 하는지, 유교 경전을 얼마나 잘 아는지 확인하였다. 사진은 유교 경전의 원문을 빼곡히 적어 놓은 송나라 때의 속옷이다.

수 있는 집안이 과거에서도 좋은 성적을 낸 반면, 가난한 사람이 급제하기는 어려웠다. 그러나 한 번 관리가 되면 남은 삶이 순조롭게 풀렸으니 글공부에 몰입하는 이들은 갈수록 늘었고, 과거 시험장에서 부정행위를 하다 들키는 일도 있었다.

2 | 유학의 혁신, 신유학이 성립하다

범중엄과 왕안석

1043년 유학자로 잘 알려졌던 범중엄이 황제에게 글을 올렸다. 글의
요지는 이랬다.

> 대외적으로 힘을 쓰려면, 먼저 내부를 다스려야 합니다.
> 군대를 강하게 하려면, 백성을 부유하게 만들어야 하며,
> 백성을 부유하게 하려면, 깨끗한 관리가 이들을 다스려야 합니다.

송은 북방의 거란족과 오래 싸웠으며, 서쪽의 서하와 힘겹게 싸우
고 있었다. 거란과 평화를 유지하면서, 서하와 전쟁을 치르느라 국력
강화가 절실하던 때였다.

당시 황제였던 인종은 범중엄의 상소를 받아들였다. 그에게 높은

왕안석 당송 8대가라 불린 왕안석(1021
~1086)은 빼어난 글솜씨를 자랑했으
며, 유교 경전에 대한 해박한 지식과 지
방관으로 복무한 경험을 바탕으로 11세
기 송 사회가 안고 있던 국가적 위기를
극복하기 위한 여러 개혁 정책을 추진했
다. 1058년에 작성한 글 〈만언서〉에는
왕안석의 개혁 사상이 잘 드러나 있다.

사마광 왕안석이 추진한 신법에 반대하여 관직에서 물
러났으며, 신종이 죽은 뒤 정계에 복귀하여 신법을 차례
로 무효화하는 데 앞장섰다 하여 구법당으로 분류된다.
사마광(1019~1086)은 기원전 403년부터 송이 건국되
기 직전인 960년까지 중국 역사를 연대순으로 정리한
《자치통감》을 편찬한 것으로도 유명하다.

관직을 주고, 정치 혁신을 도모하도록 했다. 그러나 이때의 개혁은 큰
성과를 거두지 못했다. 개혁 주체는 약했고, 개혁으로 인해 기득권을
잃을지 모른다고 우려하는 세력은 컸기 때문이다.

부국강병을 위한 체제 개혁 시도는 1069년에 다시 본격화되었다.
젊은 황제 신종이 유교 경전 연구에서 독보적이라는 왕안석에게 힘을
실어 주었다.

안으로는 사직의 일을 걱정하지 않을 수 없고,

밖으로는 이민족의 침입을 두려워하지 않을 수 없습니다.

천하의 재력은 날이 갈수록 부족해지고 있습니다.

– 왕안석, 〈만언서〉

황제의 전폭적인 지원을 받은 왕안석은 신법이라 불린 여러 법률을 제정했다. 농민 생활을 안정시키고 생산력을 높이며, 재정 수입을 늘리고 국방력을 키우는 내용이 대부분이었다.

그러나 왕안석의 개혁은 많은 사대부의 이해와 충돌했다. 사대부들은 반발했고, 운영 과정에서 나타난 문제를 집요하게 물고 늘어졌다.

신종은 왕안석을 지지하고 개혁을 계속했으나, 사대부들은 왕안석 일파와 그 반대파로 갈라졌다. 두 세력의 싸움은 여러 해 동안 이어졌다.

화북을 지배한 금, 강남을 개발한 남송

화북이 요나라의 지배를 받던 때, 만주의 동북쪽에 살던 여진족이 점차 하나의 세력으로 성장했다. 1115년에 아구타는 여진의 부족들을 통일한 뒤 만주 일대에서 금을 건국했다. 이 같은 정세는 요에 대한 복수를 꿈꾸는 송에 새로운 기회를 마련해 주었다.

1118년 송은 금에 사신을 보내 군사 동맹을 맺었다. 함께 요를 공격하되, 연운 16주는 송이, 만리장성 이북은 금이 차지한다는 조건이었다. 1122년에 드디어 동맹군이 요의 중심부를 공격했고, 요의 세력은 크게 약화되었다.

금은 전쟁을 치르면서 송의 허약함을 바로 알아차렸다. 금은 1127년에 송의 수도 카이펑을 함락했다. 그러고 나서 황제와 그의 가족, 수많은 관리를 금나라로 끌고 갔다.

금은 요와 송이 다스리던 황허 유역을 평정하고 여진족을 많이 이주시켰다. 그리고 오늘날의 베이징 일대를 정치적 중심지로 삼아 화북의 한족을 직접 지배했다.

한편, 수도에서 탈출한 송의 관리들은 황제의 아홉 번째 아들을 새로운 황제로 추대했다. 강남 지역의 임안(臨安, 지금의 항저우)을 중심으로 1279년까지 존속한 이 왕조를 남송이라 부른다.

남송은 영토와 인구는 많이 줄었으나, 강남 개발에 주력하여 화북의 생산력을 훨씬 능가할 정도로 경제가 발전했다. 벼농사가 널리 보급되었으며, 도자기와 비단을 비롯한 수공업이 크게 발달했다. 상업 또한 발달하여 엄청난 양의 동전과 지폐가 만들어졌다. 송의 도자기는 바닷길을 따라 고려와 일본뿐 아니라 인도양을 건너 멀리 아라비아 반도까지 수출되었다.

수도 임안은 150만 명의 인구가 모여 사는 대도시로 발돋움했다. 광저우나 취안저우 같은 대규모 항구 도시들이 생겼는데, 이곳은 나라 안팎에서 모여든 수많은 사람으로 북적였다.

서민 문화도 다양하게 발달했다. 대도시마다 화려한 공연 예술과 흥미로운 오락거리가 등장했다. 글을 읽을 줄 아는 서민들이 늘어나면서, 이들이 좋아하는 산문 문학이 발달했다. 당시 유행했던 구어체 소설은 날개 돋친 듯 팔려 나갔다고 한다.

더욱 활발해진 해상 교역

송이 강남으로 밀려난 이후 바닷길을 통한 교역이 이전보다 더욱 활발해졌다. 항해술과 조선술이 발달하면서 많은 송나라 상인이 도자기, 차 같은 각 지방의 특산물을 들고 해외로 진출했으며, 외국 상인이 중국의 항구에 와서 무역 활동에 종사했다. 수도인 임안은 물론 광저우와 취안저우가 국제적인 무역 도시로 번성했다.

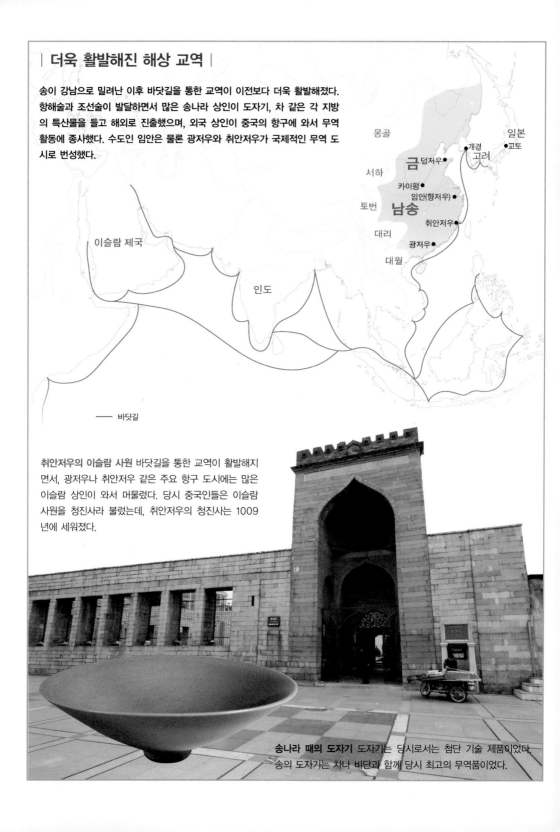

몽골

금 덩저우●

서하

토번

남송

카이펑●

임안(항저우)●

취안저우●

광저우●

대리

대월

인도

이슬람 제국

일본
●교토

개경
고려

—— 바닷길

취안저우의 이슬람 사원 바닷길을 통한 교역이 활발해지면서, 광저우나 취안저우 같은 주요 항구 도시에는 많은 이슬람 상인이 와서 머물렀다. 당시 중국인들은 이슬람 사원을 청진사라 불렀는데, 취안저우의 청진사는 1009년에 세워졌다.

송나라 때의 도자기 도자기는 당시로서는 첨단 기술 제품이었다. 송의 도자기는 차나 비단과 함께 당시 최고의 무역품이었다.

주희, 성리학을 집대성하다

"책만 달달 외운다고 스승의 가르침을 알 수 있는가?"

"과거에 합격하여 입신양명하면 바른 삶을 살았다고 말할 수 있는가?"

도대체 제대로 된 공부란 무엇일까? 올바른 정치는 무엇이며, 사대부는 어떤 삶을 살아야 하는가?

송나라 때는 유학 공부의 바른 길을 찾으려 노력한 학자가 여럿 있었다. 그들은 당시 부패한 관리 때문에 정치가 어지럽고, 오랑캐에게 거듭 수모를 당했다고 생각했다. 오랫동안 중국의 정신세계를 이끌던 불교와 도교에서도 해답을 찾지 못했다.

"유교 경전을 새롭게 읽자! 말과 말 사이에 숨어 있는 공자와 맹자의 사상을 깊이 탐구하자!"

당나라 말에는 한유가, 송나라 때는 범중엄 등이 이 같은 시도를 했다. 이들의 글을 읽고 더 깊은 사색을 보태 새로운 유학을 체계화한 이가 바로 훗날 주자라 불릴 주희였다.

주희는 19세에 과거에 급제했지만, 관리로서의 삶보다 학문 연구에 더 매진했다. 옛 학자의 글을 찾아 읽고, 훌륭한 학자들과 토론했으며, 많은 제자를 길렀다.

이제껏 유학이 오경을 중심으로 했다면, 주희는 《대학》·《논어》·《맹자》·《중용》을 묶어 '사서'라 칭하고 이 속에 담긴 뜻을 재해석했다. 그는 사서를 반복하여 읽으면서, 인간의 본성과 우주의 근본원리를 추구하는 철학적인 유학, 즉 성리학을 체계화했다.

주희와 백록동서원 장시 성 싱쯔 현에 있는 송나라 때의 민간 교육기관이다. 송나라 때 서원이 처음 설립되었고, 남송 시기 주희가 이곳 지방관으로 일하던 때 주희를 비롯하여 유명한 학자들이 머물며 강의하면서 전국적으로 유명해졌다. 우리나라의 가장 오래된 서원은 바로 주희가 백록동서원을 세운 고사를 기억하며 지은 소수서원인데, 원래 이름은 백운동서원이었다.

성리학에서는 개인의 도덕적 수양을 중요시했다. 여기서 말하는 바른 삶은 명분이 제대로 선 삶이었다. 군신, 부자, 부부 등 저마다 자신의 분수에 맞게 행동해야 한다는 뜻이었다.

또한 성리학은 유교 문화를 계승한 한족을 '중화'로, 그렇지 않은 사람들을 '오랑캐'로 구분했다. 중화가 임금이 되고, 오랑캐가 신하가 되는 질서를 당연하게 여겼던 것이다.

송나라 때는 주희 말고도 유교 경전을 재해석하여 유학의 새로운 경지를 연 사람들이 있었다. 왕안석은 주례를 연구하여 제도 개혁의 방안을 옛 주나라의 제도에서 찾으려 했다. 육상산 역시 유학을 철학적으로 체계화하여 양명학으로 가는 길을 열었다.

이처럼 송나라 때는 유학에 대한 새로운 연구가 활발해지고 유교 경전의 이해가 사대부 사회의 교양으로 자리 잡으면서 유교 문화가 폭넓게 확산되었다.

● 송의 3대 발명품

송나라 때는 과학 기술이 크게 발달하여 화약, 나침반, 활판 인쇄술 같은 대표적인 발명품이 탄생했다.

화약은 원래 도교의 영향으로 영원히 죽지 않는 약을 개발하는 과정에서 우연히 발견되었다. 초석, 유황, 목탄 등을 혼합하여 만든 화약은 폭발력이 대단하여, 송나라 때 이미 전쟁에서 사용되고 있었다.

심괄이라는 과학자는 저서 《몽계필담》에서 나침반의 원리를 상세히 소개했다. 나침반을 사용하면서 먼바다까지 항해가 가능해졌으며 해상 무역도 크게 발달했다. 심괄은 이 책에서 천문학, 물리학, 생물학, 수학 등 당시의 과학적 성과를 깊이 있게 서술했다.

한편, 필승은 자유롭게 글자를 배열할 수 있는 활자를 발명했다.

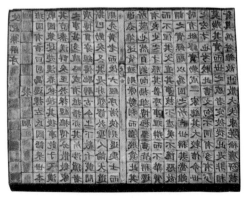

필승이 제작한 활자 중국에서는 진작부터 목판 인쇄술이 발달했는데, 활판 인쇄술을 가장 먼저 도입한 이는 북송의 필승이었다. 그는 찰흙을 아교로 굳혀서 여러 글자를 만들었으며, 필요한 글자들끼리 배열하여 문장을 만들었다. 배열한 글자에 먹을 칠해 종이에 찍어 냈다.

이 때문에 인쇄술과 제지술이 크게 발달했고, 각종 서적이 대량으로 출판되었다. 이는 유학의 발전을 촉진했을 뿐만 아니라 서민 문화의 발달에도 크게 공헌했다.

이와 같은 송대의 발명품은 서역을 통해 유럽까지 전해져 유럽 사회의 변화를 촉진하는 결과를 낳았다.

3 │ 몽골 제국, 모든 문명을 하나로 잇다

칭기즈칸, 몽골 제국을 건설하다

1206년에 쿠릴타이라 불린 몽골족의 부족장 회의가 열렸다. 회의 내내 테무친은 담담한 표정으로 부족장들의 이야기를 들었다.

"이번 전투도 매우 훌륭했소. 다시는 우리를 넘보지 못할 겁니다."

"서로 싸우기만 하던 우리가 이제 하나가 되다니, 정말 놀라운 일입니다."

"모두 용맹한 테무친의 공로요. 우리 모두의 '칭기즈칸'으로 추대합시다!"

칭기즈칸은 '위대한 군주'라는 뜻이다. 이제 몽골족 전체를 호령하게 된 칭기즈칸의 눈길이 더 넓은 세계를 향했다.

몽골 초원의 대칸이 된 칭기즈칸은 1215년에 숙적인 금나라와 전쟁을 벌였다. 강력한 몽골군은 어렵지 않게 금의 수도를 장악했다. 후방을 안전하게 다진 몽골군은 곧 말머리를 서쪽으로 돌려 중앙아시아를 휩쓸었다. 그리고 나서 서아시아 일대와 러시아의 남쪽까지 정복했다.

　칭기즈칸이 이끈 부대는 특별한 강점이 있었다. 몽골족은 어려서부터 기마술에 능했으며, 가죽 주머니에 물과 보르츠●를 채운 채 1년을 버틸 수 있었다. 그야말로 바람같이 달린다는 말이 어울릴 정도였다. 항복한 적은 받아들여 자신의 군사로 삼고 저항한 적은 무자비하게 학살하여 적의 공포심을 불러일으킨 전략도 유효했다.

몽골군 말을 달리며 활을 쏘는 모습이다. 유목 생활로 다져진 기마술은 기동력을 갖춘 뛰어난 군대에서 잘 발휘되었다.

● **보르츠** | 소나 양 고기를 말리거나 빻아서 가루로 만든 음식이다. 육포로 먹기도 하고 가루를 따뜻한 물에 타서 먹기도 한다.

중앙아시아 일대에서 활약하던 대상인도 몽골 제국을 건설하는 데 크게 기여했다. 그들은 몽골이 동서 교역로를 안정시켜 줄 것이라 생각하여, 군자금을 대거나 적에 대한 각종 정보를 제공하며 칭기즈칸을 도왔다. 제국이 형성되었을 때 제국 경영에 지혜를 보탠 이들도 대상인 중에서 많이 나왔다.

1227년, 칭기즈칸이 세상을 떠났지만 그의 후손은 금나라를 멸망시켜 화북 지역을 장악했고, 끊임없이 서쪽으로 나아가 더욱 넓은 영토를 확보했다.

몽골 초원

칭기즈칸 1995년 12월, 미국의 《워싱턴 포스트》는 지난 1000년 동안 인류 역사에서 가장 중요한 인물로 칭기즈칸을 꼽았다. 이 그림은 노년의 칭기즈칸(1162?~1227) 초상화로 비단에 그려져 있다. 59.4×47센티미터.

4칸국과 원나라

1240년, 칭기즈칸의 손자 바투는 서쪽으로 진군하여 남러시아의 키예프를 잿더미로 만들었다. 이듬해, 폴란드와 헝가리를 차례로 격파하고는 지금의 독일 지역 슐레지엔에서 독일·폴란드 제후들의 연합군을 상대로 또다시 승리했다. 유럽인들은 곳곳에서 약탈과 학살을 일삼았던 몽골군을 '신의 채찍'이라 부르며 두려워했다.

1258년, 칭기즈칸의 또 다른 손자 훌라구는 서아시아로 진격하여, 이슬람 세계의 역사적인 도시 바그다드를 공격했다. 견고했던 성은 큰 돌을 쏘아 올리는 몽골군의 신무기 앞에 속절없이 무너졌다. 바그다드는 불탔고, 이슬람의 선진 문명국까지 몽골의 지배를 받게 되었다.

바투는 남러시아 지역에서 킵차크 칸국을, 훌라구는 서아시아 일대에서 일 칸국을 세웠다. 중앙아시아와 몽골 고원에서도 차가타이 칸국과 오고타이 칸국이란 두 개의 독립 국가가 형성되었다. 이 나라의 통치자를 칸이라 불렀고, 이 네 나라를 4칸국이라 한다.

그러나 몽골 본국과 주변 지역은 여전히 대칸의 몫이었다. 그 자리는 오고타이와 몽케가 뒤를 이었다. 몽골족은 미리 대칸의 계승자를 지명하지 않고 대칸이 죽은 뒤 쿠릴타이에서 선출했다. 그래서 대칸이 죽을 때마다 엄청난 파란이 일었다.

몽케칸이 죽은 뒤 권력 투쟁은 더욱 치열했다. 투쟁에서 승리하여 권력을 잡은 사람은 칭기즈칸의 또 다른 손자 쿠빌라이였다. 이 무렵부터 대칸의 국가와 4칸국 사이의 거리도 제법 멀어졌다.

1271년, 쿠빌라이는 금의 옛 수도를 '대도'(지금의 베이징)로 고쳐

| 4칸국과 원 |

칭기즈칸과 그 후예들이 만들어 낸 대제국은 대칸의 지위를 계승한 쿠빌라이가 다스린 원을 비롯하여 4개의 칸국으로 이루어졌다. 이들은 별개의 국가였으나, 모두 몽골인의 공동체란 생각을 공유했기에 지역 간 교류가 그 어느 때보다 활발했다.

리그니츠 전투 1241년 칭기즈칸의 손자인 바투를 총사령관으로 하는 몽골군이 폴란드를 공략한 뒤 독일의 슐레지엔에서 독일·폴란드 연합군과 벌인 전투이다. 이 전투에서 몽골군이 큰 승리를 거두었다.

바그다드 함락 1258년 칭기즈칸의 손자인 훌라구가 바그다드를 공격하여 함락했다. 이로써 아바스 왕조가 멸망했고, 훌라구는 서아시아를 중심으로 일 칸국을 세웠다.

부르며 새 수도로 삼았다. 그러고 나서 나라 이름을 원(元)이라 고친 뒤, 역대 중국의 황제들처럼 행동했다.

1279년, 쿠빌라이칸은 남송을 무너뜨렸다. 이로써 남송과 금으로 나뉘었던 중국 대륙은 다시 통일되었다. 이번 통일은 이전 통일 이상의 의미가 있었다. 드넓게 펼쳐진 초원의 세계와 인구가 폭발적으로 늘어나던 중국 농경 지역의 대통합을 의미했다. 또한 여러 교통로를 통해 각 지역의 다양한 문명을 통합한 진정한 세계 제국의 등장이라는 의미도 지녔다.

쿠빌라이칸, 중국 대륙을 지배하다

몽골족의 해외 침략은 이후에도 계속되었다. 티베트와 베트남을 침략했고, 완강히 저항하던 고려를 복속했다. 미얀마·참파를 공격했으며, 일본을 두 차례 침략했다.

그러나 몽골족은 영토가 넓고 문화 수준이 높은 한족을 통치하는 데 가장 공력을 기울였다. 원의 황제들은 곳곳에 몽골 군대를 주둔시키고, 군대의 힘으로 한족을 다스렸다. 그리고 몽골인 제일주의란 차별 정책을 내세웠다. 정치·군사 분야의 고위 관리는 제1신분인 몽골인이 독차지했고, 색목인이라 불리던 이슬람교를 믿는 중앙아시아인들이 제2신분으로 존중받았다. 색목인은 세금을 걷고 나라 살림을 운영하는 데 역할이 컸다. 그러나 한족은 거의 대접받지 못했다. 마지막까지 원에 저항했던 남송인은 제4신분이었으며, 금의 지배를 받던 화북의 한족도 제3신분으로 차별 대우를 받았다.

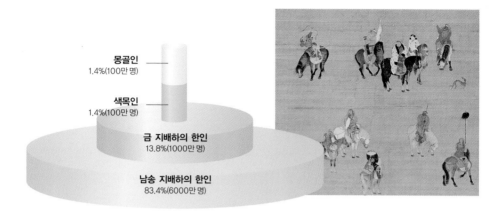

몽골인
1.4%(100만 명)

색목인
1.4%(100만 명)

금 지배하의 한인
13.8%(1000만 명)

남송 지배하의 한인
83.4%(6000만 명)

원의 민족 차별 정책 원나라에서는 극소수의 몽골인이 정치·사회적 특권을 독점했고, 인구의 대다수를 이룬 남송계 주민과 화북의 한인은 차별을 받았다. 색목인이라 불린 중앙아시아 출신 이슬람교도 중에는 높은 지위에 오르거나 경제적으로 부유해진 사람이 많았다.

사냥하는 쿠빌라이칸 그림 속에 등장하는 인물들을 자세히 들여다보면, 피부색이나 얼굴 생김이 몽골인 계통과 다른 사람을 찾을 수 있다. 원의 지배층에는 비몽골계 주민이 여럿 포함되어 있음을 알 수 있다.

　원의 황제들은 역대 중국의 통치 제도를 적절히 이용했으나, 중국의 전통 문화에는 그다지 관심을 기울이지 않았다. 유교 문화는 쇠퇴하고, 사대부는 아주 낮은 직책에나 등용될 뿐이었다.

　한편, 세계적인 제국이 형성되면서 크리스트교, 이슬람교 등 다양한 종교가 원나라에 소개되었다. 특히 몽골인 중에는 티베트 불교인 라마교를 믿는 이가 많았는데, 라마교의 열렬한 신봉자였던 쿠빌라이 칸은 '라마승을 때리는 자는 그 손을 자르고, 그를 욕하는 자는 혀를 자르겠다'며 엄포를 놓기도 했다.

　쿠빌라이는 몽골의 전통 문화를 유지하는 데도 신경을 썼다. 그 결과 1265년에 티베트 문자를 변형한 파스파 문자가 탄생했다. 원은 모

든 공문서에 파스파 문자를 쓰고, 국제적인 통용어로 페르시아어를
사용했다.

유럽과 아시아, 하나의 세계가 되다

1274년, 쿠빌라이가 대칸으로 있던 대도의 황궁에 한 무리의 상인이
도착했다. 이탈리아에서 출발하여 여러 나라를 거쳐 도착한 마르코
폴로 일행이었다.

몽골어를 기록한 파스파 문자 쿠빌라이칸 때, 티베트
승려이자 국사(國師)였던 파스파가 티베트 문자를 네
모꼴로 개량하여 만든 문자이다. 몽골어를 기록하는
데 쓰였으나, 원 제국이 무너진 뒤 파스파 문자도 더
이상 사용되지 않았다. 오른쪽은 파스파 문자가 새겨
진 동전이다.

티베트 불교의 성지, 포탈라 궁전 시짱 자치구 라싸 시에 있다. 라마교라 불리는 티베트 불교의 살아 있는 부처(달라이 라마)가
살던 궁전으로, 지금의 건물은 17세기에 세워졌다. 현재의 달라이 라마는 인도에 망명한 상태다.

이 젊은 상인은 얼마 지나지 않아 쿠빌라이의 마음을 사로잡았다.

"내가 그대에게 중요한 직책을 맡길 터이니 부디 오랫동안 머물러 주시오."

색목인을 우대했던 쿠빌라이는 마르코 폴로를 매우 총애하여, 관직을 하사하고 가끔씩 외교 사절단으로 파견했다. 마르코 폴로는 무려 17년 동안 원나라에 머물면서 중국 문화를 폭넓게 접했다.

마르코 폴로의 눈에는 원나라만큼 경제적으로 부유한 나라는 없어 보였다. 특히 프랑스어로 '천상의 도시'를 뜻하는 킨사이˙는 말 그대로 지상 천국이나 다름없었다. 이곳을 여러 번 방문했던 마르코 폴로는 여행기《세계의 서술(동방견문록)》에 생생한 기록을 남겼다.

아주 넓은 운하가 있는데, 제방 위에는 각지에서 온 상인들이 물건을 쌓아 두는 거대한 건물이 세워져 있다. 광장에는 일주일에 사흘씩 4만~5만 명의 사람들이 몰려드는데, 그들은 시장을 보러 온갖 종류의 식량을 갖고 오는 것이다. 따라서 언제나 식량은 충분히 공급된다.

마르코 폴로가 경험한 원나라는 경제적으로 부유했고, 비단길과 초원길, 그리고 바닷길을 통해 세계 어느 곳으로도 이어지는 세계적인 대국이었다.

수도인 대도에는 여러 나라에서 온 수많은 상인과 사절단이 머물렀다. 이들 중에는 유럽인이 적지 않았는데, 카르피니와 루브루크처럼

● **킨사이** | 남송의 수도였던 항저우를 가리킨다.

| 마르코 폴로와 이븐 바투타의 여행 |

송나라 때 번성했던 바닷길은 몽골 제국의 형성 이후 더욱 활발해졌다. 이제 세계의 대표적인 문명권은 몽골 제국과 다양한 교통로를 통해 하나로 연결되었다. 몽골 제국은 세계 곳곳을 하나의 네트워크에 참여하도록 이끌었다. 베네치아 상인 마르코 폴로와 모로코 여행가 이븐 바투타의 여행은 진정한 의미에서 세계사가 탄생하던 시대의 모습을 보여 주는 하나의 사례였다.

역참 통행증 역참을 관리하는 사람에게 통행증을 보여 주면 숙소와 말을 제공받을 수 있었다.

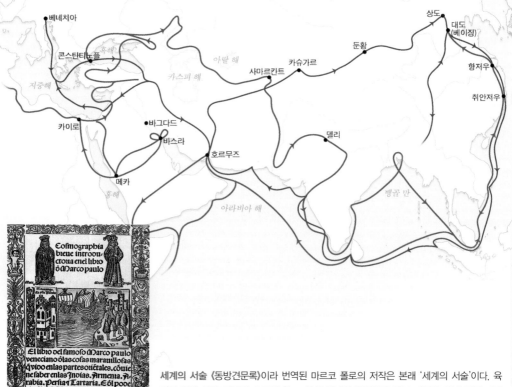

⟶ 마르코 폴로의 여행로
⟶ 이븐 바투타의 여행로

베네치아
콘스탄티노플
흑해
카스피 해
아랄 해
지중해
카이로
바그다드
바스라
메카
홍해
사마르칸트
카슈가르
둔황
상도
대도
(베이징)
항저우
취안저우
델리
호르무즈
아라비아 해
벵골 만

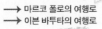

세계의 서술 《동방견문록》이라 번역된 마르코 폴로의 저작은 본래 '세계의 서술'이다. 육지를 통해 몽골 제국의 수도에 왔고, 당시 세계의 중심이라 해도 과언이 아닌 몽골 제국에서 여러 해를 보낸 뒤, 바닷길을 거쳐 유럽에 돌아오면서 그가 보고 들은 내용을 기록한 책이다.

교황청의 사절단도 있었다.

대도를 중심으로 세계 각 지역이 하나로 연결될 수 있었던 것은 잘 정비된 역참 시설 덕분이었다. 약 40킬로미터마다 설치된 역참에는 갈아탈 말과 깨끗한 숙소가 마련되어 있었다. 칸이 임무를 맡긴 관리나 사절은 특별한 통행증을 발급받아 안전하고 신속하게 이동할 수 있었다. 역참이 1500여 개가 있었다 하니, 이 네트워크를 통해 세계는 매우 좁아졌다.

활발한 동서 교류의 영향으로 이슬람의 선진적인 과학 기술이 원에 전해졌다. 이슬람의 천문·역법 지식 덕분에 중국의 달력 가운데 가장 정확한 '수시력'이 탄생했고, 화학 지식을 이용해 최신식 대포를 만들었다.

반대로 원은 이슬람 세계에 나침반 사용법을 전해 주었는데, 이는 훗날 유럽의 항해술 발달에 크게 기여했다. 유럽 인구 3분의 1을 죽음으로 내몬 흑사병 바이러스도 이때 옮겨졌다. 그야말로 유럽과 아시아가 하나의 세계로 연결된 것이었다.

거대한 상업 도시, 카이펑을 엿보다

이곳은 송의 수도 카이펑.

낙타에 짐을 잔뜩 실은 상인들은 이른 새벽부터 활짝 열려 있는 성문으로 부지런히 드나들었다. 다양한 상점들이 줄지어 있는 거리는 아침부터 물건 파는 사람, 구경하는 사람 들로 붐볐다. 새로 나온 화장품과 향수 소식에 들뜬 귀부인들도 가마를 타고 마실 나왔다.

도시를 둘러싸고 있는 강에는 내다 팔 물건을 가득 실은 배들이 지나다니고, 다리 위는 바삐 움직이는 사람들로 분주했다.

도시의 밤은 낮보다 더 화려했다. 휘황찬란한 등불이 켜진 2층짜리 대형 술집에는 사람들로 꽉 차 있고, 작은 찻집과 음식점이 즐비하게 늘어선 먹자골목은 구수한 냄새를 풍기며 손님들을 유혹했다. 대형 오락 시설에서 밤마다 공연되는 연극과 서

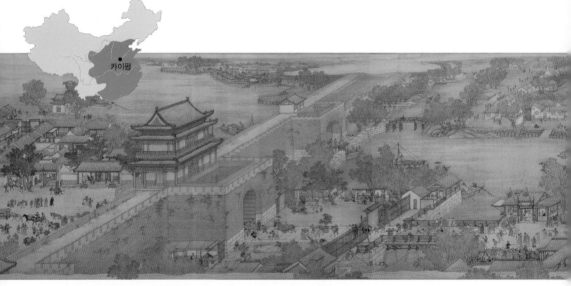

청명상하도(부분) 북송 시대 수도였던 카이펑의 청명절 풍경을 화폭에 담았다. 회화적 가치는 물론, 당시 사람들의 생활상을 엿볼 수 있는 귀중한 자료다. 528.7×24.8센티미터.

커스는 언제나 많은 사람의 시선을 끌었다. 야시장은 새벽 1시가 넘어서 끝났다가 새벽 4시쯤 다시 열렸고, 번화한 곳에서는 밤새 영업하기도 했다.

주　유　제갈량, 정말 내일 밤이 되면 바람의 방향이 바뀐단 말이오?
제갈량　하늘의 이치는 거짓을 말하지 않으니, 틀림없이 그럴 것입니다.
주　유　그렇게만 된다면 조조의 대군을 쉽게 무찌를 수 있을 텐데…….

　　카이펑의 큰 거리에 위치한 '와자(瓦子)'에는 사람들이 와글와글 모여 있었다. 화려하게 분장한 배우들은 〈설삼분〉*을 대본으로 삼아 노래와 이야기로 사람들의 시선을 사로잡았다. 이러한 공연을 '잡극'이라 불렸는데, 서민들에게 가장 인기 있었다.
　　'와자'는 사람들이 '와~' 모였다가 '와~' 흩어지는 모습을 표현한 말로, 송의 대표적인 문화예술 공연장이었다. 이곳에서 잡극은 물론이고, 광대의 서커스가 공연되거나 마술사의 현란한 눈속임이 펼쳐졌다. 여기저기에서 노랫소리와 악기 소리가 요란하게 들렸고, 점쟁이들이 모인 곳에는 호기심 많은 사람들이 줄지어 서 있었다.

안약 뿌리는 연기를 하는 잡극 송대의 상인들은 서민들에게 가장 인기 있었던 잡극을 통해 상품을 선전하기도 했다. 그림은 안약을 광고하는 잡극을 담고 있다.

와자로 대표되는 서민들의 문화는 상업을 통제하고 야간통행을 금지했던 이전의 중국 왕조 시대에서는 상상하기 힘든 것이었다. 그러나 송나라 때 이르러 상업이 발전하고 카이펑 같은 대도시가 등장하면서 다양한 서민 문화가 발달했다. 이제 서민들도 공연과 오락거리를 즐길 수 있는 시대가 온 것이다.

● **설삼분** | 훗날 소설《삼국지》의 기원이 되는 삼국지 관련 설화로, 송나라 때 이야기꾼들이 가장 많이 찾는 소재였다.

7장

명·청, 중화 제국의 완성

오늘의 중국 영토는 14~19세기에 그 꼴을 갖추었고, 만리장성이나 자금성같이 오늘날 중국을 대표할 만한 문화유산도 이 시기와 관련이 깊다. 근현대 중국의 지적 전통이나, 근대의 입헌적 전통 역시 이 시기에 빚진 바가 많다. 비약적인 경제 성장과 급격한 인구 증가가 이루어진 때도, 서양 여러 나라가 활발한 접촉을 시도해 온 때도 이 무렵이다. 다양한 종족이 어우러지면서도 넓은 지역이 하나의 제국 으로 통일된 질서를 형성하여 안정적인 국가 체제를 구축하기도 했다. 그러니 이 시기야말로 근대 중 국의 기틀이 마련된 때였다.

1368년 주원장, 명 건국
1405년 정화의 원정 시작
1421년 베이징을 수도로 삼음
1557년 포르투갈인에게 마카오 거주 허가
1572년 장거정의 개혁
1616년 누르하치, 후금 건국
1636년 후금, 국호를 청으로 고침
1644년 명 멸망, 청이 중국 지배
1683년 청, 타이완을 영토로 편입
1757년 청, 신장 지역을 영토로 편입
1796년 백련교의 난

1517년 루터의 종교 개혁
1543년 코페르니쿠스, 지동설 발표
1562년 프랑스, 위그노 전쟁
1618년 독일, 30년 전쟁
1701년 프로이센 왕국 성립
1756년 7년 전쟁
1789년 프랑스 혁명, 인권 선언
1814년 빈 회의

1613년 러시아,
로마노프 왕조 성립

1392년 고려 멸망, 조선 건국
1446년 훈민정음 반포
1592년 임진왜란
1627년 정묘호란
1636년 병자호란
1811년 홍경래의 난

1429년 아스테카 문명, 중앙 멕시코 지배
1521년 에스파냐, 멕시코 정복,
아스테카 제국 멸망

1037년 중앙 아시아에
티무르 제국 성립

1502년 페르시아,
사파비 왕조
성립
1779년 카자르 왕조,
페르시아 통일

1492년 콜럼버스,
서인도 제도 도착

1192년 남북조 시대 시작
1392년 무로마치 바쿠후의
요시미쓰, 남북조 통일
1467년 전국 시대 돌입
1590년 도요토미 히데요시, 일본 통일
1592년 조선 침략(임진왜란)
1603년 에도 바쿠후 수립
1803년 미국 선박이 나가사키에서 통상 요구

1776년 미국, 독립 선언

1453년 오스만 튀르크,
콘스탄티노플
점령

1054년 영국과 프랑스 백년 전쟁
1455년 장미전쟁
1600년 영국, 동인도 회사 설립
1642년 영국, 청교도 혁명
1651년 영국, 항해조례 발표
1709년 영국, 인클로저 운동
1760년경 영국에서 산업혁명 시작

1428년 안남, 명에서 독립
1803년 안남, 국호를 베트남으로 정함

1498년 바스쿠 다 가마, 인도 캘리컷 도착

1 | 한족을 계승한 명,
    초원으로 돌아간 몽골

주원장, 명을 건국하다

1356년, 머리에 붉은 두건을 두른 농민군이 집경로(지금의 난징)에 몰려왔다. 지도자는 주원장이라는 스물아홉 살 청년이었다. 원의 관리들은 물론, 부근의 지주들도 잔뜩 긴장했다. 그는 1351년부터 화북 지역을 휘젓던 홍건적 ●의 주요 지도자였기 때문이었다. 홍건적은 원을 무너뜨리겠다고 외치며, 지주와 부자를 약탈하고 다녔다. 하지만 주원장 부대는 달랐다.

"함부로 사람을 죽이거나 남의 재산을 약탈해서는 안 된다!"

● **홍건적** | 머리에 붉은 두건을 둘렀다 하여 홍건적이라 부른다. 1351년 황허 유역에서 일어난 농민 봉기군으로, 몽골족의 지배를 물리치고 한족 왕조를 세우겠다며 나섰으나 주원장이 명을 건국하는 데 일조했다. 원군에게 대부분 진압되었다.

주원장은 지주와 상인의 질서와 안전을 보장했다. 그리고 낮은 자세로 사대부를 대했다.

주원장은 몇 해 전부터 야무진 꿈을 키웠다. 그는 홍건적 활동을 하면서 원 제국의 운명이 다했음을 느꼈다. 여러 홍건적 부대를 통합하고 나라를 다스릴 수 있는 능력을 보여 준다면, 새 왕조의 창업자가 될 수 있다고 생각했다. 안정을 바라는 강남의 지주와 유교 지식인 들이 점차 주원장 주변으로 모여들었다.

1368년, 주원장은 대명 제국의 건국을 선포하고, 한족 국가의 부활을 외쳤다. 황제(홍무제)의 자리에 오른 그는 대규모 몽골 토벌군을 편성하여 북벌을 시작했다. 명의 대군은 순식간에 화북의 주요 도시를 점령했으며, 힘들이지 않고 원의 수도를 장악했다. 이로써 100년간 계속된 몽골의 중국 지배가 끝이 났다.

초원으로 돌아간 몽골

명의 대군이 북쪽으로 진격했을 때, 원 황실은 각 지역을 나누어 다스리던 몽골군 지도자들에게 수도 방어를 요청했다. 그러나 대부분 거절했다. 명의 대군과 맞설 자신이 없었던 원의 순제는 순순히 베이징을 떠나 초원으로 돌아갔다.

그러나 원이 망한 것은 아니었다. 순제는 예로부터 몽골족의 본거지였던 카라코룸에서 초원 지역을 계속 지배했다. 2년 뒤 그가 죽자, 고려 여성 기황후의 아들로 잘 알려진 아유르시리다라가 대칸에 올랐다.

대칸은 여전히 몽골 초원을 중심으로 만주와 간쑤 성 일대, 티베트,

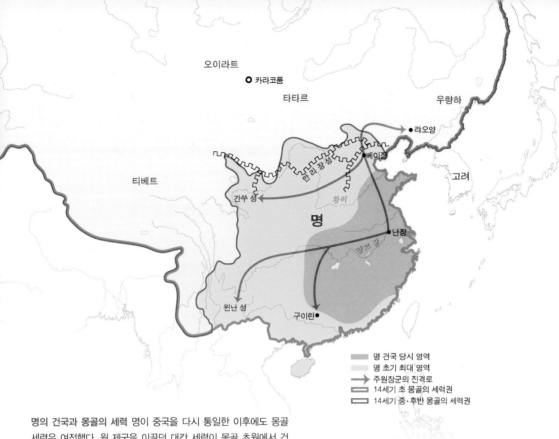

명의 건국과 몽골의 세력 명이 중국을 다시 통일한 이후에도 몽골 세력은 여전했다. 원 제국을 이끌던 대칸 세력이 몽골 초원에서 건 재했고, 랴오둥과 비단길 길목, 티베트의 넓은 지역에도 몽골 세력 이 건재했다. 명은 몽골의 남은 세력을 조금씩 통제할 수 있었지 만, 명이 청으로 교체될 때까지 명의 영토 밖에는 강력한 세력이 남아 있었다.

윈난 성, 그리고 중앙아시아의 여러 몽골 세력을 직간접적으로 통솔 했다. 원 황실이 베이징을 떠난 때부터 20여 년 동안, 초원을 다스린 몽골과 중원을 다스린 명이 대립하며 공존한 또 하나의 거대한 남북 조 시대를 연출했다.

1387년과 그 이듬해는 새로운 남북조 시대의 전환점이었다. 대칸은 카라코룸에서 대군을 출격시켜 명을 공격하고 나섰다. 랴오둥에 주둔하면서 20만 대군을 이끌던 나하추 역시 동참할 예정이었다. 그런데 나하추의 군사는 명에 항복했고, 대칸의 군사도 크게 패했다.

이 과정에서 대칸은 살해당했고, 이후 대칸 자리를 두고 치열한 경쟁이 벌어졌다. 이후에도 누군가 계속 대칸의 자리를 이어 갔으나, 몽골 세력은 여럿으로 나뉘었고 대칸은 이전 같은 통치력을 발휘하지 못했다.

만리장성 이북에는 타타르 부족이 나름 세력을 유지했다. 이들이 대칸의 자리도 이어 갔다. 그리고 이들의 서쪽에 있는 비단길 남북에는 오이라트가, 동쪽의 헤이룽 강 유역에는 우량하가 독자적인 세력을 길렀다.

유교 문화와 신사

명은 오랑캐를 쫓아내고 한족의 국가를 다시 세웠다고 주장했다. 그래서 몽골이 다스리며 시작한 변발과 몽골인의 복식을 금지하고, 몽골식 언어와 결혼 풍습 또한 금지했다.

관리 선발 제도였던 과거가 다시 중요한 역할을 하게 되었고, 몽골족 지배 아래에

신사 명·청 시기에 여러 단계의 과거에 합격했거나, 관직을 그만두고 고향에 내려와 있던 사람들을 아울러 가리킨다. 대부분 지주 출신이었고, 이래저래 지방이나 중앙 정치에 관여하는 사람이 많았다.

서 가장 천시받던 한족이 관리로 등용되었다. 천인이나 범죄자가 아니라면 누구나 과거에 응시할 수 있었다. 그러나 실상은 오랫동안 공부에 몰두할 수 있을 만큼 경제력이 있어야 했기 때문에, 강남의 지주 집안에서 합격자가 많이 나왔다.

시험은 여러 단계로 치러졌다. 각 고을에서 치른 시험인 동시에 합격하면 생원이 되고, 생원들이 18개의 성에서 치르는 향시에 합격하면 거인이 되었다. 이들이 수도의 예부에서 주관하는 회시, 황제가 주관하는 전시까지 모두 합격하면 정식으로 관리가 되었다.

한 번 생원이나 거인이 되면 평생 동안 과거 응시 자격이 주어졌고, 각종 세금과 역이 면제되는 특권을 누렸다. 16세기에는 이들의 수가 약 50만 명에 이르렀는데, 지주이면서 '신사'로 불린 이들이 점차 향촌의 지배층이 되었다.

과거가 중시되면서 교육 제도도 잘 갖추어졌다. 학교에서는 읽고 쓰기와 주자의 학설이 담긴 유교 경전, 역사를 주로 가르쳤다. 공자와 맹자, 그리고 주자의 사상이 정치의 이상이자 생활 윤리로 자리 잡았다.

학교 밖 유교 교육도 중시되었다. 주원장이 직접 정해 반포했다는 '육유(六諭)'는 이후 다른 황제들도 강조했다.

"부모에게 효도하고, 윗사람을 존경하며, 마을 사람들과 화목하고, 자손을 잘 교육시키며, 저마다 현재에 만족하고, 잘못을 저지르지 말라."

마을 지도자들은 곳곳에 이와 같은 육유의 내용을 써 붙이고, 글 모르는 사람을 위해 불러 주며 암송하도록 했다. 이렇게 유교 지식인이 지배층이 되고 유교 윤리가 민중 속으로 널리 확산되었다.

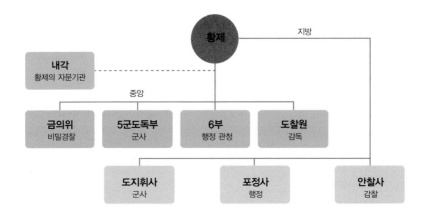

명대의 통치 체제 고위 관리의 합의로 정책을 심의하던 중서성이 폐지되고, 행정 관청인 6부가 황제와 직접 연결되었으며, 군 지휘권도 황제가 독점했다. 황제는 비대해진 정보기구를 통해 관리들의 일상을 일일이 감시했다. 황제 중심의 강력한 통치 체제로 인해 정책을 둘러싼 관료들 사이의 토론과 비판 문화는 설자리를 잃어 갔다.

농촌의 안정을 꾀하다

명을 건국한 주원장은 가난한 농민 출신이었다. 그는 황제가 된 이후에도 그 사실을 잊지 않았다. 농촌이 안정되어야 나라를 잘 다스릴 수 있다는 점을 알고 있었다. 그래서 곧바로 토지 조사와 인구 조사를 실시한 뒤, 마을 단위로 자치적인 향촌 운영이 가능하도록 제도를 마련했다.

그는 관리의 부패와 지방 지주의 횡포가 농민의 삶을 힘들게 하고 국가 통치에도 걸림돌이란 점을 잘 알고 있었다. 그래서 관리와 지주가 농민을 함부로 수탈하지 못하도록 감시하고 억눌렀다.

이로써 강력한 중앙 집권 체제가 마련되었으며, 황제 독재 체제라

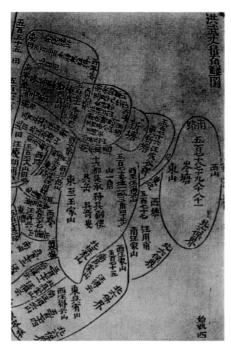

어린도책 명대에 새로 만든 토지대장으로, 토지의 구획이 물고기 비늘과 같다고 하여 어린도책이라 불린다. 이 밖에도 호적부인 '부역황책'에 인구 조사 결과를 정리하고, 110호를 하나로 묶은 '이갑제'라는 자치 조직을 만들어 향촌의 자치적 운영을 도모했다.

할 수 있는 유례없는 통치 체제가 만들어졌다. 이제 황제의 명령이 고위 관리들의 합의와 관리 사회의 여론을 대신하게 되었다.

그의 뒤를 이은 황제들도 농민 생활의 안정을 중요한 목표로 삼았다. 농경지 개간을 장려하고, 서둘러 수리 시설을 마련했으며, 품종 개량도 추진했다. 그리하여 명나라 때는 이모작이 확대되고, 목화를 비롯한 상품 작물 재배도 크게 늘었다.

수공업도 발달했다. 목화 재배가 확대되면서 면직물 공업도 빠르게 성장하여, 쑤저우나 항저우, 푸저우처럼 방직 공업이 크게 발달한 도시가 생겨났다. 송·원 시기에도 번성했던 도자기 공업은 장시 성 징

더전을 중심으로 더욱 발전했다. 이곳의 도자기 제조소는 3000곳이 넘었고, 일하는 이들의 숫자도 10만 명이 훨씬 넘었다고 한다.

한편 주원장은 "한 조각의 판자도 바다에 떨어뜨리지 말라"며 해금 정책을 지시하였다. 민간 무역을 통제하겠다는 정책인데, 결과적으로 바닷길 위축은 피하기 어려웠다. 서북 변경에 몽골 세력이 여전하고, 동남해안에 왜구가 수시로 출몰하던 상황 때문이긴 했으나, 결과적으로 생산력의 성장이나 상공업의 발달에 좋지 않은 영향을 줄 수 있었다.

그렇다고 명의 무역 활동이 모두 중단되었다는 뜻은 아니다. 여전히 명은 세계적 수준의 상품이 많았고, 국가가 허락한 공적인 무역은 꾸준하게 이루어졌다. 외교 관계를 가졌던 조선이나 일본, 류큐 왕국 등은 정기적으로 사절단을 이끌고 와서 비단과 도자기, 차를 구입했다. 푸저우와 광저우 등이 대표적인 교역 도시였다.

2 정화의 원정에서 만리장성까지

세 번째 황제 성조 영락제

태조 홍무제에게는 아들이 많았다. 함께 나라를 세운 개국 공신조차
믿지 못했던 홍무제는, 아들들에게 군대를 주어 변방을 지키도록 했
다. 여전히 몽골족의 위협이 컸던 북방에는 여러 아들이 군대를 거느
리고 있었다. 이들 가운데 베이징 부근에 주둔하고 있던 아들이 주체
였다. 그는 아버지를 도와 명을 건국하고, 국가 통일을 앞당기는 데
공이 가장 컸다. 그래서 주원장 스스로도 주체에게 황제의 자리를 넘
겨줄까 생각했을 정도였다.

그러나 주원장은 주체가 아닌 큰 손자에게 자리를 물려주었다. 황
제가 된 조카는 삼촌들의 존재가 걱정스러웠고, 결국 삼촌들이 가진
변방의 군대를 약화시키기로 결심했다. 그러나 삼촌들은 이에 동의할
수 없었다. 특히 주체가 그랬다.

"변방의 병력을 줄이면 국경이 무너질 수 있습니다. 이는 곧 명의 안전을 위협하는 것입니다."

주체는 강력히 반대했지만, 황제는 생각을 바꾸지 않았다.

결국 주체는 다른 형제들과 손잡고, 황제가 된 조카를 향해 칼을 겨누었다. 이들은 4년 동안 날카롭게 대결했다. 승리는 주체에게 돌아갔고, 조카는 머리를 깎고 승려가 되었다는 풍문만 남긴 채 생사를 알 수 없게 되었다. 주체가 곧 세 번째 황제 성조 영락제다.

내각과 환관

홍무제도, 영락제도 모두 절대적인 권력을 가졌다. 하지만 드넓은 영토에 많은 인구를 가진 나라의 일을 황제가 다 결정할 수는 없었다. 1384년 9월 14일에서 21일까지 여드레 동안 황제가 결정해야 할 사항이 1160건, 3291가지였다 하니 다른 대책이 필요했다.

그래서 영락제는 능력이 뛰어난 문관을 선발하여 황제의 비서 역할을 맡겼다. 벼슬은 높지 않았으나, 황제에게 조언을 하고 황제의 결정 사항을 기초하는 중요한 위치였다. 이들을 내각이라 불렀다. 시간이 지나면서 내각은 더 중요해졌고, 내각을 이끄는 대학사의 벼슬도 높아져 나중에는 내각을 이끄는 대학사가 재상 역할까지 하게 되었다.

황제 독재 체제 아래서 환관의 역할도 매우 중요했다. 환관은 관리보다 수가 훨씬 많았으며, 동창이라는 강력한 정보 기구를 운영했다. 당시 내각에서 황제에게 올리는 문서는 환관을 통해야 했는데, 이 때문에 내각과 환관이 서로 짜고 일을 처리하는 경우도 많았다.

모든 권력을 황제 한 사람에게 집중시키고, 황제가 신임하는 몇몇 사람이 그 권력을 행사하면서 나랏일이 잘못 처리되는 경우가 늘어났다. 건전한 토론과 비판 문화는 점차 사라졌고 윗사람의 신임을 바탕으로 부패를 일삼는 관리나 환관이 많아졌다.

농민 항쟁을 바탕으로 세워진 나라이며, 농민을 나라의 근본으로 삼는다는 유교 이념에 따라 운영되는 나라였지만, 왕조가 세워진 지 채 100년도 되지 않아 곳곳에서 농민 봉기가 일어난 이유는 바로 이 때문이었다.

영락제, 제2의 쿠빌라이를 꿈꾸다

영락제는 아버지 홍무제와 다른 꿈을 꾸었다. 바로 강남과 화북을 실질적으로 통합하고 초원에서 바다로 이어진 대제국 안에 다양한 종족이 어울려 살던, 쿠빌라이 시대를 재건하는 일이었다.

그는 즉위와 함께 베이징을 새로운 수도로 삼으려고 계획했다. 강남에서 베이징으로 이어지는 운하를 정비하고, 옛 원의 황궁 가까운 곳에 자금성이라는 거대한 궁궐을 지었다. 모든 준비가 끝난 1421년, 마침내 베이징으로 수도를 옮겼다.

원 제국을 거치며, 중국은 더 이상 한족만의 국가가 아니었다. 어디를 가나 다양한 종족이 어울려 살았고, 중원은 물론 초원에서 바다까지

성조 영락제 주원장의 넷째 아들로, 황제 자리를 이어받은 조카와 4년 동안 전쟁을 벌여 황제 자리를 차지했다. 영락제(1360~1424)는 베이징으로 수도를 옮기고, 북방의 옛 몽골 세력을 통제하기 위해 애썼으며, 대규모 해상 원정대를 조직하여 바닷길 안정을 꾀했다.

│ 정화가 이끈 남해 원정 │

영락제가 몽골 세력과 벌인 전쟁과 같은 정책이 바로 정화의 해상 원정(1405~1433)이었다. 정화는 영락제 때 6회, 선덕제 때 1회 등 모두 일곱 차례 대함대를 조직하여 동남아시아, 인도, 아라비아 반도, 아프리카 동해안의 케냐에까지 이르렀다. 대항해를 통해 주변국들과 외교 관계가 확대되고 교역도 이루어졌으나, 엄청난 국력을 소모할 뿐 얻는 것이 적다는 비판에 부딪혔다.

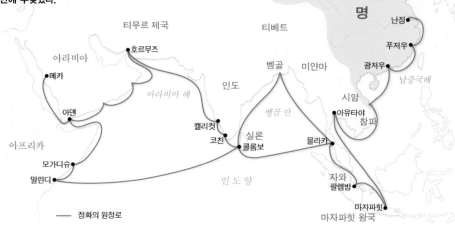

정화의 함선 모형 송나라 때부터 활발하게 해상 진출을 시도했던 남중국의 조선술은 수준이 매우 높았다. 정화가 이끌었던 함대 중에는 8000톤에 이르는 대형 배도 있었다고 한다. 120톤 규모의 콜럼버스 항해 때 사용된 배보다 60~80년 앞선 일이다. 사진은 정화의 함대와 콜럼버스 함대의 크기를 비교하는 모형이다.

정화 윈난 성에서 태어난 이슬람계 집안 출신이다. 아버지는 전형적인 색목인으로, 윈난 성 관리로 일했다. 영락제가 황제 자리를 차지할 때 큰 공을 세워 정씨 성을 하사받았다.

아우르는 시야를 가진 이들도 많았다.

영락제의 명령으로 바다를 주름잡았던 정화는 원래 원 제국에 통합되었던 윈난 출신으로, 이슬람교도였다. 윈난이 명에 정복될 때 전리품처럼 끌려왔던 그는, 환관이 되고 나서 영락제의 신임을 바탕으로 여러 차례 해상 원정을 이끌었다.

"200여 척의 배가 모두 원정 준비를 끝냈습니다."

"수고했소. 곳곳을 항해하며 우리의 국력을 만방에 떨치도록 하시오."

1405년, 정화는 대함대를 이끌고 바다로 나아갔다. 그가 이끈 200여 척의 배에는 무려 2만 7000여 명이 타고 있었다. 이들은 동남아시아와 인도 곳곳을 항해했다.

정화의 원정은 이후에도 몇 차례 더 진행되었다. 항해의 목적지도 동남아시아와 인도를 넘어 서아시아와 아프리카까지 확대되었다. 이를 통해 남중국의 해상 안정을 도모하고, 남중국해에서 인도양에 이르는 많은 나라와 평화적으로 교류할 수 있게 되었다.

그러나 민간 무역은 여전히 금지되었고, 막대한 비용을 쏟아부은 것치고는 구체적으로 얻는 바도 적었다. 이 때문에 원정을 비판하는 여론이 갈수록 높아졌다.

결국 1433년의 대항해를 끝으로 일곱 차례에 걸친 원정은 끝났고, 정화의 원정 기록도 대부분 불태워졌다. 그렇다고 민간 무역을 권장한 것도 아니었다. 명의 조선술과 항해 기술의 성장은 멈추었고, 항해를 통해 얻은 지식도 더 활용되지 못했다.

만리장성을 고쳐 쌓다

바다에서의 원정과 비슷한 일이 육지에서도 있었다. 베이징을 수도로 삼은 영락제는 수시로 국경을 넘어 초원을 지배하려고 애썼다. 원정 길에서 세상을 떠난 1424년까지 영락제는 모두 다섯 차례 몽골족을 공격했다.

그러나 영락제가 죽은 뒤, 명과 몽골의 관계는 서서히 달라졌다. 여러 차례 영락제의 공격을 받은 타타르 부족은 약해졌고, 결국 명의 지배를 받아들였다. 그러자 서쪽의 오이라트 부족이 새로운 강자로 떠올랐다.

명대의 만리장성 대부분 흙으로 이루어졌던 성을 이때 벽돌로 고쳐 쌓았다. 투입된 돈이나 인력이 진·한대보다 결코 적지 않았다. 동서 길이가 2700킬로미터, 중간에 갈라져 나온 장성을 포함 하면 5000킬로미터가 넘는다.

1449년, 오이라트가 명의 산시 성 부근을 침범했다. 그러자 명은 50만 대군을 편성하여 황제가 직접 싸우러 나갔다.

명의 선봉은 베이징 부근에서 오이라트 군대를 맞았다. 궂은 날씨에 겨우 싸움터에 도착한 명군은, 미리 도착하여 기다리던 오이라트에 크게 패했다. 당황한 명의 대군은 토목보로 후퇴했다. 토목보는 고지대에 건설된 방어 시설이어서 물이 없었다. 명군은 결국 포위망을 뚫지 못한 채 전멸했고, 황제도 오이라트의 포로가 되고 말았다.

오이라트는 대군을 이끌고 한때 베이징을 점령했다. 그러나 명의 다른 군대가 도착하면서 물러났다.

토목보 사건이 가져온 충격은 매우 컸다. 명은 더 이상 초원으로 진출하지 않았으며, 많은 군사를 서북쪽 경계에 주둔시켜 몽골의 침략을 방어하는 체제로 전환했다. 만리장성을 재건하는 대역사가 이때 시작되었다.

산과 바다가 만나는 산하이관 부근에서 시작하여, 베이징 북쪽의 군사 요지를 아우르고 오늘날의 간쑤 성에 이르는, 그야말로 만 리에 이르는 거대한 장성이 만들어졌다.

만리장성에는 100만에 가까운 병력이 주둔했다. 가장 유능한 지휘관이 방어를 책임졌고, 많은 비용을 쏟아부었다. 그런데도 장성은 종종 뚫렸으며, 그때마다 더 많은 돈을 들여 방어진을 재정비했다.

몽골을 완전히 통합하지도, 영구적인 평화 체제를 만들지도 못했던 시대. 만리장성은 영광의 상징이라기보다는 명나라 때 한족이 지녔던 엄청난 부담감을 상징했다.

3 | 황제와 신사, 그리고 누르하치

북로남왜

16세기에 접어들면서 명은 어려운 변경 문제에 부딪혔다. 수시로 북방을 위협한 몽골과 남동쪽 바닷가에 나타나 해적질을 일삼는 왜구 때문이었다. 이른바 '북로남왜' 문제였다.

명이 북방 오랑캐라 부른 몽골은 1520년대부터 수시로 장성을 넘나들었다. 1542년에는 대군을 이끌고 장성을 넘어와 한 달 동안 산시 성 일대를 약탈했다. 20만여 명이 죽고, 가축을 200만 마리나 약탈당했다. 1550년에는 베이징을 여러 날 동안 포위한 적도 있었다.

명은 결국 몽골의 요구를 받아들여 정기적인 교역을 허락함으로써 전쟁을 끝냈다. 몽골은 귀금속과 가축을, 명은 비단과 곡식, 철을 교환했으나, 실은 돈으로 평화를 사는 꼴이었다. 이 과정에서 입은 손실은 대부분 농민이 떠안았다.

| 북로남왜 |

명은 수시로 만리장성을 넘어 침략하였던 오이라트와 타타르, 동남 해안을 자주 침범하였던 왜구로 인해 심각한 국방의 위기를 맞았다. 이 위기는 곧 심각한 재정난을 불러왔고, 재정 위기를 해결하기 위한 정책상의 논란도 크게 일어났다.

왜구와 싸우는 명나라 군사 명이 일본과 국가 간 무역을 진행하면서 왜구가 많이 줄었던 때도 있었다. 그러나 16세기 이후 다시 왜구의 활동이 매우 활발해졌다. 짱쑤 성, 저장 성, 푸젠 성, 광둥 성 등 동남쪽 해안은 왜구로 인한 피해가 심했다. 그림은 왜구와 싸우는 명나라 해군의 모습이다.

1520년대부터 명이 민간 무역을 대대적으로 단속하면서, 왜구의 국경 침략이 자주 일어났다. 왜구라 불린 해적들은 대부분 무장한 채 남동쪽 바닷가에 나타나 약탈을 일삼았다. 해적은 대부분 수십 명으로 이루어졌는데, 해안은 물론 강을 거슬러 내륙 깊숙이 진출하는 경우도 많았다.

왜구 중에는 진짜 일본에서 온 해적도 많았지만, 밀무역을 원하는 중국인도 적지 않았다. 명은 1547년부터 대병력을 동원하여 진압에 나섰고, 1567년에는 왜구의 주력 부대를 물리치는 데 성공했다. 그러나 민간 무역을 허용하고, 중국인이 해외로 나가 무역할 수 있을 때까지 왜구는 근절되지 않았다.

황제와 신사, 그리고 동림서원

북로남왜 문제가 어느 정도 수습되었으나, 허약해진 국가 재정을 보충하고 강한 군대를 기르는 문제가 새로운 과제로 떠올랐다.

신종 만력제는 장거정을 내세웠다. 장거정은 전면적인 토지 조사를 실시하고, 상인이나 수공업자이면서 세금을 내지 않던 이들을 찾아냈다. 그리고 관리들을 독촉하여 철저히 세금을 걷었다.

결과적으로 나라 살림은 나아졌지만 관료와 지방 사회의 비판은 거셌다.

"나라에 돈이 없으면 지출을 줄이는 게 마땅한데, 어찌하여 세금만 마구 거두어들이는가!"

"한두 사람이 나랏일을 도맡아 하는 것도 큰 문제라네!"

동림서원 송나라 때인 1111년에 세워졌다. 1604년에 고헌성 등이 재건하여 다시 강의를 시작하면서 많은 신사가 몰렸다. 동림파 활동의 중심지로 정치적인 중요성이 컸다.

그러나 나라 살림은 이후에도 계속 문제였다. 1590년대부터 명이 치른 세 번의 전쟁으로 국가 재정은 치명타를 입었다. 조선을 침략한 일본과 싸우기 위해 대군을 파견한 일도 그중 하나였다(임진왜란 1592 ~1598).

황제의 측근은 재정 부족을 이유로 세금을 더 늘렸다. 그러나 이에 대한 비판 여론도 더욱 거세졌다. 이제 반대파 관료와 지방의 신사층이 점차 하나의 세력을 형성하게 되었다.

양쯔 강 하류 장쑤 성에 있는 동림서원이 그 중심이었다. 고헌성은 동림서원을 재건한 뒤 관리와 신사층이 참가하는 토론회를 수시로 열었다. 말이 학문 토론이지, 실상은 환관의 부패를 비판하고 부국강병을 내세워 가혹하게 세금을 거두어들이는 데 대한 비판 운동이었다.

동림서원의 활동은 점차 학자와 관료 사회의 지지를 받았다. 출판업이 발달하고 대규모 도시가 성장하던 터라, 그들의 주장은 폭넓게 알려졌고, 도시 평민층 안에서도 지지 여론이 형성되었다. 나라의 중요한 일은 이제 동림파 인사와 환관파라 불리는 비동림계 인사가 대립하는 가운데 처리되었다.

누르하치에서 홍타이지로, 대청 제국의 등장

중앙과 지방의 대립이 격화되고, 중앙 정치계 안에서 동림파와 비동림파의 붕당이 전개되던 무렵, 명의 동북쪽 변방에서 거대한 변화가 일어났다.

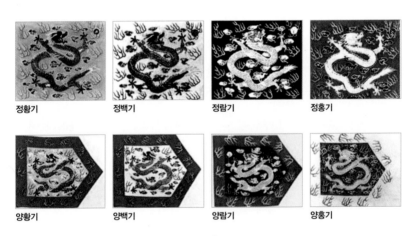

정황기   정백기   정람기   정홍기

양황기   양백기   양람기   양홍기

팔기 제도 누르하치가 만든 만주족 군대를 팔기군이라 불렀다. 만주족을 여덟 가지 색 깃발 아래 결집한다는 차원에서 붙인 이름으로, 평상시에는 행정 조직의 기능을 하되 전쟁을 치를 때는 병력을 차출하는 단위였다. 후금이 청으로 바뀌는 과정에서 랴오둥의 한인과 몽골인으로 구성된 팔기 조직도 만들어졌다.

이번에는 몽골의 동쪽에 살던 여진족이었다. 여진족은 여러 부족으로 나뉘어 부족 단위로 명에 조공했다. 그런데 부족 가운데 하나를 이끌던 누르하치가, 1583년 부족을 통합하여 명에 반기를 들었다.

누르하치는 팔기 제도를 창안했다. 이것은 혈연과 상관없이 일정한 인원별로 조직을 꾸리고, 각 단위에서 병력을 의무적으로 차출하도록 한 행정·군사의 기본 조직이었다. 그는 만주 문자를 만들고 과거 여진족이 세웠던 금의 뒤를 잇는다며, 1616년에 후금을 건국했다.

산하이관 만리장성의 동쪽 끝에 있는 군사 요지다. 산과 바다가 잇닿은 곳에 있다는 뜻에서 지어진 이름이다. 명나라 때 북방 민족으로부터 수도를 방어하는 군사적 요충지로, 남하하는 청의 군대를 여러 차례 물리쳤다. 이곳을 지키던 오삼계가, 명이 망한 뒤에 성문을 열고 청군을 맞이하면서 청은 손쉽게 중국 대륙을 장악할 수 있었다.

청 태종 홍타이지 홍타이지(재위 1626~1643)는 누르하치의 뒤를 이어 후금의 두 번째 왕이 되었다. 훗날 랴오둥의 한인과 몽골의 패권을 장악한 뒤, 나라 이름을 후금에서 대청 제국으로 바꾸었다. 조선을 두 차례 침략하기도 했다.

1619년, 후금의 군대는 랴오둥에서 명의 대군과 맞닥뜨렸다. 명의 요청으로 파견된 조선 군대도 1만 명 이상 참가한 전투였다. 이 싸움에서 후금은 명의 대군을 물리치고, 오랫동안 한족이 차지했던 랴오둥을 장악했다.

누르하치가 죽고 나서는 홍타이지가 그 뒤를 이었다. 홍타이지는 랴오둥의 한족을 포섭하려 애썼다. 그는 투항한 한족 군인과 관료를 우대했으며, 중국의 통치 체제를 적극적으로 받아들였다. 또한 초원으로 진격하여, 오랜 세월 앙숙이었던 장성 이북의 몽골족을 통합한 뒤 원 제국의 옥새를 손에 쥐었다. 이렇게 하여 몽골족의 충성을 확보했다.

1636년, 홍타이지는 만주족˙과 몽골족의 제왕들, 그리고 투항한 한족 군인의 추대를 받아 대청 제국의 창건을 선포했다. 만주인, 몽골인, 한인을 모두 아우르는 황제이자 대칸으로 즉위한 것이다. 만주인으로만 이루어졌던 팔기 제도도 전면적으로 개혁하여 몽골 팔기와 한인 팔기가 동시에 조직되었다. 팔기 제도 아래서 만주인, 몽골인, 한인은 이제 하나가 되었다.

이자성과 오삼계

만주인, 몽골인, 랴오둥의 한인을 통합한 대청 제국이 성립하는 동안, 명은 만리장성을 근거로 철저한 방어 태세를 유지했다. 많은 병력, 유

● **만주족** | 이전에 여진족이라 불렸던 사람들을 일컫는 말. 누르하치가 후금을 세우는 과정에서 이렇게 바꾸었다고 한다.

능한 지휘관, 튼튼한 요새를 가진 명은 여러 차례 남하하는 청의 군사를 물리쳤다. 그런데 전혀 다른 곳에서 왕조의 종말을 앞당기는 일이 일어났다.

숭정제가 즉위하던 1627년에, 산시 성에서 대규모 농민 봉기가 일어났다. 처음에는 기근으로 살기 어려워진 농민들이 주축이었다. 여기에 중앙 정부의 세금 정책에 반발하는 이들이 가담하면서, 봉기는 왕조를 부정하는 투쟁으로 빠르게 발전했다.

명은 국경 주둔 병력을 뺀 나머지 군사들로 이들을 진압했다. 그러나 이자성이 이끌던 부대는 진압군을 물리치고 세력을 확장했다.

"신분에 상관없이 토지를 균등하게 배분한다."

"3년간 세금을 면제해 주겠다."

이 같은 약속은 농민들의 마음을 움직였고, 수많은 봉기군이 이자성에게 모여들었다.

1644년, 이자성은 시안을 도읍으로 삼아 새 나라를 세웠다. 그러고 나서 대군을 이끌고 명의 수도인 베이징으로 향했다. 40만 대군이 벼락 치듯 진격하자 군인과 관리 들은 도성을 버리고 달아났다. 명의 마지막 황제 숭정제는 자금성 북쪽 경산에 올라 스스로 목을 맸다.

황궁을 장악한 이자성은 만리장성을 지키던 명의 맹장 오삼계에게 '힘을 합쳐 북방의 오랑캐를 물리치자'는 편지를 보냈다. 그러나 오삼계는 이자성의 제안을 거절했다.

오삼계는 반란군과 손잡기보다는 오랑캐라 얕보며 적대시하던 청을 끌어들였다. 오삼계는 만리장성을 열고, 이제껏 대결하던 청의 대군과 함께 베이징을 향했다.

이자성의 세력은 오래가지 못했다. 청의 군대에 비해 열세였던 군사력과 이자성의 급진적 요구를 우려한 지주들이 곳곳에서 군대를 조직하여 이자성을 공격했기 때문이었다.

1644년, 명 황제의 복수를 내건 청의 대군이 베이징에 입성했다. 만주인, 몽골인, 랴오둥의 한인이 연합하여 이룬 청이 이제 대륙의 새로운 지배자로 떠오르는 순간이었다.

4 | 대청 제국, 근대 중국의 기틀을 마련하다

청이 명을 계승했다고 주장하다

> (1644년) 5월 2일. 청의 군대가 베이징에 이르렀다. 원래 명의 관리였던 이
> 들이 성 밖 5리까지 나와서 반갑게 맞았다. 노인과 어린이도 향을 피우고
> 무릎을 꿇어 맞이하며 환영했다. …… 백성들은 안도했고, 약탈 행위는
> 전혀 발생하지 않았다.
>
> ―《대청역조실록》

청 황제 순치제의 숙부였던 도르곤이 베이징에 입성하는 장면을 묘
사한 글이다. 도르곤은 자금성을 접수하자마자 곧바로 얼마 전 자살
한 명의 황제를 위해 상복을 입었다.

이자성 부대가 베이징에서 쫓겨나고, 청이 베이징에 진주했다는 소
식은 빠른 속도로 퍼졌다. 강남의 지주 신사층은 충격에 빠졌다. 이자

성의 부대가 몰려올 경우 가장 먼저 제거될지 모른다는 우려는 사라졌으나 오랑캐인 여진족 수장을 황제로 모셔야 한다는 데 대한 반발감 때문이었다.

강남의 일부 신사들이 난징에서 새로운 황제를 추대했다. 비슷한 일이 몇몇 곳에서 또 일어났다. 향촌을 단위로 군대를 조직하여 농민군과 청군 모두를 경계한 사람들도 있었다. 청은 항복한 명의 장수를 앞세워 이들을 제압했다. 저항하는 이들은 무참하게 학살했으나, 투항하는 이들에게는 책임을 묻지 않았다.

반면 관료나 신사 중에는 청군을 기꺼이 맞이하는 이도 많았다. 청군이 농민 봉기로부터 자신들의 재산을 지켜줄 것이라 믿었기 때문이었다. 청은 과거 시험을 서둘러 실시하고, 명 말에 늘어난 세금을 줄여 주는 등 이들의 요구에 부응했다.

대세가 어느 정도 기운 1645년, 청의 통치자들은 한족 모두에게 변발하도록 명령했다. 한족의 전통을 버리고 만주족의 풍습을 받아들이라고 강요한 것이다.

여러 곳에서 강제로 머리카락을 자르는 일이 벌어졌다. 명령을 거역하다가 죽임을 당하는 경우도 있었다. "머리를 남기려면 머리카락을 남길 수 없고, 머리카락을 남기려면 머리를 남길 수 없다"라는 말이 떠돌았다. 한족의 저항은 거셌으나, 새 통치자들도 물러서지 않았다.

한족을 포용하고 한족 전통을 존중하면서도, 한족의 자존심을 꺾고 한족의 우월감을 내세우는 행동은 단호하게 탄압하기, 바로 소수 민족으로 대다수 한족을 통치한 청의 일관된 정책이었다.

다민족 통일 국가, 중화 제국의 완성

청이 베이징을 점령했을 때, 의병을 조직하여 청의 군사에 맞선 신사들 가운데 황종희라는 사람도 있었다.

> 천하의 주인은 백성이며, 왕은 손님일 뿐이다. 그런데 왕이 제 이익을 챙기다 보니 나라는 망하고 오랑캐에게 짓밟혔다. 사대부는 왕이 아니라 천하의 만민을 위해 일하는 사람이다. 그런데도 제 이익을 챙기느라 무력에 굴복하고 말았다.
>
> — 황종희, 《명이대방록》

황종희는 사대부의 잘못을 먼저 지적한 뒤, 오랑캐를 황제로 인정하기 어렵다는 생각을 공공연하게 밝혔다.

그러나 청은 한족의 전통, 신사의 지위를 대체로 존중했다. 유교 교육이 강조되었고, 한인은 예전처럼 과거를 통해 고위 관리가 될 수 있었다. 그래서 중화와 오랑캐를 구별하는 황종희의 생각은 관료와 신사 사이에서 확산되지 못했다.

일부 신사들이 '변방의 오랑캐에 불과하다'고 여긴 청은 하루가 다르게 세력을 확장했다. 명을 재건하겠다는 삼번의 난(1673~1681)은 진압되었고, 반청 운동의 또 다른 근거지였던 타이완도 정복되었다. 이후 이렇다 할 외적의 침입이 없고 대규모 봉기도 없는 평화로운 시기가 이어졌다. 강희제, 옹정제, 건륭제가 통치했던 17세기 중엽부터 18세기 후반까지를 후세 사람들은 종종 '강건성세', 곧 청의 전성기로

| 청의 건국 |

대청 제국의 영토는 오늘날 중화인민공화국의 영토와 상당 부분 겹친다. 대청 제국이 영토 면에서 근대 중국의 기틀이 된 셈이다. 대부분 한인이 거주했던 중국 내지는 18개 성으로 구획한 뒤 지방관을 파견하여 직접 통치했다. 몽골과 신장, 티베트는 광범위한 자치를 허용했으며, 만주는 한인의 이주를 금지했다.

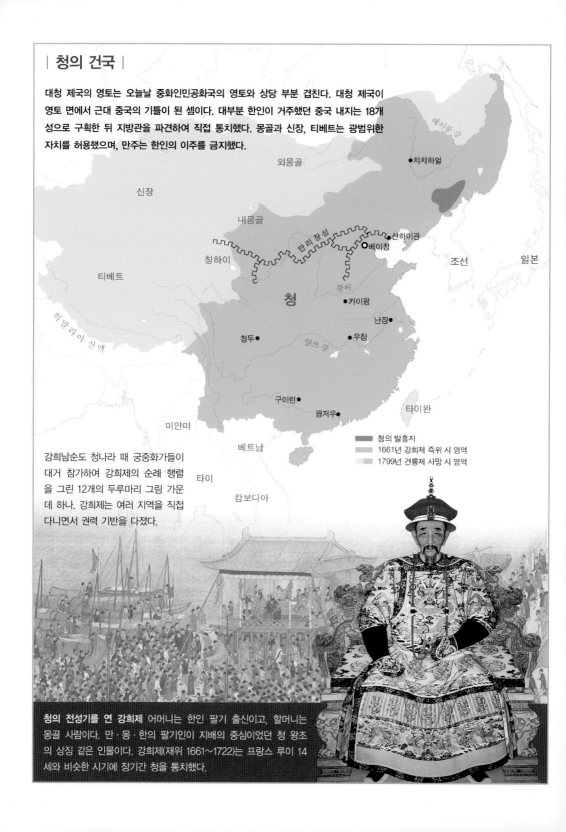

강희남순도 청나라 때 궁중화가들이 대거 참가하여 강희제의 순례 행렬을 그린 12개의 두루마리 그림 가운데 하나. 강희제는 여러 지역을 직접 다니면서 권력 기반을 다졌다.

■ 청의 발흥지
■ 1661년 강희제 즉위 시 영역
■ 1799년 건륭제 사망 시 영역

청의 전성기를 연 강희제 어머니는 한인 팔기 출신이고, 할머니는 몽골 사람이다. 만·몽·한의 팔기인이 지배의 중심이었던 청 왕조의 상징 같은 인물이다. 강희제(재위 1661~1722)는 프랑스 루이 14세와 비슷한 시기에 장기간 청을 통치했다.

불렀다.

이 기간 동안 청은 중앙아시아와 서역에 영향을 미치던 몽골 세력을 완전히 통합했다. 그리고 티베트에 대규모 군대를 주둔시키고 내정을 장악했으며, 동쪽으로 세력을 뻗던 러시아의 남하도 막았다. 이로써 청은 일찍이 명이 다스렸던 영토 말고도, 청의 발상지인 만주, 몽골, 티베트, 투르크계 위구르족이 주로 사는 신장을 아우르는 대제국을 이루었다.

황제는 스스로 유목 세계의 대칸이자 한족의 황제라고 인식했다. 한족의 전통을 존중하여 유교적인 황제가 되기 위해 애쓰면서도, 만주인과 몽골인·티베트인이 공유한 티베트 불교를 존중하고 그 수호자로 자처했다.

중화사상 혹은 화이일가

황종희는 '한족이 곧 중화이며 만주족은 오랑캐일 뿐'이라는 중화사상을 가졌다. 그렇다면 '청의 황제는 진정한 군주이기보다 군대의 힘으로 통치하는 독재자일 뿐'이라는 생각도 무리는 아니다.

옹정제 때 증정이란 자가 이런 주장을 펴다가 체포되었다. 왕조를 비판하고 황제까지 비난했으니 당장 처형될 일이었다. 그런데 황제는 그렇게 하지 않았다. 상세하게 증정의 주장을 펴게 하고, 그의 주장에 반론을 덧붙여 한족을 회유하는 데 사용했다.

중화와 오랑캐는 도리를 깨우쳤느냐 아니냐에 따라 구별된다. 명은 천명

경전을 읽고 있는 옹정제 강희제의 아들로, 황제가 된 뒤 황제권을 강화하고 중앙의 지방 통제를 강화했다. 옹정제(재위 1722~1735)는 유교 경전을 즐겨 읽었고, 유교 이념에 따라 나라를 다스린다고 내세웠다.

을 잃어 도적에게 망했다. 인민이 자발적으로 청을 받아들였으며, 청이 중국을 통일하고 변방의 여러 부족을 통일했다. 청은 천명을 이었으며, 청에서 중화와 오랑캐가 모두 한집안이 되었다.

－《대의각미록》

옹정제는 중정에게 이와 같은 내용의 교지를 내렸다.

이처럼 황제들은 모두 천명을 받은 군주로 자처했다. 스스로 덕을 갖춘 황제가 되려고 노력했으며, 능력이 있다면 종족이나 지위에 구애받지 않고 관리로 등용했다. 그 소식을 전해들은 프랑스의 계몽사상가 볼테르는, "우리 유럽의 군주는 어찌할 것인가? 찬양하라, 부끄

러워하라, 그리고 무엇보다 모방하라"라고 글을 썼다.

그러나 모든 계몽사상가가 중국을 예찬한 것은 아니며, 황제가 늘 회유하고 설득하는 방식으로 한족을 대한 것도 아니었다. 옹정제와 건륭제는 여러 차례 '문자의 옥'을 터뜨렸다. '문자의 옥'은 한인이 쓴 글에서 몇몇 글자를 끄집어내 청을 비난했다고 탄압한 사건이었다. 귀에 걸면 귀걸이, 코에 걸면 코걸이 식으로 죄를 뒤집어씌웠으니, 자유는 짓밟혔고 사상과 학문의 발전은 어려웠다.

황제들은 중화와 오랑캐가 한집안이라고 말했으나, 정작 변방을 정복할 때는 무자비한 폭력을 휘둘렀다. 특히 몽골의 준가르 부족을 쫓아 신장으로 진출하면서, 위구르인이 살던 지역을 청의 영토로 편입할 때 죽인 사람의 수는 헤아릴 수 없이 많았다.

'중화와 오랑캐가 하나'라거나, '천명을 받은 황제가 덕으로 다스린다'라는 말과 달리, 현실의 청 제국은 팔기군을 앞세워 지배층의 특권을 지키는 군주 독재 체제였다.

서학과 시누아즈리

청이 세계적인 제국을 건설할 무렵, 중국의 경제도 세계적인 수준이었다. 벼농사의 생산력은 매우 높아 빠르게 늘어난 인구를 먹여 살렸다. 지역에 따라 다양한 작물을 재배하였고, 수공업 생산도 활발했다. 상업도 빠르게 발전했으며 여러 곳에서 상업 도시가 번성했다.

일찍부터 중국의 비단, 차, 도자기, 면포는 나라 밖에서도 유명했다. 1567년, 명의 해금 정책이 완화된 뒤부터 중국의 연안에는 일본과 마

고소번화도(부분) 청의 궁중화가인 서양이 그린 12미터짜리 그림이다. 18세기 중엽 쑤저우의 번화한 모습을 사실적으로 묘사했는데, 작품 속에 등장하는 인물만 1만 명이 넘는다.

닐라, 바타비아, 베트남, 타이로 가는 중국 선박이 줄을 이었다. 서양인이 칸톤이라 불렀던 광저우에는 서양 선박도 많이 드나들었다.

아예 중국에 와서 산 서양 사람도 여럿 있었다. 포르투갈인이 터를 잡은 마카오를 비롯해, 외국의 상인이나 선교사가 항구 도시에 눌러 앉았다. 그들 중 일부는 베이징에서 활동한 사람도 있었다.

예수회 선교사였던 마테오 리치, 아담 샬이 그런 인물이었다. 그들은 지리·천문학 지식, 총이나 대포 만드는 기술을 소개했다. 또한 성경을 번역하고 천주교 교리를 소개하는 책자를 펴냈으며 포교 활동도 벌였다. 이들을 통해 '서학'이라 불린 천주교와 서양의 학문이 소개되었다.

선교사의 보고를 통해, 그리고 중국과 거래하는 상인을 통해 중국의 실정도 유럽에 소개되었다. 유교 경전이 서양 언어로 번역되었으며, 중국 정치에 대한 관심도 높아졌다. 중국에서 수입된 차와 도자기

유럽에 소개된 중국 도자기 송·원대 이래로 중국 도자기는 해외에서 큰 인기를 끌었다.

│ 유럽의 중국 열풍 │

16세기 이후 유럽인이 아시아로 진출하면서, 중국의 사정이 유럽에 널리 알려졌다. 중국의 도자기와 차 등은 유럽에서도 큰 인기를 끌었으며, 공자가 쓴 책이 유럽에서 번역되는 등 중국의 사상도 두루 소개되었다. 17세기 후반부터 100여 년 동안 서양 미술에서 중국적 취향이 두드러지게 나타났는데, 이를 시누아즈리라 한다.

상수시 궁전의 중국식 찻집 집을 장식한 조각이나 궁전 내부에는 중국식 도자기에서 볼 수 있는 그림이 많이 등장한다. 1747년에 세워진 건물로, 독일 포츠담에 있다.

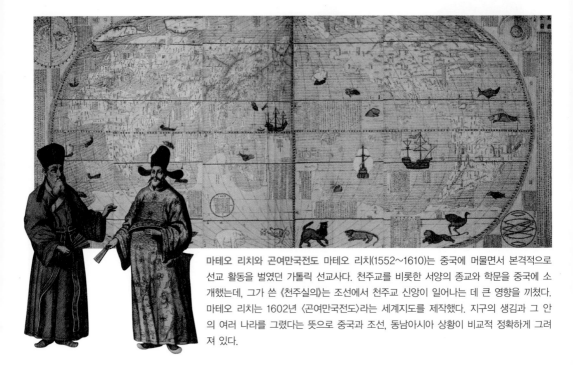

마테오 리치와 곤여만국전도 마테오 리치(1552~1610)는 중국에 머물면서 본격적으로 선교 활동을 벌였던 가톨릭 선교사다. 천주교를 비롯한 서양의 종교와 학문을 중국에 소개했는데, 그가 쓴 《천주실의》는 조선에서 천주교 신앙이 일어나는 데 큰 영향을 끼쳤다. 마테오 리치는 1602년 〈곤여만국전도〉라는 세계지도를 제작했다. 지구의 생김과 그 안의 여러 나라를 그렸다는 뜻으로 중국과 조선, 동남아시아 상황이 비교적 정확하게 그려져 있다.

는 유럽에서 선풍적인 인기를 끌었는데, 중국 도자기로 장식된 별장에서 차를 마시는 풍조가 귀족 사회에서 유행할 정도였다. 그리고 유럽인의 공예 예술에서 '시누아즈리(Chinoiserie)'라 부르는 중국 열풍이 일어났다.

《사고전서》와 고증학

10년 동안 300여 명의 학자를 동원하여 만든 방대한 책, 《사고전서(四庫全書)》.

'사고'란 유학·역사·사상·문학, 이렇게 네 가지로 책을 분류했다는 뜻으로, 모두 3500여 종, 8만 권에 가까운 실로 어마어마한 양의 총서였다.

《사고전서》뿐만 아니었다. 청나라 때는 한족 지식인이 중심이 되어 대규모 편찬 사업을 벌였다. 이와 같은 정책은 학문 발전에 크게 기여했다. 그러나 이것은 청을 비판하는 서적을 금지하겠다는 검열의 의도도 숨어 있었다.

당시 한족 지식인은 청을 드러내 놓고 비판할 수 없었다. 이에 학자들은 현실을 분석하고 대안을 찾기보다는 실사구시(實事求是)의 고증학을 탄생시켰다.

고증학은 경전에 담겨 있는 본래의 의미를 파악하기 위해 철저히 실증적인 방법을 택했다. 객관적인 증거를 통해 진실을 탐구하는 이러한 경향은 경전뿐만 아니라 천문, 역법, 금석학 등의 분야에서 많은 업적을 남겼다.

그러나 고증학은 학문을 연구하는 방법에 불과했다. 당시의 사회 변화를 대변할 만한 대표적 사상으로서의 체계를 갖추지는 못했던 것이다.

중화사상의 심장부, 베이징

대평원과 산간 지역을 잇는 교통의 요지로 일찍부터 발달한 베이징.

정치·군사적 요지였던 베이징은 수 양제와 당 태종이 고구려를 침략할 때 전진 기지로 삼았으며, 요나라 때 남경, 금나라 때 연경, 원나라 때 대도라는 이름으로 불린 여러 왕조의 수도였다. 명나라 때 영락제가 이곳으로 수도를 옮긴 뒤부터 베이징이라는 명칭이 붙었고, 1949년 이후 중화인민공화국의 수도가 되었다.

베이징에서 이곳을 그냥 지나쳐 가는 사람은 아마도 없을 것이다. 바로 자금성, 베이징의 중심부에 자리하고 있는 위풍당당한 공간이다.

자금성은 명·청 500여 년간 24명의 황제가 살았던 궁궐로, 영락제 때 지었다. 길이 960미터, 폭 750미터에 달하는 자금성은 또 하나의 도시를 연상시킬 만큼 어마어마한 규모를 자랑한다. 건축에 동원된 농민이 50만 명이 넘었고, 각지에서 각종 건축 자재를 모으는 데만 12년이 걸렸다고 한다.

자금성 내부는 크게 업무 처리를 위한 구역과 황제의 주거 구역으로 나뉜다. 방의 개수가 약 9000개 정도여서 갓 태어난 황제의

베이징●

자금성 명나라의 세 번째 황제인 영락제가 수도를 베이징으로 옮기면서 지은 궁궐로, 500여 년 동안 황제가 살았다. 중화인민공화국이 탄생한 1949년 이후 일반에 공개되고 있다.

자금성 자금성은 크게 정무를 보는 공간과 황실 사람들의 거주 구역으로 나뉜다. 국가적 규모의 행사를 치르는 넓고 큰 의례 공간도 있고, 황제를 가까운 곳에서 보좌하는 관청도 여럿 있었다.

건청궁 명나라 때 황제의 일상생활 공간이었다. 현재 건물은 청나라 때 다시 지은 것인데, 청나라 때는 외국 사신 접견 등 각종 의례에도 사용되었다.

아들이 매일 방을 바꿔 궁궐 내 모든 방에서 자고 나면 건장한 청년이 된다고 한다. 실로 엄청난 규모다. 중국인들이 중화, 곧 세계의 중심이라 자부할 만한 곳이다.

　자금성의 '자(紫)'는 하늘의 별자리에서 황제가 살고 있는 곳을 의미한다. 자금성에 들어가면 온통 붉은빛이 도는 주황색으로 가득한데, 북극성, 즉 하늘을 상징하는 색깔이다. 이 또한 중국인들이 황제를

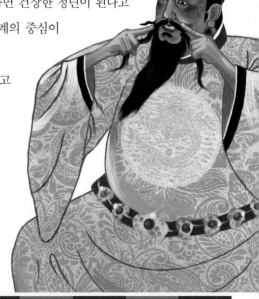

천하를 다스리는 하늘의 아들로 여겼기 때문이다.

　넓은 뜰을 지나면 건물이 나오고, 건물을 지나면 또 넓은 뜰이 나오고…… 도저히 자금성 안에서는 전체적인 윤곽을 파악할 수가 없다.

　그래서 자금성 뒷문 밖으로 이어진 징샨 공원으로 향했다. 공원은 야트막한 언덕인데, 꼭대기에 오르니 자금성이 한눈에 펼쳐진다. 주황색 지붕들이 빽빽하게 연결되어 어지러운 장관을 이룬다.

　이번에는 황제의 나라에만 있다고 하는 천단으로 가 보자.

　이 역시 영락제가 베이징으로 천도하면서 지었다. 천단은 황제가 인간 세상을 대표하여 하늘에 풍작을 기원하는 제사를 지낸 곳이다. 오로지 황제만이 이 제사를 주관할 수 있었고, 따라서 황제의 나라가 아닌 곳에서는 절대로 천단을 만들 수 없었다.

　명·청은 중화사상을 내세우며 주변 나라들과 조공-책봉 질서를 확립했다. 영락제는 정화를 보내 바다 건너 먼 나라들까지 모두 조공 질서에 편입시키고자 했다. 베이징은 중국이 세계의 중심이라는 중화사상의 심장부였던 것이다.

천단 기년전 천단은 황제가 하늘에 제사를 지내는 공간이다. 기년전은 천단에서 가장 먼저 세운 건물로, 황제가 풍년을 기원하는 곳이었다. 지금의 모습은 청나라 때 고쳐 지은 것이다.

8장

중국과 서양, 근대 변혁 운동의 성장

1840년대부터 중국인들은 수난의 100년을 경험했다. 외세의 침략을 막아 내지 못했고, 평등한 세상, 부강한 나라를 만들려던 노력은 안팎의 장해로 인해 좌절되었다. 그러나 중국인들은 아래로부터의 혁명과 위로부터의 개혁을 꾸준히 시도했고, 잦은 패배에도 불구하고 함께 지향할 가치를 점차 공유하기 시작했다. 아편 전쟁에서 시작하여 신해혁명에 이르는 70여 년의 역사를 돌아보면서, 중국 역사상 처음으로 군주제를 넘어서려던 노력을 살펴보고, 그 길을 걸었던 중국인들의 삶과 생각을 들여다보자.

1840년 **아편 전쟁**

1842년 **영국과 난징 조약 체결, 홍콩 할양**

1851년 **태평천국 운동**

1858년 **톈진 조약 체결**

1860년 **영·프 연합군 베이징 점령, 양무운동**

1884년 **청·프 전쟁**

1894년 **청·일 전쟁**

1898년 **독일, 산둥의 자오저우 만 조차**

무술 변법

1899년 **의화단 운동**

1905년 **쑨원, 중국 동맹회 결성**

1909년 **자의국 개설**

1859년 다윈, 《종의 기원》 출판
1871년 독일 제국 성립, 파리 코뮌 성립
1907년 영·프·러 3국 협상 성립

1866년 병인박해, 병인양요
1871년 신미양요
1876년 강화도 조약 체결
1882년 임오군란, 미·영·독 등과 통상 조약 체결
1894년 동학 농민 전쟁, 갑오개혁 실시
1897년 대한제국 성립
1905년 을사조약

1905년 러시아,
피의 일요일 사건

1905년 이란,
입헌 혁명

1898년 필리핀,
아기날도 독립 선언

1861년 남북 전쟁
1863년 링컨, 노예 해방 선언

1858년 미·일 수호 통상 조약 체결
1868년 메이지 유신
1889년 제국 헌법 발표
1902년 영·일 동맹 성립
1904년 러·일 전쟁

1881년 수단,
마흐디 항쟁

1862년 제1차 프랑스·베트남 전쟁

1857년 인도, 세포이 항쟁

1 | 중국과 서양, 저울추가 기울다

중국과 영국, 그리고 아편

1750년 당시 중국 인구는 2억 7000만으로 1억 3000만인 유럽보다 훨씬 많았다. 중국의 제조업은 세계 제조업의 32.8퍼센트를 차지하여 유럽(23.2퍼센트)보다 앞섰다. 1인당 국민총생산에서도 중국이 유럽보다 앞섰다.

폴 베어록이란 학자의 계산이다. 이 시기 중국인의 관심을 끌 만한 유럽 제품은 거의 없었다. 반면에 중국 상품은 유럽에서 인기가 매우 높았다. 그래서 많은 서양 상인이 중국에 왔다.

특히 18세기 중반 이후 영국 상인의 진출이 두드러졌다. 그들은 대부분 은을 가지고 광저우에 와서 차를 사 갔다. 무역량이 많아지자, 영국인은 다른 항구도 개방하고 자유롭게 무역할 수 있도록 해 달라고 요구했다.

하지만 청은 영국의 요구를 거절했다. 청은 진작부터 국가가 체계적으로 무역을 관리했는데, 외국 상인은 광저우 한곳에서, 청 조정이 허가한 특별 상인, 즉 '공행'을 통해서만 거래할 수 있었다. 이러한 무역 시스템을 광둥 체제라 불렀다.

영국 상인들은 중국의 비단이나 도자기, 차 따위를 구입하여 영국에 팔아서 큰 이익을 냈다. 그러나 중국에 가져다 팔 물건은 많지 않아서 많은 은이 중국으로 유입되었고 영국 전체로 보면 적지 않은 골칫거리였다.

영국 정부는 더 많은 영국 상품을 중국에 팔기 위해 청 조정을 상대로 외교 교섭을 시도했다. 1793년, 영국 사절단이 중국에 도착했다. 이들은 건륭제의 83회 생일을 축하한다는 구실을 내걸었고, 청은 다른 조공 사절을 대하듯 안내했다.

사절단의 대표인 매카트니는 황제의 여름 별장에서 열린 의식에 참

광저우 서양 상관과 공행 무역 1757년 이후 외국 상인들은 오직 광저우 항구에서만 무역할 수 있었다. 외국 상인과 거래하고 관세를 걷고 중간에서 중국 관청과 교섭하는 일을 대행했던 상인 집단을 공행이라 불렀다. 그림은 광저우의 상관으로, 서양 상인은 이곳에서만 머물러야 했다.

가했다. 청은 모든 조공 사절에게 무릎을 꿇고 머리를 땅에 조아리는 방식으로 절하라고 요구했다. 그러나 매카트니는 이 의식을 거절했다. 영국은 중국과 대등한 나라라는 이유에서였다.

"영국산 제품에 대한 세금을 줄여 주십시오."

"광저우 말고 다른 곳에서도 무역을 할 수 있도록 해 주십시오."

"공행을 통하지 않고, 상인들끼리 자유롭게 무역할 수 있도록 해 주십시오."

매카트니는 두 나라의 상인이 자유롭게 무역할 수 있도록 허용해 줄 것을 요구했다. 그러나 청은 영국도 수많은 조공국 가운데 하나일 뿐이며, 무역은 이전처럼 국가가 관리하겠다는 입장을 분명히 했다.

이때부터 영국 상인은 아편 무역에 손을 댔다. 아편은 인간의 육체와 정신을 병들게 하는 마약이었다. 영국은 식민지였던 인도에서 대량으로 생산한 아편을 몰래 중국에 들여와 팔았다. 아편은 중독성이 높았기에, 찾는 사람들이 빠르게 늘었다. 건강을 해친 중국인이 크게 늘었으며, 막대한 은이 빠져나가 경제 문제도 심각해졌다.

린쩌쉬, 아편을 금지하다

청은 린쩌쉬를 흠차대신●으로 임명하여 광저우에 파견했다. 린쩌쉬는 중국인 아편 관련자를 체포하고 아편을 몰수했다. 곧이어 외국인이 보유한 아편도 몰수했다. 그 대신 아편 값만큼 찻잎을 제공했다.

● **흠차대신** | 황제를 대신하여 군사와 행정을 함께 주관하는 특별 대신이다.

비단이나 차 무역은 예전처럼 계속했다. 다른 외국 상인은 이를 받아들였다. 그러나 영국 상인은 아편 몰수에 강력히 항의했고, 보상으로 주는 찻잎도 거부했다.

린쩌쉬는 영국 왕에게 다음과 같은 편지를 보냈다.

당신의 양심은 어디에 있는가? 나는 귀국이 아편을 금지한다고 들었다. 아편의 해악을 잘 알기 때문이다. 자신의 나라에 해를 입히지 못하게 한다면 그 해악을 다른 나라에 전가해서도 안 된다.

－린쩌쉬 전집

영국 정부는 왕에게 편지를 전하지도 않은 채 전쟁을 하겠다고 나섰다. 그런데 영국의 야당조차 전쟁에 반대했다. "이렇게 정의롭지 못

아편과 아편굴 아편은 유럽인들이 쓰던 'opium'을 한자로 음역한 단어다. 양귀비 열매에 상처를 내서 채집한 즙으로 만드는 마약으로 중독성이 매우 강하다. 사진은 곰방대를 이용하여 아편을 피우는 모습이다.

한 전쟁, 이렇게 불명예스러운 전쟁은 나는 아직껏 알지도 못하고 본 적도 없다"라고 연설한 야당 국회의원도 있었다.

그러나 여당은 물러서지 않았다. '전쟁을 일으킬 수 있는 절호의 기회다. 이 기회에 중국을 굴복시켜, 영국에 유리한 조약을 맺어야 한다'는 생각에서였다. 여당은 의회 표결을 요구했고, 근소한 차이로 전쟁을 하기로 결정되었다.

아편 전쟁, 불평등 조약을 강요받다

1840년, 영국 의회는 전쟁을 승인했다. 곧이어 영국 본토와 여러 식민지에 주둔한 군인들이 중국으로 이동했다. 세계 곳곳에서 침략 전쟁을 일삼던 영국 해군이 선두에 나섰다. 이른바 아편 전쟁이 일어난 것이다.

린쩌쉬 과거에 합격한 뒤 여러 차례 지방관을 지냈다. 린쩌쉬(1785~1850)는 특히 후베이 성과 후난 성의 총독으로 일하면서, 아편 문제를 잘 처리했다. 그것을 계기로 1839년에 광저우 아편 문제를 해결하는 흠차대신이 되었다. 서양과 대적하면서 서양 정보를 많이 수집하여, 이후 중국인들에게 큰 영향을 미쳤다.

린쩌쉬는 광저우를 지키기 위해 전력을 기울였다. 그런데 영국군은 아편 몰수와 아무 관련도 없는 도시를 공격했다. 그로부터 2년 동안 영국 해군은 중국 연안의 주요 항구를 차례로 점령했다.

1842년, 청은 전쟁을 끝내기로 하고 난징 조약을 맺었다. 이듬해에는 난징 조약에서 미처 다루지 못한 내용을 담은 추가 조약까지 맺었다. 홍콩을 넘겨주고, 광저우와 상하이를 포함한 5개 도시에서 무역할 수 있도록 하며, 막대한 배상금을 지불한다는 내용이 담겼다.

1844년에는 미국, 프랑스와도 조약을 맺었다. 이들과 맺은 조약도 난징 조약과 내용이 비슷했다. 다섯 항구에서 외국인이 자유롭게 무역할 수 있도록 했고, 청은 상대국과 합의하여 일정한 관세를 부과해야 하며(협정 관세), 청의 영토 안에서 외국인이 범죄를 저지를 경우 청이 아닌 외국인의 나라가 처벌하도록 했다(치외 법권).

특히 뒤의 두 조항은 청의 주권을 부정하는 매우 불공정한 조항이었다. 관세를 어느 정도 부과할지는 그 나라의 고유한 권한이다. 또 자국 내에서 저지른 범죄는 그 나라의 법으로 처벌하는 것이 마땅하다. 그러나 이를 무시한 서양인들은 이 두 조항을 중국 침략의 발판으로 삼았다.

움직이는 세계, 변하지 않는 왕조

전쟁이 끝났을 때, 청의 조정은 골치 아픈 문제가 해결되었다고 생각했다. 청이 영국에 졌다는 사실에 대한 반성에도 인색했다. '오랑캐가 국경을 어지럽혔는데, 조금 양보해서 변방을 안정시켰다'며 안이하게

| 1, 2차 아편 전쟁 |

아편 무역을 금지한 데 앙심을 품은 영국이 청을 침략한 전쟁을 아편 전쟁
(1840~1842)이라 한다. 이후 영국은 요구 사항을 전면적으로 반영한 난징 조
약을 맺어, 강제로 청을 개방하고 홍콩을 빼앗았다. 태평천국 운동으로 청의 조
정이 위기에 처했던 1856년에는 영국과 프랑스가 연합군을 구성하여 다시 청을
침략했다. 이 전쟁에서 패한 청은 베이징 조약(1860)을 맺으면서 항구를 추가
개방하고 아편 무역을 합법화했으며, 러시아에 연해주를 넘겨주었다.

홍콩 중국의 최대 국제무역항이
던 광저우에 있으며, 포르투갈의
무역기지였던 마카오와도 가깝
다. 난징 조약 때 조차한 섬을 영
국이 점차 조차 지역을 넓혔다.
1842년부터 1999년까지 이곳은
영국의 일부였다.

광저우 샤미엔 조계지 1856년 2차
아편 전쟁 중 영국과 프랑스의 연합
군이 광저우를 침공하여, 샤미엔을
조계지로 지정했다. 당시 모래섬이었
던 이곳을 매립하여 영국과 프랑스
가 나누어 가졌는데, 1946년에 폐쇄
되었다.

생각했다.

그러나 현장에서 영국과 대적했던 린쩌쉬는 달랐다. 그는 서양의 실상을 조사하고, 침략을 막을 방법을 연구했다. 그는 패전 책임을 지고 귀양을 떠나면서 자신이 열심히 모은 자료를 친구에게 건네주었다. 그 친구가 바로 웨이위앤인데, 조선에도 널리 소개된 유명한 세계 지리서 《해국도지》는 이렇게 탄생했다.

한편, 당시의 국제 정세는 청의 통치자들이 원하는 대로 흘러가지 않았다. 청이 허약하다는 사실을 알게 된 서양 국가들은 여차하면 군대를 들이밀었다. 1856년부터 2년 동안 영국과 프랑스의 연합군은 베이징을 침략했고, 미국과 러시아도 중국을 위협하며 이익을 챙기려 들었다.

많은 사람들은 청의 통치자들이 조약의 체결로 민중이 겪을 아픔은 안중에도 없다는 사실을, 또 그들의 통치를 뒷받침하던 군사력이 별 볼 일 없다는 사실을 확인했다. 이를 확인한 사람들은 이제 청의 통치를 무너뜨리자는 운동에 나섰다.

2 │ 평등한 세상, 부강한 나라를 만들자!

흔들리는 ˙왕조˙ 체제

19세기에 접어들면서 만주족의 통치는 서서히 약화되었다. 만주족의 통치를 뒷받침한 팔기군은 거의 힘을 잃었는데, 그렇다고 한족의 군대를 기르지도 않았다. 군사력이 약하니, 규모가 크지 않은 농민 봉기만 일어나도 온 나라가 소용돌이쳤다.

한편, 농민들의 상황도 몹시 좋지 않았다. 인구는 큰 폭으로 늘었는데, 경작할 토지가 늘지 않은 것이 가장 큰 원인이었다. 게다가 경작지 대부분은 신사라 불린 지주들이 차지했다. 많은 농민이 굶주렸고, 살기 어려워서 산간으로 또 서남쪽 변경으로 이주하는 사람이 늘었다. 무리를 지어 도적이 되는 경우도 허다했다.

아편 전쟁은 폭발 직전의 상황에 기름을 끼얹은 꼴이었다. 전쟁이 끝나고 나서 더 많은 부담을 져야 했던 농민들은 참을 수 없었고, 청

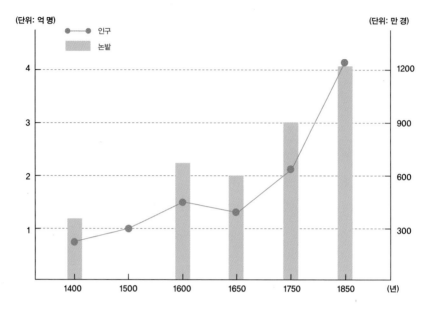

(단위: 억 명)

● 인구
▨ 논밭

(단위: 만 경)

청대의 인구 증가 높은 쌀 생산력 및 옥수수와 감자, 고구마 등 새로운 작물의 재배는 급격한 인구 증가를 가져왔다. 인구가 크게 늘자 농경지와 일자리를 둘러싼 경쟁이 치열해졌다. 지주와 자본가는 경영을 개선하기보다는 노동량 투입을 늘려 수익을 확대했다. 넓은 해외 시장을 가졌으나 인구가 적었던 유럽이 기계화를 통해 농업 생산량 증대를 꾀한 때였다.

의 조정이 무기력하다는 사실에서 반란자들은 용기를 얻었다.

아편 전쟁의 영향을 많이 받았던 광시 성 지역에서 가장 먼저 변화가 생겨났다. 천지회라는 비밀 결사가 조직되어, '청을 물리치고 명을 재건하자'는 구호를 내걸고 활동했다. 농민들은 관군을 등에 업은 향촌 지배층에 맞서 투쟁 조직을 갖추었고, 여러 곳에서 도적 떼가 공공연하게 활동했다. 그러나 무기력한 청의 관군은 이들을 잘 막아 내지 못했다.

태평천국 운동의 전개 홍슈취안은 하느님(상제)으로부터 중국을 구원하라는 명령을 받았다면서, 유교와 공자의 사상을 비판하고 만인의 평등을 내세웠다. 1851년에 청 왕조 타도를 내걸고 군사를 일으켜 난징을 수도로 삼고 1864년까지 양쯔 강 유역의 넓은 지역을 장악했다. 태평천국 운동은 가난한 농민이 주도하고 토지 개혁을 추구한 농민 혁명으로, 만주족 왕조를 무너뜨리고 한족 왕조를 수립하자는 반만 혁명의 성격을 띠었다.

홍슈취안과 쩡궈판

1851년, 광시 성에서 많은 농민들이 봉기했다. 지도자는 배상제회란 종교 단체를 이끌던 홍슈취안이었다. 그는 스스로 예수의 동생이라 내세우며, 하느님의 뜻에 따라 지상 천국을 세우겠다고 나섰다.

봉기군은 처음부터 청을 타도하자고 부르짖었다. 그래서 봉기와 함께 '태평천국'이라는 나라를 세우고, 홍슈취안을 천왕으로 추대했다. 청은 관군을 동원하여 이를 진압하려 했다. 그러나 태평군은 '만주족 오랑캐를 쫓아내고 중국 인민을 살리자'는 내용이 담긴 격문을 발표하고, 가는 곳마다 세금을 줄여 주고 지주와 부호를 처단했다. 가난한 농민을 중심으로 태평군을 지지하는 사람들이 빠르게 늘어났다.

봉기한 지 2년 만에 태평군의 병력은 50만 명으로 늘었다. 이들은 큰 저항을 받지 않은 채 양쯔 강 유역의 최대 도시이자 중국 경제의 중심지인 난징을 점령해 태평천국의 수도로 삼았다. 홍슈취안은 이곳에서 평등한 세상을 만들겠다는 꿈을 펼쳐 보였다.

> 무릇 천하의 논밭은 천하 사람이 함께 경작해야 할 것이다. …… 땅이 있으면 함께 경작하고 음식물이 있으면 함께 먹으며 …… 모든 사람을 균등하게 하여 한 사람도 남김없이 따뜻한 옷을 입고 배부를 수 있게 한다.
> ─천조전묘제도

홍슈취안은 여성을 위한 과거를 실시하고, 여성의 발을 묶는 전족을 폐지하는 등 남녀평등을 위한 조치도 마련했다. 그리고 다시 대군을 편성하여 청의 황제가 있는 베이징을 공격하고, 양쯔 강 유역의 주요 도시를 접수했다.

위기에 빠진 청은 정예군을 동원하여 수도를 방어하는 한편, 양쯔 강 유역에서는 한인으로 조직된 의용병을 꾸려 대응했다. 이때 의용병을 조직하기 위해 파견된 이가 바로 쩡궈판이었다.

쩡궈판은 지주로, 유학자로, 또 강직한 관리로 잘 알려진 인물이었다. 그는 태평군을 세밀하게 관찰한 뒤 진압 작전을 세웠다. 지방의 신사층을 참여시키고, 이들을 중심으로 병력을 모집했다. 필요한 돈

청군과 태평군의 전투 청군은 태평군을 쉽게 진압하지 못하다가 쩡궈판이 지역의 한인들을 모집하여 창설한 상군이 합류하면서 태평군과의 전투에서 우위를 점하였다.

은 신사들이 부담하거나, 지방에서 거둔 세금으로 충당했다. 만주족 왕조에서 한족으로 구성된 정예 부대가 생겨난 것이다.

1854년, 태평군과 쩡궈판의 군대가 정면으로 충돌했다. 쩡궈판이 이끈 병력은 3만여 명, 함선도 360척에 가까웠다. 전투에 나서며 발표한 선언문의 요지는 다음과 같았다.

오랑캐(태평군)들이 오로지 하느님만 찾고, 아버지를 형제로 어머니를 자매로 부른다. 농민은 애써 농사를 지어도 그 작물을 가질 수 없고, 선비는 경전을 읽지 못하고 예수의 주장만 배워야 한다. 이는 개벽 이래 우리가 지켜 온 윤리가 무너지는 일이다. 공자와 맹자의 무덤 앞에서 통곡할 일이다.

–〈남쪽 오랑캐를 치는 격문〉(요약)

크리스트교의 영향을 받은 한족의 농민군이 만주족 왕조의 타도를 내걸었으나, 중화 문명의 수호를 내건 한족 지주층이 만주족 왕조를 지키겠다며 농민군과 맞선 양상이었다.

양무운동, 서양의 과학 기술을 받아들이다

청은 한인의 무장을 허용하고 나서야 겨우 태평천국의 팽창을 막을 수 있었다. 그러나 태평천국은 청의 영토 한가운데에서 청을 부정하는 나라로 14년간 세력을 형성했다.

청이 태평군과 싸우고 있던 1856년, 영국과 프랑스가 다시 쳐들어 왔다. 청은 이들과 싸워 또다시 패했다. 해안의 주요 도시가 점령당했고, 결국에는 수도인 베이징까지 함락되었다. 그리고 어이없는 불평등 조약(베이징 조약)이 뒤따랐다.

1861년에 새 황제가 즉위했고 정치를 주도하는 층도 바뀌었다. 황제의 모후인 서태후를 중심으로 서양과 교류하고 서양의 발전한 부분을 배우자는 주장이 일어났다. 쩡궈판, 리훙장, 쭤쭝탕이 대표적이었다.

이들은 의용병을 길러 태평군과 맞서던 한인 지도자들에게 힘을 실어 주었다. 그리고 서양의 기술을 받아들이고, 서양 군대의 도움을 받아 태평천국을 무너뜨렸다.

　전쟁이 끝난 뒤 세 사람은 주요 지방의 총독이 되었다. 그리고 신식 군대를 기르기 위해 노력했다. 상하이의 강남제조총국(1865), 푸저우의 선정국(1866), 톈진의 기기국(1867)은 이들이 만든 대표적인 근대식 무기 공장이었다.

　"서양의 앞선 기술을 배워야 합니다."

　"나라의 문호를 열어 서양인들을 오게 하고, 우리는 그들의 기술을 배우러 밖으로 나갑시다."

톈진의 철도 개통식(1881)에 참가한 리훙장 리훙장(1823~1901)은 쩡궈판과 함께 태평천국 운동을 진압하는 데 앞장섰다. 이후 여러 곳에서 일어난 농민 봉기를 진압하는 데 공을 세워 수도 인근을 다스리는 총독이자 외교 문제를 주관하는 대신이 되었다. 양무운동을 주도했으며 국가의 중요한 외교 문제를 도맡아 처리했다.

이들은 외국에 유학생을 파견하고, 새로운 기술을 받아들여 근대적인 공장을 세웠다. 새로운 해운 회사를 설립했으며, 방적·광산·철로·전신 사업도 시작했다.

중국의 정신문명과 정치 제도는 그대로 두되, 서양의 기술 문명을 배우는 데 주력했던 이들의 노력을 '양무운동'이라 부른다.

해방이냐 새방이냐

태평천국 운동이 활발하던 때, 변경의 움직임도 심상치 않았다. 1854년에는 명나라 때 중국의 일부로 편입되었던 서남방 주민이 분리 독립 운동을 일으켰다. 1862년에는 서북방의 산시 성과 간쑤 성에 살던 이슬람교도가, 1864년에는 신장의 이슬람교도가 봉기했다. 중앙아시아로 진출할 기회를 노리던 러시아와 영국은 은근슬쩍 이들을 후원하여 청으로부터 분리시키려 했다. 대청 제국의 넓은 영토가 와해될 위기였다.

청은 산시·간쑤 성의 반란을 어렵사리 진압했다. 그리고 1873년에야 신장을 되찾기 위해 군대를 준비했다. 그런데 바로 그 무렵, 일본군이 타이완을 침략했다. 변경을 지킬 것인지, 바다를 지킬 것인지 중대한 선택의 기로에 서게 되었다.

"서쪽 변경은 방어에만 주력합시다. 점차적으로 방어하는 군사를 줄여 남는 예산을 바다의 적을 막는 데 사용합시다. 지금은 서양과 일본의 위협에 대비해야 할 때입니다."

리훙장은 해군을 육성하고, 바다에서 오는 위협에 먼저 맞서자는

'해방론'을 주장했다.

"바다로 쳐들어온 세력은 교역을 통해 경제적 이익을 얻으려 한 것이지, 중국의 영토를 빼앗으려 한 것은 아닙니다. 그러나 신장을 잃으면 수도를 방어할 수 없게 됩니다. 신장의 배후에 있는 러시아를 먼저 경계합시다."

이에 맞서 쭤쭝탕은 신장을 먼저 회복하자는 '새방론'을 내세웠다.

치열한 논쟁 끝에 새방론이 승리했다. 1876년, 쭤쭝탕은 독립을 선언했던 신장의 이슬람 정권을 무너뜨렸다. 청은 이곳에 군대를 주둔시키고 지방관을 파견했다. 이제 신장은 청의 정식 영토인 신장 성으로 바뀌었다. 얼마 뒤에는 티베트와 몽골을 비슷하게 처리했다. 이렇게 하여 오늘날까지 이어지는 중국 국경의 대강이 분명해졌다.

그러나 새방론이 관철되면서 해군 육성에는 적극적인 노력을 기울이지 못했다. 결국 일본과 프랑스가 청의 조공국이던 류큐 왕국과 베트남을 침략했을 때, 청은 무기력하게 대응할 수밖에 없었다. 그 결과 청은 중요한 조공국들을 잃어버렸다.

내우외환, 양무운동 시기 청이 꼭 그런 상태였다. 양무운동이 계획만큼 성과를 거두지 못한 것은, 개혁이 부족한 탓도 있었지만 외세의 침략이 너무 거센 탓이기도 했다.

3 나라가 쪼개질 위기, 부청인가 반청인가

일본에 패하다

청은 조선이 자국의 안보에 직결된다고 믿고, 1882년 이후 군대를 주둔시키거나 관리를 보내 꾸준히 내정에 개입했다. 청이 조선에 적극 개입하면서, 일찍부터 조선을 침략하려던 일본과의 긴장이 팽팽해졌다.

1894년, 결국 청일 전쟁이 일어났다. 첫 전투는 조선에서 벌어졌다. 청은 한 차례 전투에서 패한 뒤 병력을 더욱 늘렸으나, 평양 전투와 황해 해전에서 거듭 패했다. 급기야 1895년 2월에는 양무운동 기간 동안 리훙장이 공들여 건설한 북양 해군의 근거지마저 함락당했다.

1895년 4월, 청과 일본을 대표한 리훙장과 이토 히로부미가 시모노세키에서 만났다. 그리고 리훙장은 시모노세키 조약의 굴욕스런 문서에 서명했다.

"청은 조선에서 손을 뗀다. 타이완을 일본에 넘겨주고, 일본의 4년

| 열강의 중국 침략 |

양무운동을 통해 변화하려는 노력에도 불구하고, 청은 프랑스
(1884), 일본(1894)과 벌인 전쟁에서 거듭 패했다. 청일 전쟁으로
일본의 대륙 침략이 본격화하자, 러시아, 독일, 영국, 프랑스 등이
청에 부당한 조약을 강요하여, 여러 곳에 청의 주권이 미치지 못
하는 조차지를 확보하고, 철도 부설이나 광산 개발 등 각종 이권
을 빼앗아 갔다.

블라디보스토크●

베이징○
톈진●

다롄(러→일)
뤼순(러→일) 조선
●웨이하이웨이(영)
●칭다오(독)

청

황허
●뤼양

일본

청두●

양쯔 강

상하이●
닝보●
원저우●

푸저우●

●지룽
타이완(일)
●타이난

광저우● 구룽반도(영)
●홍콩(영)
하노이● ☐ 마카오
광저우 만(프)

프랑스령
인도차이나

	영국
	프랑스
	독일
	러시아
	일본
●	주요 개항장
☐	조차지

시모노세키 조약 체결 청일 전쟁을 공식적으로 끝내면서 청이 일본에 막대한 배상금을 주고 랴오둥 반도와 타이완을 넘겨주며,
조선에서 물러난다는 내용이 담긴 조약을 체결했다.

치 국가 예산에 해당하는 배상금을 지불한다."

청의 수난은 여기서 끝나지 않았다. 서양의 제국주의 국가들도 청의 처지를 악용하여 넓은 지역을 사실상 식민지로 삼았다. 러시아는 랴오둥 반도의 뤼순과 다롄을, 프랑스는 광저우 만을, 독일은 자오저우 만을, 영국은 웨이하이웨이를 조차했다.

결과적으로 청의 영토 곳곳이 외국에 넘어간 꼴이었다. 상황이 너무나 심각하여 이제는 청 왕조가 살아남느냐 망하느냐의 차원이 아니었다. 중국이 수박처럼 쪼개져서 아예 민족이 사라질지도 모른다는 위기감이 높아졌다.

캉유웨이와 쑨원

시모노세키 조약의 내용은 곧바로 중국에 알려졌다. 많은 중국인은 일본을 섬나라 오랑캐 정도로 생각했다. 그러므로 이와 같은 굴욕은 참기 어려웠다. 조약을 반대하는 운동이 불붙었으며, 타이완 사람들은 청으로부터의 독립을 선언하고 일본과 맞서 싸웠다.

광둥 성의 신사로서, 개혁적인 지식인으로 이름을 떨치던 캉유웨이도 조약 반대 운동을 주도했다. 때마침 그는 과거에 응시하기 위해 베이징에 와 있었다. 그는 전쟁을 계속하면서 전면적인 개혁을 통해 국력을 기르자는 상소문을 작성했다. 그러고는 제자인 량치차오와 함께, 과거 응시자 603명의 서명을 받아 상소문을 제출했다.

그러나 상소는 받아들여지지 않았다. 두 사람은 관리와 신사층 사이에서 유명해졌고, 대신 상소문은 책으로 출간되었다. 이후 두 사람

캉유웨이 청일 전쟁에서 패한 이후, 관직에 등용되어 양무운동을 뛰어넘는 대개혁을 추진했다. 캉유웨이(1858~1927)는 일본의 개혁 과정과 서양 정치 제도에 대한 이해를 바탕으로 입헌군주제를 지향했다.

쑨원 홍콩 주변인 중국 광둥 성에서 태어난 쑨원(1866~1925)은 소년 시절에 미국 생활을 경험했고, 홍콩에서 공부하여 의사가 되었으며, 이 무렵부터 반청 혁명에 관심을 보였다. 청일 전쟁 이후 미국으로 건너가 반청 혁명 활동을 본격화하였다.

은 단체를 조직하여 집회를 열고, 잡지를 발간하여 관료와 신사층의 지지를 넓혀 나갔다. 황제의 권위를 인정하되, 전면적인 개혁을 추진하자는 변법파[●]는 이렇게 형성되었다.

쑨원도 청일 전쟁에서 충격을 받았다. 그런데 그의 생각은 캉유웨이와 사뭇 달랐다. 고향이 같았던 홍슈취안과 태평천국 운동 이야기를 어려서부터 감명 깊게 들었기 때문일까? 미국에서 공부하며 민주

● **변법파** | 변법은 통치제도의 개혁을 뜻하는 말이다. 중국의 정치제도를 그대로 둔 채 서양 기술문명만 받아들이자는 양무파와 비교하여 전면적 개혁을 주장하는 이를 일컫는다.

주의를 체험하고 신지식을 공부했기 때문일까?

쑨원은 청일 전쟁 직후 톈진으로 갔다. 리훙장에게 반청 혁명을 권하기 위해서였다. 하지만 뜻을 이루지 못했고, 곧바로 하와이로 떠났다. 그곳에서 중국 교포들을 두루 만나며 '만주족을 몰아내고 한족의 공화 정부를 수립'할 때 중국의 위기를 극복할 수 있다고 설득했다. 이 주장은 공감을 얻었고, 쑨원은 하와이에서 흥중회라는 최초의 혁명 단체를 꾸렸다.

얼마 뒤 쑨원은 다시 홍콩으로 돌아와서 무장 봉기를 준비했다. 훙슈취안이 그랬던 것처럼 한 지역에 거점을 마련한 뒤 다른 지역의 봉기군과 협력하여 베이징으로 진격한다는 계획이었다.

그러나 봉기는 사전에 발각되었고, 여러 사람이 체포되었다. 쑨원은 일본으로 피신한 뒤 변발을 자르고 콧수염을 길렀으며 서양식 복장으로 갈아입었다. 그러나 뜻을 굽힌 것은 아니었다. 중국 교포 사회를 돌아다니며 혁명을 선전하고 자금을 모았으며, 국제적인 협력을 이끌어 내는 활동을 벌였다.

변법자강 운동, 제도 개혁을 통해 국가 위기를 넘어서자

캉유웨이와 량치차오의 개혁은 후난 성에서 먼저 실시되었다. 그 뜻에 공감한 후난 성의 관리와 신사 들은 과거 제도와 교육 제도를 개혁했다. 근대적 지식을 갖춘 이를 관리로 뽑고, 근대적 기업을 세웠다. 1897년에는 신사가 지방 정치에 참여할 수 있는 기구를 설치했다.

1890년대의 많은 중국인은 서양의 의회 제도를 알고 있었다. 왕 대신 인민이 선출한 대통령이 정치를 한다는 사실, 지방 자치가 활발한 나라가 있다는 사실도 알았다. 변법파는 이런 형태의 국가를 만들어야 국민이 단결하고 나라가 튼튼해진다고 생각했다.

후난 성에서 개혁을 시도할 무렵, 캉유웨이는 베이징에서 근대적인 개혁을 요구하는 활동을 본격적으로 벌였다. 상소문을 작성하고 주요 관리들과 면담했으며, 뜻을 함께하는 관료와 신사층을 모았다.

1898년 4월, 광서제는 캉유웨이를 만나 변법을 받아들이기로 약속했고, 캉유웨이의 동지들을 주요 관직에 임명했다. 이로써 '무술 변법'이 시작되었다.

변법파는 개혁을 위한 프로그램을 만드는 한편, 관리 선발 제도와 교육 제도를 개혁하고, 상공업을 육성할 방안을 마련했다. 황제가 지휘하는 군대의 창설도 서둘렀다.

그러나 개혁으로 권력을 잃게 될 이들의 반발도 만만찮았다. 이들은 캉유웨이 등이 의회를 만들어 황제를 껍데기로 만들 것이라며 비난했다. 신사들 중에서도 캉유웨이의 개혁에 반대한 사람이 많았다. 과거를 폐지하면 오랜 세월 준비한 것이 모두 허사로 돌아가기 때문이었다.

반발에 부딪힌 변법파는 군대의 힘을 빌리려 했다. 그러나 군대는 황제에게 충성하기보다 기득권을 지키는 데 급급했다. 변법을 시도한 지 100일 정도 된 어느 날, 군인들은 황제를 연금하고 변법파를 체포했다.

캉유웨이와 량치차오는 일본으로 간신히 몸을 피했다. 그러나 끝내 변법파 중에는 망명을 거부한 사람도 있었다. 민권이 실현되어야 중국이 살아날 수 있다고 생각한 탄쓰퉁이었다. 그는 '변법을 하면서 피 흘리지 않은 나라가 없다. 나의 죽음은 변법을 위한 중국인의 희생적 투쟁의 시초가 될 것이다'라며 당당히 체포되었다.

변법파는 너무 약했고, 보수 세력은 여전히 강했다. 보수 세력은 100일 동안 진행된 일을 취소하고, 변법을 도모한 세력을 찾아내어 제거했다.

의화단 운동, 부청멸양에서 반청혁명으로

청을 무너뜨리자는 쑨원과 황제를 받들며 개혁을 추진하자는 캉유웨이가 경쟁하던 1900년경, 나라 안에서는 '청의 조정과 협력하여 서양 세력을 몰아내자(부청멸양)'는 구호를 내건 의화단 운동이 한창이었다.

의화단 운동 의화단은 백련교를 믿는 사람들 중 일부가 만든 비밀결사였다. 청일 전쟁 이후 외국인들의 침략이 잦고 기독교가 널리 퍼지자, 민중이 대거 의화단에 가입하여 교회를 습격하고 철도와 전신을 파괴했으며, 외국 상품을 불태웠다. 한때 조정과 손잡고 베이징까지 진입한 적이 있으나, 8개국 연합군과 배신한 정부군에 의해 진압되었다.

…… 철도를 부수고 전선을 끊고 기선을 파괴하자. 그렇게 하면 프랑스는 간담이 서늘해지고, 영국과 러시아도 조용해질 것이다. 도깨비 같은 놈들을 모두 죽여 청나라 전체의 평화를 축하하자!

─ 톈진에 뿌려진 의화단의 선전물

민중은 중국을 침략하는 제국주의를 거부하고, 크리스트교가 서양의 앞잡이 노릇을 한다고 경계했다. 그리고 여러 곳에서 교회를 불태우고 크리스트교도를 학살했다. 의화단이라 일컫는 이들이 철도와 전신을 파괴하고, 베이징의 외국 공사관을 포위 공격하기에 이르렀다.

청 조정은 의화단을 적극적으로 진압하지 않았다. 의화단에 가담한 이가 수십만에 이르자, 오히려 청 조정은 의화단을 앞세워 서양의 여러 나라에 전쟁을 선포했다.

이에 맞서 일본, 러시아, 영국 등 8개국이 연합군을 구성했다. 이들은 톈진과 베이징으로 진격하여 의화단과 치열한 전투를 벌였다. 이에 놀란 청 조정은 곧바로 베이징을 떠나 피신했고, 선전 포고도 취소했다. 이제 전투는 모두 의화단의 몫이었고, 의화단 참가자들은 곳곳에서 무참하게 학살당했다. 베이징은 8개국 연합군이 저지른 학살과 약탈로 폐허가 되었다.

1901년, 청은 또다시 불평등한 신축 조약을 맺었다. 엄청난 배상금을 지불했을 뿐만 아니라 외국 군대가 청의 영토에 주둔하는 것을 지켜봐야만 했다.

무책임하고 무능한 청 조정에 대한 실망과 분노는 극도로 높아졌다. '청을 타도하지 않고는 외세를 물리칠 수 없다'는 여론도 더욱 높아졌다.

부청멸양을 내건 의화단 운동이 반청 혁명의 열기를 높였으니, 참으로 역설적인 결과였다.

● 변법자강 운동을 뒷받침한 대동사상

대동사상(大同思想)은 유가에서 찾아볼 수 있는 독특한 유토피아 사상이다. 일찍이 공자는 《예기》에서 먼 옛날 사람들은 모든

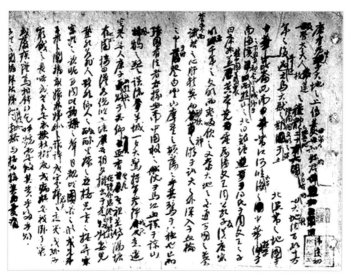

대동서 캉유웨이는 《대동서》에서 이상적인 사회를 만들기 위해서는 박애와 평등 정신이 꼭 필요하다고 강조했다. 그리고 이를 실현하기 위해 국가와 인종의 차별을 철폐하고 폐쇄적인 가족 제도를 없애야 하며 남녀 차별을 폐지해야 한다고 역설했다.

것을 공유하며 차별 없이 평등했다고 서술했다. 이런 생각은 종종 토지를 공평하게 분배하자는 농민 반란으로 이어질 때도 있었다. 태평천국을 이끈 홍슈취안 또한 이와 같은 이상 사회를 건설하고자 한 것이었다.

변법파 캉유웨이는 유가의 대동사상을 서양의 공상적 사회주의나 민주주의 개념과 잘 조화시켜 자신만의 이론으로 정리했다. 캉유웨이가 구축한 대동사상은 구태의연한 유교적 전통에 반기를 들고 새로운 사회를 향한 전망을 제시했다는 점에서 의미가 있었다. 이는 변법파는 물론, 무능한 청을 타도하려 했던 혁명파에게까지 큰 영향을 미쳤다.

4 | 입헌군주제인가, 공화민주제인가

늦어버린 개혁, 잘못된 방향

1901년, 청 조정은 다시 베이징으로 돌아왔다. 청은 막무가내로 이권을 빼앗는 제국주의 국가들의 횡포를 더는 참을 수가 없었다.

예전처럼 나라를 운영할 수 없다는 사실이 분명해졌다. 혁명이 일어나 나라가 뒤집히거나, 외세에 의해 나라가 쪼개질지도 모를 일이었다. 결국 청 조정 스스로 대개혁을 시작했다(광서신정). 기본 방향은 신식 군대와 인재를 기르고 산업을 일으키자는 식이었다.

청을 뒷받침했던 팔기군이 공식적으로 폐지되었다. 대신 군사 학교를 세우고 모병제를 실시하여 36사단 45만 명에 이르는 신식 군대를 정비했다.

또한 새로운 학제를 마련하고 곳곳에 학교를 세웠다. 1910년 무렵에는 학교가 5만 개, 학생이 150만 명, 일본 유학생만 1만 5000명에

공립학교 신정은 1901년부터 1911년까지 이어졌다. 교육·군사·재정·관제 개혁 등 혁신적인 개혁이 폭넓게 이루어졌다. 민간에서 근대 교육기관을 세우는 열풍이 일어났으며, 국가적 차원에서 근대적 학제를 마련하고 근대 교육 도입에 적극적으로 나섰다. 사진은 사당을 학교로 개조하여 학생을 가르쳤던 초기 공립학교 모습이다.

이르렀다. 1905년에는 과거 제도를 폐지하고, 신교육을 받은 이를 관직에 등용했다.

만주족과 한족을 차별하는 제도도 없앴다. 성차별의 대명사였던 여성의 전족도 금지했다. 그리고 그 누구도 아편을 피우지 못하게 했다.

이와 같은 개혁 내용에는 태평천국 운동, 양무운동, 변법자강 운동 때 나온 주장이 두루 포함되었다. 너무 늦었지만, 중국은 새롭게 변화하기 시작했다.

그러나 나라보다는 황실을 지키려는 의도가 더 분명했다. 개혁 세력을 등용하지도 않았으며, 인민의 정치 참여를 확대하려는 노력도

없었다. 대신 중앙 집권, 그것도 황제에게 권력을 집중시키려는 의도
가 곳곳에서 드러났다.

신사, 그리고 새로운 엘리트

과거제 폐지로 신사는 특권을 잃었다. 신사들은 오직 과거 합격을 바
라며 유교 경전을 읽었는데, 모든 것이 허사가 되었다. 이들은 이제
의회 설치를 요구하고, 자제들을 신식 학교와 신식 군대에 보냈다.

학교가 귀하던 때, 여러 해 동안 공부만 할 수 있는 사람은 대부분
신사나 도시 상공업자의 자제였다. 학생들은 더 이상 과거 준비를 하
지 않았다. 대신 서양에서 들어온 새로운 학문과 사상을 접했고, 부모
와는 다른 생각과 문화를 갖게 되었다.

군인도 예전의 군인이 아니었다. 장교는 물론 일반 병사도 문자를
해독할 정도로 교육 수준이 높아졌다. 군사 학교 졸업생이 장교를 맡
았는데, 유학생 중에서 장교로 채용된 이가 적지 않았다. 이들 상당수
가 신사층의 자제였는데, 신교육을 받은 한족의 군대가 만주족 왕조
에 지속적으로 충성할지는 지켜볼 일이었다.

이 같은 변화가 가장 빠르게 일어난 곳은 상하이 같은 개항장이었
다. 외국인과 거래하는 무역업자, 크고 작은 공장을 운영하는 기업가,
이들과 손잡고 나름의 영향력을 행사한 법률가, 빠르게 늘어난 교육
자와 지식인이 도시의 주인공이었다. 이곳에는 여러 나라에서 온 외
국인이 머물렀고 다양한 사상이 소개되었다. 하루가 다르게 새로운
기업이 일어났고, 여러 부류의 신식 학교도 생겨났다. 그리하여 이곳

은 중국 내 변화를 선도하는 지역이 되었다.

쑨원, 공화 혁명을 추진하다

광서신정 이후 일본으로 간 유학생은 빠르게 늘어났다. 이들은 변화한 일본을 체험하고, 세계사의 거대한 흐름을 알게 되었다.

"만주족이 다스린 청은 나라를 위태롭게 하고 중국인을 멸종시킬 위기에 빠뜨렸다!"

"국민이란 자각 없이 청 황제의 노예가 된 중국인이여 일어나라!"

유학생 중에는 반청 혁명을 부르짖는 이가 갈수록 많아졌다. 1903년부터 중국으로 돌아가 혁명을 목표로 비밀 결사를 조직하는 사람들이 생겨났다.

그 무렵, 봉기와 망명을 거듭하던 쑨원은 일본에 갔다. 그러고 나서 얼마 뒤 중국 18성을 대표한 70여 명의 혁명가들이 한자리에 모였다. 참가자들은 '반청 혁명으로 한족의 공화국을 세우고 평등 사회를 만들자'는 목표 아래 통일된 혁명 단체를 만들기로 했다.

1905년 8월, 중국 동맹회가 창립되고 쑨원이 총리를 맡았다. 이후 유학생과 지식인을 중심으로 회원 수가 빠르게 늘어났다. 동맹회는 《민보》라는 잡지를 발간하여 혁명의 취지를 선전했고, 활발한 토론을 통해 혁명의 방향과 전략을 세웠다. 민족주의·민권주의·민생주의를 아우르는 쑨원의 삼민주의는 이때 탄생했다.

동맹회 성립 이후 혁명 운동은 더욱 활발해졌다. 1906년에는 후난 성과 장쑤 성의 경계 부근에서 동맹회 회원들이 혁명 봉기를 일으켰다.

황화강 봉기 희생자들의 묘 중국 동맹회 회원들이 1911년 4월 27일 광저우에서 시도했던 봉기 과정에서 희생된 72열사가 묻혀 있다. 신해혁명 직전에 일어났던 봉기로, 황화강 기의 또는 72열사 사건이라고도 부른다.

　"반드시 공화민국을 세우고 4억 동포와 평등의 이익을 누리며 자유의 행복을 얻는다. 지권을 평등하게 하여 부자가 더욱 부유해지는 불평등 사회가 되지 않게 한다."

　봉기에는 광산 노동자를 비롯한 하층민도 두루 참가했다. 그러나 이들은 청의 군대에 의해 진압되었다.

동맹회 지도자들은 다시 쫓겨 다녔다. 쑨원은 베트남으로 근거지를 옮긴 뒤 중국 서남 변경에서 여러 차례 무장 봉기를 주도했다. 쑹자오 런 등도 양쯔 강 유역의 주요 도시를 중심으로 봉기를 준비했다.

이후 일부 혁명파는 신식 군대를 주목했다. 신식 군인들은 대부분 한 족이고 비교적 교육받은 집단이었기에 설득하면 통할 것이라 생각했 다. 1909년부터 신식 군대 내부에서 혁명 조직이 결성되기 시작했다.

청, 입헌군주제를 지향하다

"혁명? 좋다. 나도 중국 사회가 근본적으로 달라져야 한다고 믿는다. 그런데 쑨원의 생각대로 혁명이 일어나면, 그 기회를 틈타 제국주의 세력이 쳐들어올 것이다. 나라를 살리고자 했지만 결국 정반대의 결 과를 가져올 것이다."

변법자강 운동의 주역이었던 량치차오는 혁명을 반대했다. 나라가 쪼개질지도 모른다는 생각, 인민의 교육이 충분하지 않아 민주 정치 를 바로 도입하기 어렵다는 생각에서였다.

량치차오는 폭넓게 인재를 등용하고, 여론을 두루 수렴하여 나라를 개혁해야 한다고 주장했다. 또한 서양처럼 의회를 설치하고 지방 자 치를 도입해야 한다고 생각했다. 그와 비슷한 생각을 한 사람들을 '입 헌파'라 부른다.

1905년에 과거 제도가 폐지되자, 신사들은 정치 참여 확대를 요구 하는 운동을 벌였다. 지방 의회를 만들어 지역 자치를 확대하거나, 의 회를 만들자는 주장이 담겼다. 입헌파의 주장에 공감하는 사람들이

예비 국회로 만들어졌던 자정원 입헌 운동이 활발해지자, 청 조정은 1908년에 헌법 대강을 발표하고, 1917년 정식 국회를 구성할 때까지 운영할 예비 지방 의회인 자의국과 예비 국회인 자정원을 만들기로 했다. 자정원 의원은 황제가 임명하는 사람과 자의국에서 선출한 사람이 반반이었다.

점차 많아졌다.

　1906년, 청은 헌법을 마련하고 의회를 구성하겠다고 약속했다. 그리고 이듬해에 헌법을 발표했다. 황제 뜻대로 만든 것이었으나, 예비 지방 의회라 할 '자의국'과 예비 국회라 할 '자정원'을 만들겠다는 계획을 담았다.

　1909년, 역사적인 첫 선거가 실시되었다. 각 성 단위로 자의국 의원을 선출했는데, 투표한 사람이나 출마한 사람 대부분이 신사였다. 1910년에는 황제가 임명한 의원과 자의국에서 선출한 의원 반반으로 구성한 자정원도 성립되었다. 이듬해, 드디어 새로운 내각은 자정원의 동의를 받아 정치를 맡게 되었다.

청의 정치 체제가 황제 독재 체제에서 입헌군주제로 조금씩 옮겨 가고 있었다. 청의 조정은 혁명파를 뿌리 뽑고, 신사들의 불만을 다독이기 위해서 피할 수 없는 일이라고 판단했다.

그러나 혁명파는 물론이고, 입헌파조차 청 조정의 뜻을 따르기 어려웠다. 신사들은 지방 자치를 원했으나, 청 조정은 여전히 중앙 집권을 추구했다. 자정원은 황제가 임명한 이들이 주도했고, 새로운 내각도 만주족 중심으로 구성되었다. 이제 한족 신사들은 청 조정이 주도하는 개혁에 대한 기대를 접었다.

바로 그 무렵, 혁명파 군인들이 봉기했다. 신사층도 청의 조정에 등을 돌렸다. 청의 왕조 체제는 아래에서부터 허물어지기 시작했다.

동방의 파리,
상하이를 거닐다

양쯔 강 하류에 위치해 있는 상하이.

상하이는 줄곧 주민 대부분이 어부였던 작은 어촌 마을에 불과했다. 국제 무역이 발달했던 당나라 때 항구 역할을 하면서, '바다로 나아간다'는 의미로 붙여진 이름이었다. 명나라 때 왜구의 침략을 막는다는 명분으로 처음 성곽을 쌓았을 정도로 역대 중국 왕조에서 상하이는 다른 도시들과 비교가 되지 않을 정도로 작았고, 사람들의 관심 밖에 있었다.

그러나 아편 전쟁 이후 상황이 달라졌다. 난징 조약에 의해 개항해야 할 5개 항구 중 하나로 상하이가 선택되자, 예전과는 전혀 다른 모습을 띠게 되었다.

1843년 11월, 초대 영국 영사 조지 밸푸어가 상하이에 도착했다. 그는 공식적으로 상하이의 개항을 선포했다. 그리고 영사관과 중국으로 건너온 영국인들의 주거지를 마련했다. 이렇게 형성된 영국인들의 공간은 곧 치외 법권 지역으로 규정되어 중국인이

상하이●

1840년대 상하이 서양 여러 나라가 상하이를 무역 기지로 삼으면서, 무역회사와 은행 등이 잇달아 생겨났고, 서양 외교관이 상주하게 되었다. 이제 이곳은 중국이면서도 중국의 주권이 미치지 못하는 곳이며, 중국이면서도 중국적이라 하기 어려운 경관을 갖게 되었다.

함부로 드나들 수 없는 조계 지역으로 자리 잡았다.

미국, 프랑스 등 다른 서양 제국주의 국가들도 영국을 따라했다. 곧 각국의 영사관과 주거지를 만들고 조계 지역을 설정했다. 이후 100년 동안 상하이는 수많은 나라의 조계지로 거듭났다. 이로써 상하이는 굴욕적인 역사를 상징하는 공간이 되었다.

그러나 한편으로, 상하이는 조계 지역이라는 특수한 성격 때문에 여러 차례 일어난 전쟁의 혼란으로부터 안전할 수 있었고, 국제 관계에서 독립적인 위치를 확보할 수 있었다. 덕분에 상하이는 경제적으로 번영하게 되었다.

개항 이후 상하이는 중국에서 가장 발달한 항구로 성장하여, 1861년에 이르면 상하이의 수출 비중이 전국 수출액의 50퍼센트를 차지한다. 이는 최초의 개항장이었던 광저우를 훨씬 앞선 수치였다.

상하이 난징루에 있는 백화점

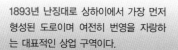
1893년 난징대로 상하이에서 가장 먼저 형성된 도로이며 여전히 번영을 자랑하는 대표적인 상업 구역이다.

현대의 상하이 인구가 2300만 명이 넘고, 하루가 다르게 변화하는 역동적인 도시다. 중국의 4개 직할시 가운데 하나로 대표적인 국제 무역 도시이며, 오늘날 중국에서 국제화되고 현대화된 도시의 대표라 할 만하다.

곳곳에서 수많은 자본가와 상인이 상하이로 몰려왔고, 이들은 자본을 투자하여 각종 공장과 회사를 설립했다. 금융, 교통, 통신, 우편 등 각 분야도 빠르게 발전했다. 이로써 상하이는 중국 경제의 중심지이자 번영하는 국제 도시로 발돋움하여 '동방의 파리'로 불리게 되었다.

상하이는 중국이 서양의 침략을 받는 가운데 최고의 경제적 번영을 이룬, 역설적인 근대 도시였던 것이다.

9장

전쟁과 혁명, 중화민국에서
중화인민공화국으로

1911년 군주제는 끝났다. 주권은 왕이 아니라 국민에게 있다는 민주공화국이 선포되고, 공화국이란 뜻을 가진 민국이 나라 이름에 들어갔다. 중화민국의 탄생이다. 그러나 민주공화국은 낡은 시대의 유산, 더욱 강력한 외세의 침략에 맞서야 했으며, 장애를 극복하고 새로운 미래를 건설하기 위해 내부의 다양한 의견을 종합해야 했다. 두 차례에 걸친 국공 합작과 합작의 붕괴를 거치면서 중화인민공화국이 탄생한 과정을 돌아보자. 항일을 위한 최선의 길은 무엇이었으며, 국가는 국민에게 어떤 모습으로 존재해야 하는지 생각해 본다.

1911년	신해혁명
1912년	중화민국 성립
1919년	5·4 운동
1921년	중국 공산당 창당
1924년	1차 국공 합작
1926년	국민당 북벌 시작
1927년	장제스, 난징에 국민정부 수립
1931년	일본의 만주 침략
1934년	공산당 대장정 시작
1937년	중일 전쟁 발발, 2차 국공 합작, 난징 대학살
1945년	일본군의 항복
1946년	국공 내전 재개
1949년	중화인민공화국 수립

1919년 베르사유 조약, 독일 바이마르 공화국 성립
1939년 제2차 세계 대전
1945년 얄타 회담, 독일 항복, UN 성립

1923년 터키 공화국 수립

1917년 러시아 혁명
1922년 소비에트 사회주의 공화국 연방 수립

1919년 3·1 운동
1927년 신간회 결성
1940년 한국 광복군 창설
1945년 해방, 미·소 군정 실시

1915년 제1차 세계 대전 참전, 중국에 21개조 요구
1941년 태평양 전쟁
1945년 히로시마, 나가사키에 원자 폭탄 투하, 패전

1929년 대공황 발생
1933년 뉴딜 정책
1947년 트루먼 독트린 발표, 마셜 계획 발표

1914년 사라예보 사건, 1차 세계 대전 발발

1946년 필리핀 공화국 수립

1936년 스페인 내전

1945년 인도네시아 독립 선언

1919년 인도, 간디의 비폭력·무저항 운동
1947년 인도 연방과 파키스탄 자치령 분리 독립

1945년 베트남 민주 공화국 수립, 캄보디아 독립 선언

1 | 공화 혁명에서 민주주의로

신해혁명으로 중화민국이 탄생하다

1911년 10월 10일, 후베이 성의 중심지인 우한에서 혁명파 군인들이 청을 타도하자며 봉기했다(신해혁명). 혁명군이 총독 관저를 밀고 들어가자 만주족 총독은 달아났고, 이들은 곧바로 후베이 성의 주요 도시를 잇달아 장악했다.

다음 날, 혁명군은 후베이 성 자의국을 소집했다. 의원들은 새로운 도독을 선출하고 혁명군 정부를 수립했다. 군 정부는 나라 이름을 '중화민국'으로 정하고, 다른 지역에 봉기를 요청했다. 한 달 안에 북방의 2개 성과 남방의 성 대부분이 독립을 선포했다.

청의 조정은 새로 육성한 신식 군대를 동원하여 이를 막으려 했다. 군부의 최고 실력자인 위안스카이가 총리대신을 겸하고 혁명군 진압에 나섰다. 그러나 전투는 치열하지 않았다. 혁명군이나 진압군 모두 국가의 분열을 걱정했기 때문이었다.

혁명군 내부에는 '만주족 왕조를 타도하고 공화 정부를 수립한다면, 위안스카이를 대총통으로 추대할 수 있다'는 주장이 제기되었다. 위안스카이는 그래도 황실을 유지하는 것이 좋지 않겠냐며 입헌군주제를 주장했다. 각 성의 대표들은 공화제 정부를 수립하자는 주장에서 물러서지 않았다.

1912년 1월 1일, 이들은 쑨원을 임시 대총통으로 하는 중화민국 정부를 선포했다. 위안스카이는 황제를 자리에서 물러나게 하는 조건으로 대총통 자리를 쑨원에게 이양받았다.

신해혁명 박물관 신해혁명 100주년을 기념하여 최초의 군사 봉기가 일어났던 우한에 세워진 박물관이다. 중화민국의 임시 대총통으로 추대되었던 쑨원의 동상이 있고, 혁명을 상징하는 빨간색으로 건물의 외벽을 장식했다.

중화민국 탄생을 기념하는 포스터 쑨원과 위안스카이 대총통의 초상과 함께, 한자와 영어로 '공화민국 만세'라고 적혀 있다.

중국 땅에서 2000년 이상 이어 온 군주제는 끝이 났다. 수많은 사람이 희생을 각오한 대가로 공화제가 실현되었다. 그러나 막상 권력을 잡은 사람은 혁명파를 진압하려던 위안스카이였다. 이제 공화제가 민주 정치로 이어질지 장담하기 어려워졌다.

흔들리는 공화제

1912년 3월, 위안스카이는 베이징에서 임시 대총통에 취임했다. 자신의 심복을 총리대신으로 삼았으나, 10명으로 구성된 내각에는 혁명파 동맹회원도 4명 포함되어 있었다.

얼마 뒤 혁명파의 일부가 정당을 조직했고, 일본에서 입헌 운동을 하던 량치차오가 귀국하여 또 다른 정당을 만들었다. 1913년 2월에는 여러 정당이 참가한 선거가 치러졌다.

그러나 위안스카이는 처음부터 혁명파와 권력을 나눈다거나, 민주 정치를 할 생각이 없었다. 선거에서 승리한 정당 지도자를 암살하고 당을 해체했으며, 국회와 지방 의회를 해산해 버렸다. 그러고는 스스로 황제가 되려 했다.

1915년 1월, 황제가 되려는 위안스카이에게 일본이 손을 내밀었다. 일본은 위안스카이를 지원하는 대신 옛 독일이 차지했던 지역을 넘겨 달라는 내용의 이른바 21개조 요구를 내밀었다. 그것은 중국의 주권을 심각하게 훼손하는 내용이었다.

위안스카이는 결국 일본의 요구를 받아들였다. 그리고 반대 세력을 억누르고 황제가 되겠다고 나섰다. 유교적 전통을 강조하며 한껏 황

황제복을 입은 위안스카이 리훙장의 후견으로 1885년부터 서울에 머물면서 조선의 내정을 간섭했다. 청일 전쟁 이후 신식 군대 건설을 주도하면서 군대를 앞세워 변법자강 운동과 의화단 운동을 진압하고 권력에 다가섰다. 신해혁명 이후 임시 대총통이 된 뒤, 혁명 세력을 진압하면서 독재 권력을 수립했으며, 황제 제도를 부활하려다 뜻을 이루지 못하고 죽었다.

제의 분위기를 연출하기도 했다.

그러나 황제가 되려는 계획은 성공할 수 없었다. 공화제를 실현하려던 이들은 물론이고 독재를 뒷받침했던 그의 부하들조차 반대했기 때문이다. 여러 성이 베이징 정부에서 독립하겠다고 나섰으며, 위안스카이를 타도하겠다며 군사를 일으킨 지역도 나왔다.

결국 위안스카이는 황제가 되려는 것을 포기하고 낙심 끝에 세상을 떠났다. 이후 그의 부하들이 총통 자리를 놓고 여러 차례 전쟁을 벌였다. 승리한 자가 총통이 되어 중앙 정부를 지배했으나, 그를 인정하지 않는 성은 사실상 중앙 정부에서 독립했다.

중국이 여럿으로 분할된 것이 분명해졌다. 세력이 큰 군사 지도자는 중앙 정부나 지역의 성 정부를 다스렸으나, 누구든 군사력만 있으면 정부를 갈아엎고 통치자 노릇을 하는 형국이 되었다. 이처럼 중앙 정부에서 독립하여 독자적 정권을 수립한 군사 지도자를 '군벌'이라 한다.

공화제는 껍데기만 남았고, 민중의 삶은 군벌 간의 경쟁에서 비롯된 수탈과 억압으로 더욱 어려워졌다. 일본을 비롯한 제국주의 국가들은 저마다 입맛에 맞는 군벌을 지원하며 국가 분열을 부추겼다.

신문화 운동, 유교 전통을 넘어 민주주의와 과학을 제창하다

위안스카이가 공자를 앞세워 황제를 꿈꿀 때, 유교를 비판하면서 민주주의를 주장한 사람이 있었다.

> 노예적이지 말고 자주적이어라, 보수적이지 말고 진보적이어라, 소극적이지 말고 진취적이어라. 쇄국적이지 말고 세계적이어라, 텅 빈 형식에 얽매이지 말고 실리적이어라, 상상적이지 말고 과학적이어라.
>
> — 천두슈, 《신청년》 창간호

천두슈는 혁명이 실패한 이유를 유교 때문이라고 보았다. 중국이 허약하여 침략자에게 유린당한 이유도 유교에서 찾았다. 그는 1915년 9월 후스, 루쉰 등과 함께 잡지 《신청년》을 펴내면서, 신사상과 신문화를 가진 신청년이 많아지길 갈망했다. 천두슈는 '덕(democracy) 선생과 싸이(science) 선생의 가르침을 따라야 나라의 위기를 극복할 수 있다'며, 민주적인 참여와 과학적인 사고를 강조했다.

후스는 백화문 운동을 벌였다. 어려운 옛 한문을 버리고, 말을 그대로 받아 적는 구어체 문장을 쓰자는 운동이었다. 역시 유교 전통을 비판하면서 서양 문화를 적극적으로 받아들이자고 주장했다.

루쉰은 백화문으로 쓴 소설을 여러 편 발표했다. 그가 쓴 소설에는 윤리라는 이름의 낡은 유교 사상이 중국인의 삶을 옥죄고, 결국 나라를 파멸로 이끈다는 생각이 곳곳에서 드러났다.

당시는 신교육을 받은 청년층이 늘고, 출판 문화가 빠르게 확산되던 때였다. 《신청년》이 불러온 토론 문화가 확산되면서, 뜻이 맞는 사람들은 함께 단체를 만들고 토론하며 그 결과를 책으로 펴냈다. 외국 서적을 번역하여 출간하는 일도 많아졌다. 쓰러져 가는 중국을 구하는 것, 민주주의와 과학 같은 용어는 이제 새로운 시대와 '신청년'을 상징하는 말처럼 여겨졌다.

5·4 운동

1919년 5월 4일, 신문화 운동의 중심지인 베이징에서 대규모 시위가 일어났다. 13개 대학과 전문학교 학생들이 중심이 된 3000여 명은 톈안먼 앞에 모였다.

일본이 산둥을 지배하려 한다. …… 중국의 영토는 파괴되고 중국은 망할

5·4 운동 파리 강화회의가 열리던 1919년 베이징의 군벌 정부가 일본의 압박에 굴복하여 중국의 주권을 침해하는 조약에 서명하려는 데 항의하여 일어났다. 대중의 정치적 진출이 활발해지고, "군벌을 물리치고, 제국주의와 싸우자"라는 요구가 뚜렷해진 계기가 되었다.

것이다. ······ 전국의 각계각층 모두가 일제히 들고 일어나 국민대회를 개최하여, 밖으로 주권을 쟁취하고 안으로 나라를 파는 도적을 제거하자. 중국이 사느냐 죽느냐가 바로 여기에 달렸다.

−5·4 운동 선전물

몇 사람의 연설이 끝나자, 군중은 '주권을 쟁취하고, 나라의 도적을 제거하자'는 구호를 외치며 행진했다.

시위대는 각국 공사관으로 가서 주장하는 바를 평화적으로 전달할 작정이었다. 그러나 경찰이 막고 나서면서, 평화적인 시위는 물리적 충돌로 이어졌다. 시위대는 친일 매국노로 알려진 차오루린의 집에 불을 질렀고, 경찰은 시위 참가자 30여 명을 체포했다.

사건의 배경은 이랬다. 당시 제1차 세계 대전의 전후 처리를 위해 파리에서 강화회의가 열리고 있었다. 이때 일본은 베이징 군벌 정부를 협박하여 맺은 불평등 조약을 국제적으로 인정받으려 했다. 이는 산둥 성에 대한 일본의 지배를 인정하는 등 중국의 주권을 침해하는 내용이었다. 그런데도 베이징 정부는 우물쭈물하며 조치를 취하지 않자 학생들이 일어선 것이다.

이후 학생들은 체포된 학생의 석방을 요구하며 수업을 거부하고 시위를 이어갔다. 정부는 강제로 진압하려 했으나 '일본 상품 배척과 국산품 애용, 친일 매국노 처단'을 외치며 시위는 한 달 동안 이어졌다.

6월에는 상하이, 톈진 등 다른 대도시로 시위가 확산되었다. 학생은 물론 상인과 노동자도 적극적으로 동참했다. 게다가 쑨원을 비롯한 여러 정치 세력이 베이징 정부를 규탄하는 운동에 동참했다.

결국 베이징 정부는 친일파로 지목된 고위 관리 세 사람을 파면하고, 강화 조약을 조인하지 않기로 결정했다.

5·4 운동이 제국주의를 몰아내고, 군벌 정부를 물리치는 데까지 이르지는 못했다. 그러나 민중이 정치의 주체이며, 민주주의야말로 국가를 운영하는 대원칙이란 생각이 널리 퍼졌다. 이는 신해혁명에 이은 또 다른 혁명의 시작이었다.

● 루쉰의 《아큐정전》

1921년에 발표된 루쉰의 소설《아큐정전(阿Q正傳)》의 줄거리는
대략 이렇다.

어느 작은 농촌에 사는 날품팔이꾼 아큐. '아(阿)'는 친숙함을 나
타내기 위해 이름 앞에 붙인 단어이고, 'Q'는 중국인의 변발을
표현한 단어다. 즉, 아큐는 자기 이름도 가지지 못한 사회 하층
민이다.

그런데 아큐는 정신세계가 이상했다. 사람들에게 놀림받고 얻어
맞아도 저항하기는커녕 '정신승리법'이라는 이름으로 모든 모욕

루쉰 《광인일기》, 《아큐정전》 등을 쓴 20세기 초 중국의
대표적인 문학가이다. 초기에는 유교사상과 전통적인 가
족 제도를 비판하는 작품을 많이 썼으며, 장년이 되고는
문학가의 실천적 사회 운동에서도 중요한 역할을 했다.
1930년대에는 판화 운동을 주도했다.

을 참는다.

이런 아큐도 신해혁명이 일어나자 혁명에 가담한다. 그러나 그는 곧 혁명군에 의해 도둑 누명을 쓰고 총살당한다. 실로 어이없는 죽음이었다.

루쉰은 아큐의 정신 상태를 당시 중국 민중의 노예근성에 빗대어 신랄하게 비판했다. 수많은 아큐, 즉 중국 민중이 스스로 낡은 질서에서 벗어나 변화하지 않는다면, 어떤 혁명도 성공할 수 없다는 메시지를 던진 것이다.

신문화 운동의 주역이었던 루쉰은 아큐를 통해 중국의 구태의연한 사회 모습을 적나라하게 보여 주며 신청년, 신중국을 갈망했다.

2 | 국민당과 공산당,
어떤 나라를 만들 것인가?

국민당과 공산당, 그리고 협력

쑨원은 상하이에서 5·4 운동을 목격했다. 그는 일본과 군벌에 반대하여 벌인 학생과 상인, 노동자 들의 헌신적인 투쟁에 감동했다. 혁명은 국민이 조직적으로 참가할 때 가능하다는 것을 깨달았다.

1920년, 쑨원은 자신이 이끌던 단체를 중국 국민당으로 개조했다. 국민의 힘으로, 국민을 위한 정부를 세울 것이며, 군벌을 물리쳐 국가를 통일하고, 제국주의에 맞서 자주 독립 국가를 세우겠다는 목표를 분명히 했다.

1921년에는 천두슈와 리다자오 등이 중국 공산당을 조직했다. 중국인들은 평등 사회를 꿈꾸었던 그간의 역사를 알고 있었다. 러시아 사회주의 혁명(1917)의 성공은 그들에게 그 꿈이 현실이 될 수 있다는 자신감을 심어 주었다.

황푸 군관학교 1924년 세워진 군사학교로 광저우 외곽에 자리 잡고 있다. 국민당과 공산당이 손잡고 운영했으며 초대 교장은 국민당의 장제스, 정치 주임은 공산당의 저우언라이였다. 한국의 독립 운동가 여러 명이 이곳에서 군사 교육을 받았다.

공산당은 먼저 군벌과 제국주의를 물리쳐야 한다고 생각했다. 이를 위해서 인구의 대다수인 농민과 노동자의 조직을 꾸려야 한다고 믿었다. 공산당은 농민과 노동자의 이익을 지키기 위해 투쟁하고, 그들 속에서 혁명 투사를 길러 당을 키우겠다는 전략을 세웠다.

국민당과 공산당은 협력을 원했다. 군벌과 제국주의라는 거대한 적을 앞에 두고 협력할 일이 많았기 때문이었다. 소련이 공산당을 여러모로 지원한 것도 두 당의 협력을 이끌어 내는 데 큰 몫을 했다.

1923년, 쑨원은 광둥 군벌의 도움을 받아 베이징 정부에 맞서는 중화민국 광둥 정부(국민정부)를 수립했다. 이후 이곳을 근거지로 국민당과 공산당의 협력이 본격화되었다. 소련은 상당한 돈과 무기를 보내고 군사 고문을 파견하여 이들을 도왔다. 이를 바탕으로 혁명군을 기를 학교도 설립하였다.

1924년 1월, 광저우에서 제1차 중국 국민당 전국대표대회가 열렸다.

'소련과 손잡고 공산당과 협력하며, 농민과 노동자의 권익을 신장한다'는 활동 목표가 세워졌고, 공산당 당원도 개인 자격으로 중국 국민당 당원이 될 수 있었다(제1차 국공 합작).

국민정부는 군벌 정부를 타도하기 위해 북벌군을 편성하는 한편, 베이징에 가서 평화 협상을 시도했다. 쑨원은 무력 대결을 피하고, 국민이 참가하는 국민회의를 통해 평화적으로 통일하자고 제안했다. 이에 맞추어 중국 각계각층의 사람들이 저마다 단체를 조직하고 통일 방안을 토론하면서 국민회의 참여를 준비했다.

그러나 베이징 정부는 주도권을 잃지 않으려 했고, 하필 이때 병이 깊어진 쑨원은 세상을 떠났다. 결국 평화 통일 운동은 무산되고 말았다.

반제·반군벌, 국민 혁명의 깃발을 치켜들다

1925년 5월 30일, 상하이에서는 비극적인 일이 벌어졌다. 중국 노동자들이 노동 조건 개선을 요구하며 시위를 벌이던 중, 조계를 관리하던 영국 경찰이 총을 쏘아 시위대 13명이 죽고 수십 명이 부상한 것이다.

이후 상하이에서는 영국과 맺은 불평등 조약을 폐기하고 조계를 회수하여 중국이 주권을 행사할 것을 요구하는 운동이 활발하게 일어났다. 노동자는 파업으로, 학생은 동맹 휴학으로, 상인은 시장 문을 닫으면서 운동에 참가했다.

상하이의 투쟁은 전국의 주요 도시로 확대되었다. 특히 광동에서는 홍콩에 거주하는 영국인을 대상으로 대규모 투쟁을 벌였으며, 이 과정에서 또 많은 희생자가 나왔다. 국민당은 이들을 지원하고 영국에 강경하게 맞서면서 국민의 지지를 받았다.

국공 합작 이후 농촌에서도 혁명 열기가 치솟았다. 국민당은 '토지는 밭갈이하는 농민이 가져야 한다'는 주장을 내걸었다. 그리고 농민을 교육하고, 지주의 수탈에 맞서 농민의 권익을 지키는 활동을 벌였다.

농민들은 스스로 농민 협회를 조직하고 재산과 마을을 지키기 위해

상하이에 있는 5·30 운동 기념 조형물 5·30 운동은 조계를 관리하던 영국 경찰이 일본 기업에 항의하는 상하이 노동자들의 투쟁을 무력으로 진압한 데서 시작했다. 이에 항의하는 상하이 거주 중국인들의 투쟁이 확산되자 영국, 일본, 미국, 이탈리아 군대가 들어와 무력으로 진압했다. 이후 홍콩을 비롯한 전국 여러 곳에서 반제국주의 투쟁이 폭발적으로 일어났으며, 이 운동을 지원한 국민당의 명성이 전국적으로 높아졌다.

무장했다. 국민당이나 공산당에 대한 농민들의 지지가 높아졌고, 농민들은 당원이나 군인이 되기도 했다.

1926년 1월, 국민당은 전당대회를 열었다.

"우리는 제국주의에 반대한다."

"농민과 노동자의 생활을 개선하기 위해 싸운다."

"군벌을 물리치고 통일을 이룩한다."

국민 혁명을 본격적으로 선언한 것이다.

얼마 후 국민정부는 황푸 군관학교 교장을 지낸 장제스를 사령관으로 하는 국민혁명군을 꾸렸다. 3군으로 편성한 국민혁명군은 1926년 9월, 드디어 북벌을 시작했다. 국가의 통일과 혁명을 모두 이루겠다고 다짐한 군대는 빠른 속도로 군벌을 몰아냈다. 10월에는 신해혁명이 일어났던 우창을 점령했으며, 곧이어 양쯔 강 유역의 주요 도시를 차례로 차지했다.

국민혁명군이 북벌을 시작하자, 민중도 자발적으로 국민 혁명에 참가했다. 농민들은 여러 곳에서 스스로 군대를 조직하여 군벌을 몰아냈다. 주요 도시에서는 노동자들이 무장하여 군벌의 군대를 몰아내고 혁명군을 맞이했다. 일부 지역에서는 외국 경찰이나 군대와 싸워 실력으로 조계를 회수하기도 했다.

장제스, 난징의 국민정부를 이끌다

중국의 통일이 눈앞으로 다가왔을 때, 장제스 등이 갑자기 국공 합작을 깨버리면서 국민당은 극적으로 분열되었다. 공산당 세력이 커지는

➔ 반공 쿠데타 이전까지의 북벌
➔ 반공 쿠데타 이후의 북벌

국민정부와 북벌의 전개 1924년 1월 제1차 국공 합작이 성립되었으며, 이듬해 광둥에서 중화민국 국민정부가 정식으로 출범했다. 1926년에 군벌 군대와 싸우기 위한 북벌군이 진격을 시작하여, 반 년 만에 양쯔 강 유역을 장악했다. 1927년에 장제스가 반공 쿠데타를 일으켜 정부를 장악하고 난 징을 수도로 삼았으며, 1928년에 통일을 완수했다.

것을 경계했기 때문이다. 장제스 부대는 공산당원을 체포하고 학살했으며 노동자·농민 단체를 해산했다. 공산당도 실력으로 저항했다.

"당원은 무장하라!"

"농민과 노동자 중에서 군인을 선발하여 장제스의 군대에 맞서자!"

공산당은 여러 도시와 농촌에서 봉기했고, 몇몇 지역은 공산당이 장악했다. 그러나 거의 모든 곳에서 공산당은 심각한 피해를 입었다. 군대를 장악한 장제스는 국민당 안에서 공산당원과 공산당과 협력을

장제스 장제스(1887~1975)는 1906년부터 장교 양성학교를 다녔으며, 1911년에는 신해혁명에도 가담하였다. 1918년 이후 쑨원과 함께 활동하였으며, 국공합작이 성립된 1924년에 황푸 군관학교 교장이 되어 국민혁명군을 육성하였다. 1926년 국민혁명군 총사령관이 되어 북벌군을 이끌었으며, 통일 이후 중화민국 정부를 이끌면서 공산당과 경쟁하였다.

주장했던 인사를 쫓아냈다. 그리고 나서 얼마 뒤 국민당은 제2차 북벌을 감행했다. 1928년 6월, 장제스는 베이징에 입성했고, 쑨원의 무덤을 찾아 국가 통일이 완수되었다고 고개를 숙였다. 난징은 통일된 중화민국의 수도가 되었다.

장제스는 쑨원이 내건 삼민주의를 국가 운영의 대원칙으로 삼았다. 그러나 쑨원과 달리 공산당과 대결 정책을 분명히 했고 나라가 안정될 때까지 민주 정치를 유보하고 국민당 일당 독재를 하겠다고 선언했다.

국민정부는 1928년부터 외국과 맺었던 불평등 조약을 개정하는 교섭을 벌였다. 그 결과 일부 지역에서 조계를 회수하고, 관세 주권을 일부 회복했다. 상공업 발전을 위한 정책을 시행하여 경제 성장에 기여하기도 했다.

마오쩌둥 신해혁명 당시 혁명군에 가담한 적이 있으며, 중국 공산당 창당에 참여했다. 마오쩌둥(1893~1976)은 당 안에서 농민 혁명의 가능성을 높이 평가했던 인물로서, 국공 합작이 깨진 이후 농촌에 혁명 근거지를 만들어 위기에 빠진 공산당이 되살아날 기초를 닦았다. 1930년대 중반 이후 공산당을 주도했다.

그러나 국민정부의 한계는 매우 뚜렷했다. 국민당이 곧 국가였고, 당원은 거의 군인, 경찰, 공무원, 그리고 도시 사람 들로 채워졌다. 삼민주의와 다르다는 이유로 사상의 자유는 통제받았고, 언론과 출판의 자유도 보장되지 않았다. 여전히 여러 곳에서 국민정부를 반대하는 세력도 활동했으니, 완전한 통일은 아니었다.

마오쩌둥, 중화 소비에트 공화국을 세우다

국민당과 합작이 깨지면서, 공산당은 모진 시련을 겪었다. 특히 도시에서 노동자들이 일으켰던 봉기는 모두 실패했고 많은 사람이 죽거나 감옥살이를 했다.

공산당 안에서는 '국민정부의 탄압이 미치지 않는 농촌으로 가서,

농민들과 함께 생활하며 그들의 권익을 지키는 투쟁을 지지하고, 그들을 조직하여 당의 힘을 키우자'라는 주장이 일어났다. 마오쩌둥이 대표적인 인물이었다.

마오쩌둥은 1927년에 농촌 마을로 들어가 공산당을 재조직했다. 그러고 나서 지주의 토지를 몰수하여 농민에게 분배하는 토지 개혁을 실시했다. 토지를 분배받은 농민들은 누구나 공산당을 지지했다. 공산당은 점차 당원이 늘고 군대도 확대되었다.

마오쩌둥의 성공은 다른 지역으로도 큰 영향을 미쳤고, 농촌에서 공산당 세력이 빠르게 늘어났다. 공산당이 장악한 농촌에서는 군벌도, 신사도, 지주도 사라졌다. 각 지역은 16세 이상 남녀가 모두 참가한 선거로 대표를 뽑아 자치적으로 운영했다. 이것을 '소비에트'라 불렀다.

1928년부터 4년 동안 장시 성과 후난 성을 비롯한 8개 성과 150개 현에서 소비에트가 만들어졌다. 당원 수는 40만 명, 정규군 숫자가 30만 명에 이르렀고, 소비에트 내 인구는 1000만 명을 넘나들었다.

1931년, 중국 공산당은 장시 성 루이진에서 중화 소비에트 공화국 임시 중앙 정부를 창건했다. 여러 소비에트에서 선출된 대표가 지도자를 선출하고, 국가 정책을 결정하는 방식이었다. 마오쩌둥은 이곳에서 정부 주석으로 선출되었다.

장제스는 중화 소비에트 공화국 창건을 보고 충격을 받았다. 국민정부를 정면에서 부정하는 데다, 소비에트의 정책이 농민들에게 인기가 높았기 때문이었다. 1930년부터 국민정부는 수십만 군사를 동원하여 소비에트를 공격했다. 이로써 국공 내전이 본격적으로 전개되었다.

3 │ 전쟁과 혁명의 이중주

일본의 만주 침략과 국공 내전

1931년 7월, 장제스는 30만 병력을 이끌고 장시 성으로 갔다. 중화 소비에트 중앙 정부가 있는 곳이었다. 소비에트를 공격했다가 두 차례나 실패했던 경험을 거울로 삼아 신중하게 전투를 준비했다. 그런데 바로 이때 위급한 소식이 전해졌다. 일본이 만주를 침략했다는 것이다.

9월에 시작된 일본군의 침략은 순식간에 만주 전역으로 확대되었다. 장제스는 서둘러 난징으로 돌아왔다. 그러고는 만주 책임자에게 저항하지 말 것을 지시한 뒤, 일본과 문제를 외교적으로 풀기 위해 애썼다.

그러나 일본은 아랑곳하지 않았다. 일본은 순식간에 만주 전체를 차지하고, 이듬해 3월, 만주국 건국을 선포했다. 청의 마지막 황제였

일만의정서 조인 1931년 중국 동북 지역을 침략한 일본군은 만주를 직접 지배하기 위해서, 청의 마지막 황제였던 푸이를 황제로 삼은 만주국을 세웠다. 사진은 1932년 일본이 만주국을 정식으로 승인한다는 내용의 일만의정서에 조인하는 모습이다. 독일, 이탈리아, 에스파냐, 헝가리 등 일부 국가가 만주국을 승인했다.

던 푸이가 정부를 이끌었으나, 모든 권력은 일본군이 가졌다.

중국인들의 저항도 조직화되었다. 수많은 학생과 노동자가 일본의 침략을 규탄하고 철저한 항일을 요구하는 시위를 벌였다. 쑨원의 부인 쑹칭링, 신문화 운동의 주역 루쉰 등은 민권보장동맹을 만들어 대일 항쟁과 민주주의 회복을 요구하는 운동을 벌였다.

그러나 장제스는 여전히 일본에 정면으로 맞서지 않았다. 그는 '먼저 국내의 적을 없앤 다음 외국의 침략을 막는다'는 방침을 고수했다. 만주를 침략한 일본이 아니라, 국내에서 정권에 도전하는 공산당을 먼저 물리쳐야겠다고 생각한 것이다.

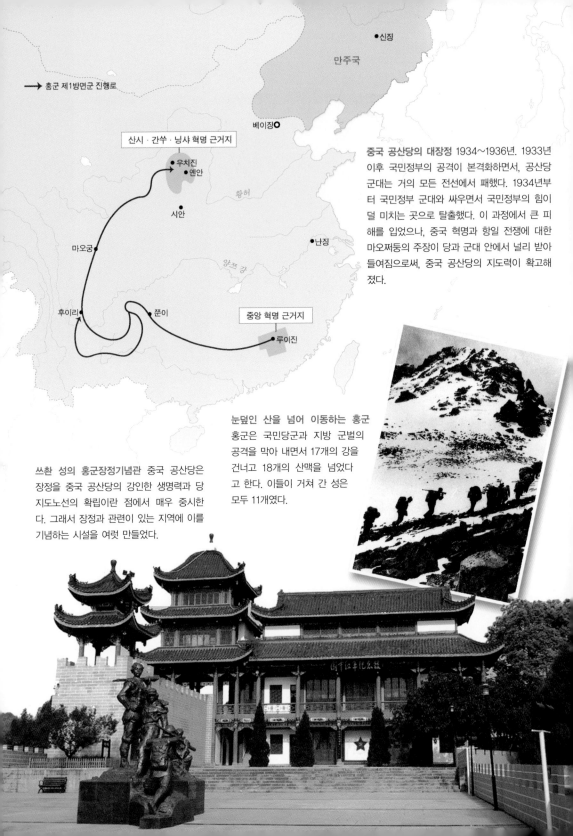

→ 홍군 제1방면군 진행로

신징

만주국

산시·간쑤·닝샤 혁명 근거지

우치진
옌안

베이징○

황허

시안

마오궁

양쯔 강

난징

후이리   쭌이

중앙 혁명 근거지

루이진

중국 공산당의 대장정 1934~1936년. 1933년 이후 국민정부의 공격이 본격화하면서, 공산당 군대는 거의 모든 전선에서 패했다. 1934년부터 국민정부 군대와 싸우면서 국민정부의 힘이 덜 미치는 곳으로 탈출했다. 이 과정에서 큰 피해를 입었으나, 중국 혁명과 항일 전쟁에 대한 마오쩌둥의 주장이 당과 군대 안에서 널리 받아들여짐으로써, 중국 공산당의 지도력이 확고해졌다.

눈덮인 산을 넘어 이동하는 홍군 홍군은 국민당군과 지방 군벌의 공격을 막아 내면서 17개의 강을 건너고 18개의 산맥을 넘었다고 한다. 이들이 거쳐 간 성은 모두 11개였다.

쓰촨 성의 홍군장정기념관 중국 공산당은 장정을 중국 공산당의 강인한 생명력과 당 지도노선의 확립이란 점에서 매우 중시한다. 그래서 장정과 관련이 있는 지역에 이를 기념하는 시설을 여럿 만들었다.

1932년 6월부터 장제스는 최정예 부대를 동원하여 공산당 세력을 공격했다. 홍군이라 불린 공산당의 군대는 곳곳에서 패배했다. 1934년 10월에는 중앙 정부가 있는 루이진도 포위당했다.

결국 공산당은 모든 소비에트를 포기하고 국민정부의 세력이 미치지 않는 곳으로 탈출하기로 결정했다. 이때부터 2년 동안 홍군은 추격자와 싸우며 고통스런 행군을 이어갔다. 2년 뒤 산시 성 옌안에 도착했을 때, 당원과 군대는 원래 인원의 10분의 1로 줄었다. 그러나 이 기간 동안 중국 공산당은 당원의 사상적 통일을 이루고, 당과 군대가 하나의 경험을 공유함으로써 이후 중국 혁명을 수행하는 데 중요한 기초를 다졌다. 이 과정을 대장정이라 부른다.

항일 운동의 성장과 제2차 국공 합작

일본의 침략은 만주에서 그치지 않았다. 1933년에는 만리장성 부근까지 침략했고, 수시로 장성을 넘어 중국의 오랜 수도였던 베이징에까지 접근했다. 1935년부터는 화북의 다섯 성에서 중국군을 철수시켜 중립 지역으로 삼자고 요구했다. 베이징과 톈진은 물론, 황허 유역의 넓은 지역에 제2의 만주국이 들어설 위기였다.

그러자 평범한 중국인들까지 직접 항일 운동에 나섰다.

"돈이 있는 자는 돈을 내고, 총이 있는 자는 총을 내자!"

"식량이 있는 자는 식량을 내고, 힘이 있는 자는 힘을 바치자!"

"우리 전 동포를 총동원하여…… 수백만 수천만의 민중을 무장시키자!"

국민정부는 여전히 항일에 소극적이었다. 오히려 일본의 요구에 굴복하여, 항일을 요구하는 사람들을 탄압하는 일도 있었다. 그러고는 줄곧 '공산당을 물리치는 것이 먼저'라는 주장을 되풀이했다.

그러자 국민 각자가 무장하자는 운동이 일어났다. 나아가 각계각층이 구국연합회 등을 결성하여 민주주의 확립을 주장하면서 여러 정파가 대단결하여 일본과 싸울 것을 요구하는 운동을 벌였다. 공산당은 적극적인 항일 전쟁을 약속했다. 그리고 국민당을 향해 1924년처럼 힘을 합치자고 제안했다.

1936년 12월, 시안에서 극적인 반전이 벌어졌다. 공산당의 토벌을 독려하러 이곳을 찾았던 장제스가 이곳의 군벌 지도자 장쉐량에게 체포된 것이었다. 장제스를 체포한 장쉐량은 공산당과 내전을 중지하고 일본과 싸우자고 건의했다.

장쉐량의 병영에서 국민당과 공산당의 협상이 이루어졌다. 결국 두 진영은 서로의 차이를 인정하고 일본과 싸우기 위해 협력하기로 합의했다. 항일을 위한 제2차 국공 합작이 궤도에 오른 것이다.

중일 전쟁과 난징 대학살

1937년 7월, 일본군은 베이징과 톈진 부근의 중국군을 공격했다. 순식간에 화북 일대를 장악한 뒤, 8월부터는 상하이를 공격하고 비행기를 동원하여 수도인 난징을 폭격했다. 중일 전쟁이 일어난 것이다.

"더 이상 피할 수 없는 최후의 갈림길이다. 우리 앞에는 오직 항전만이 남았을 뿐!"

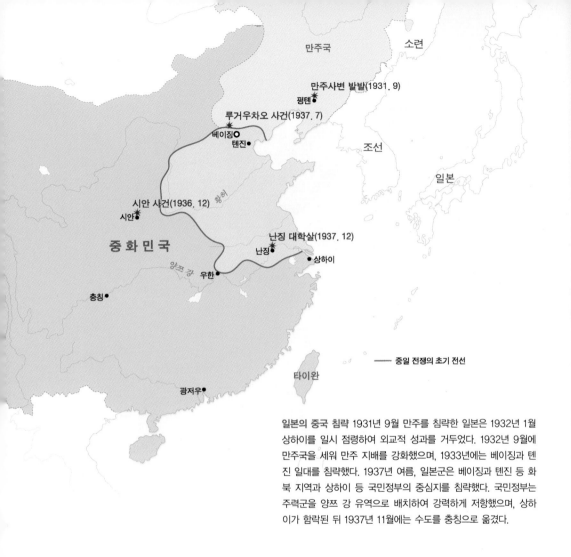

만주국

소련

만주사변 발발(1931. 9)

펑텐

루거우차오 사건(1937. 7)

베이징

조선

텐진

일본

시안 사건(1936. 12)

황허

시안

중화민국

난징 대학살(1937. 12)

난징

상하이

양쯔 강

우한

충칭

—— 중일 전쟁의 초기 전선

타이완

광저우

일본의 중국 침략 1931년 9월 만주를 침략한 일본은 1932년 1월 상하이를 일시 점령하여 외교적 성과를 거두었다. 1932년 9월에 만주국을 세워 만주 지배를 강화했으며, 1933년에는 베이징과 텐진 일대를 침략했다. 1937년 여름, 일본군은 베이징과 텐진 등 화북 지역과 상하이 등 국민정부의 중심지를 침략했다. 국민정부는 주력군을 양쯔 강 유역으로 배치하여 강력하게 저항했으며, 상하이가 함락된 뒤 1937년 11월에는 수도를 충칭으로 옮겼다.

장제스는 전면적인 저항을 선언했다. 그는 항일 운동을 주장하다가 체포된 사람들을 석방하고, 정예 부대를 상하이로 투입했다. 공산당은 홍군을 국민정부의 한 부대로 편성하고, 옌안의 소비에트를 국민정부의 한 지방으로 편입하는 데 동의했다.

그러나 곧바로 전세를 뒤집지는 못했다. 국민정부는 최정예 부대를

난징 대학살 일본군이 난징을 점령한 1937년 12월부터 이듬해 2월 사이에 일어난 잔혹한 민간인 학살 사건으로 중국인 약 30만 명이 희생되었다고 한다. 전쟁이 끝난 뒤 재판에서 당시 사령관이 사형당했는데, 이 재판 자료에도 15만 명 넘게 학살했다고 기록되어 있다.

투입하여 두 달 동안 치열하게 싸우고도 상하이를 빼앗겼다. 연이어 중국의 주요 도시가 일본군에게 점령당했고, 12월에는 난징이 점령당했다.

일본군에게 점령된 난징에서는 일찍이 볼 수 없는 참혹한 사건이 벌어졌다. 도시를 점령한 일본군은 약 두 달 동안 수십만 명에 이르는 민간인을 무차별 공격했다. 도시 곳곳이 불타고 재물을 약탈당했으며, 죽거나 다친 사람, 성폭행당한 이들이 헤아릴 수 없이 많았다. 이를 난징 대학살이라고 한다.

1938년까지 일본은 베이징, 상하이와 난징, 광저우 등 주요 도시를 점령했다. 중국군에게 치명적인 타격을 입힌 뒤 서둘러 항복을 받을 심산이었다. 그리고 나서 화북을 손아귀에 넣고, 중국을 꼭두각시처럼 부릴 작정이었다.

그러나 국민당은 난징에서 우한으로, 또 충칭으로 수도를 옮기면서 굴복하지 않았다. 일본은 갈수록 더 많은 군대를 투입했지만 도시나 항구, 철도 부근을 점령했을 뿐이고, 그 밖의 지역에서는 항일을 다짐한 많은 중국인이 반격의 기회를 노렸다.

흔들리는 국공 합작

전쟁 초기, 장제스는 일본군과 정면으로 맞섰다. 정예 부대를 참전시켜 적의 진격을 막았고, 몇몇 전투에서 승리를 거두었다. 그러나 점차 전략을 바꾸었다. '공간을 내주고, 시간을 버는' 전략, 일본군이 넓은 중국을 다 장악할 수 없으니, 기다리며 싸우면 기회가 온다는 것이었다.

국민당은 내륙의 충칭을 저항의 중심지로 삼았다. 이곳에서 정부 운영에 각계각층의 대표자들을 참여시키고, 사상과 언론의 자유를 어느 정도 보장했다. 일당 독재를 지양하고, 민주적 참여를 통해 국민적인 저항 분위기를 조성하려는 생각에서였다.

국공 합작 이후 공산당도 정책을 바꾸었다. 지주의 토지를 몰수하는 토지 개혁을 중단했고, 소비에트 안에서도 공산당이 권력을 독차지하지 않도록 노력했다.

대신 항일 투쟁을 통해 전 인민의 지지를 얻기 위해 애썼다. 홍군은 소규모 부대를 편성하여 교통로를 차단하고, 주요 도시를 지키는 일본군을 괴롭혔다. 드넓은 농촌은 이들의 활동 무대가 되었고, 홍군에 참여한 사람들이 크게 늘었다.

1938년 하반기를 지나면서 일본의 침략은 점차 누그러졌다. 그러자 국민당은 또다시 공산당을 견제하고 나섰다. 장제스는 공공연하게 반공을 외쳤고, 국민정부군은 여러 차례 공산당의 군대를 공격했다. 장제스는 항일 전쟁 이후를 이미 생각하고 있었던 것이다.

공산당은 국민당의 공격에 맞서지 않았다. 오히려 더욱 소리 높여 항일 전쟁을 외치고 실천했다. 투철한 항일을 실천한다면 중국 인민이 지지할 것이며, 중국 인민의 지지가 바로 국민정부를 꺾을 수 있는 힘이라고 보았다.

전쟁과 혁명이 이처럼 여러 방식으로 얽혀 있었다.

4 일본을 물리치고 새로운 중국을 모색하다

마오쩌둥과 '신민주주의론'

1940년, 마오쩌둥은 옌안에서 중국 공산당과 소비에트 정부를 이끌었다. 그는 앞으로 중국이 나아가야 할 길을 밝히는 중요한 연설을 여러 차례 했다.

"지금 당장 사회주의 국가를 만들자고 주장하는 것은 아닙니다."

"우리는 외세의 침략에 반대하는 모든 이들과 손잡아야 합니다."

"제국주의 군벌과 손잡은 사람들이나, 많은 토지를 가지고 농민을 수탈한 지주를 제외한, 민주 세력이 다 같이 참여하는 연립 정부를 만듭시다."

이 같은 그의 주장을 신민주주의론이라 부른다. 그는 공산당이 항일 투쟁의 모범이 되어야 한다고 주장했다. 1940년 한 해 동안, 홍군은 전 병력인 115개 여단, 40만 병력을 동원하여 일본군을 대대적으

백단대전의 어느 전투에서 승리한 팔로군 제2차 국공 합작이 성립된 이후 홍군은 국민정부 팔로군으로 불렸다. 115개 여단 규모로 편성된 팔로군은 1940년 한 해 동안 여러 곳에서 일본군을 물리쳤다. 그러나 병력 규모가 노출되어 훗날 일본에 크게 반격당하는 빌미가 되었다. 사진은 허베이 성 라이위안 현에서 승리한 뒤 봉수대에 올라가 환호하는 팔로군의 모습이다.

로 공격했다. 소규모 부대를 편성하여 1800여 차례나 전투를 치렀으니, 이를 '백단대전'이라 부른다.

이들의 활동은 항일 투쟁에 소극적인 국민정부와 대비되었다. 공산당에 대한 중국인들의 지지는 더 높아졌다. 특히 공산당 군대가 장악한 농촌 지역에서 중국 공산당 세력은 빠르게 확장되었다.

1941년부터 일본군은 대반격을 시작했다. 일본군은 공산당이 장악한 지역을 공격하여 '모조리 불태우고, 모조리 죽이고, 모조리 빼앗는' 이른바 삼광 작전으로 맞섰다. 그리고 곳곳에 정보원을 두어 공산당과 협력한 이를 찾아내 가혹하게 처벌했다.

공산당은 곳곳에서 고립되었고, 세력도 많이 줄었다. 그러나 공산당은 농민들과 함께 생활하면서, 농촌 사회의 문제를 해결하며 지지를 넓혀 갔다. 이때 가장 흔히 쓰던 말이, 모든 것을 자신의 힘으로 이룬다는 '자력갱생'이었다. 중국 공산당은 농민 속에서 시간을 벌며 반격을 준비했다.

장제스와 중국의 운명

1941년 12월, 일본은 미국의 진주만 해군 기지를 기습했다. 그리고 나서 미국·영국에 선전포고를 했다. 태평양 전쟁이 시작된 것이다.

국민정부도 일본·독일·이탈리아에 전쟁을 선포했다. 그리고 영국·미국·소련 등 연합국 진영의 일원이 되겠다고 선언했다. 영국과 미국은 중국과 맺은 오래된 불평등 조약을 폐기하고, 전쟁 물자를 지원했다.

그러나 국민정부는 항일 전쟁을 적극적으로 벌이지 않았다. 공산당을 의식했기 때문이었다. 어차피 전쟁이 끝나면 이들과 또 다른 전쟁을 치러야 한다고 생각했기 때문에, 될 수 있으면 전력을 아끼고자 했다.

1943년에 접어들면서 연합국 진영은 승기를 잡았다. 중국에서 일본군을 몰아낼 수 있다는 전망도 점차 분명해졌다. 장제스는《중국의 운명》이라는 책에서 전쟁 후의 중국에 대한 구상을 밝혔다.

개인의 자유와 자본주의를 강조하는 사상, 평등과 국가의 계획을 강조하는 사상 모두 서양에서 유래한 것입니다. 외국 이론이나 서양의 방식이 아니라, 중국의 고유한 문화 전통을 바탕으로 중국적인 국가를 만들어야 합니다.

장제스는 유교 전통을 강조했다. 그리고 중국을 구제하기 위해서는 삼민주의와 국민당의 지도가 꼭 필요하다고 주장했다. 당연히 국민당이 정부를 이끄는 일당 독재가 필요하다고 보았다.

한편, 공산주의 혁명을 반대하지만, 국민당의 독재 역시 반대하는 이들도 많았다. 이들은 중국민주동맹을 중심으로 단결하여 노동자와 농민을 비롯한 모든 국민이 참여하는 정치를 해야 한다고 주장했다.

중국민주동맹에 참여한 이들은 '돈 많은 자들의 자유만 보장하는 영국·미국식 민주주의, 평등을 추구한다면서 독재로 귀결된 소련식 정치'를 모두 배격했다.

그들은 국가는 민주 정치와 경제 발전을 모두 보장해야 한다고 생각하며, 제3의 체제를 상상했다.

1945년, 화평건국을 위한 노력

1945년이 되자 종전은 현실이 되었다. 일본군의 기세도 현저히 꺾였다. 5월에는 독일이 항복하면서 유럽에서는 전쟁이 멎었다.

중국 공산당이 먼저 당 대표자 회의를 열었다. '독립·자유·민주·통일·부강의 신중국을 건설하기 위하여' 민주 연립 정부를 구성하자는 방침을 다시 확인했다. 곧이어 중국 국민당도 대표자 회의를 열어, 전쟁이 끝나면 새 헌법을 만들고 민주 정치를 하겠다고 다짐했다.

1945년 8월 15일, 일본이 항복했다. 9월 9일에는 국제 사회와 수억의 중국인이 지켜보는 가운데 일본군이 중국군에 항복하는 의식을 치렀다. 1937년부터 시작해 백만이 넘는 군인과 천만에 가까운 민간인이 희생된 참혹한 전쟁은 끝이 났다.

일본이 점령했던 곳으로 중국군이 돌아왔고, 중국인이 정부를 인수했다. 민중은 돌아온 군대를 열렬히 환영했다. 하루빨리 참혹했던 전쟁의 상처를 씻고, 황폐해진 국토와 파괴된 경제를 재건하길 소망했다. 또한 '화평건국', 즉 국민정부와 공산당이 평화롭게 새 국가 창건에 협력하기를 원했다.

8월 28일부터 국민당과 공산당의 지도부가 충칭에서 대표자 회의를 열었다. 장제스와 마오쩌둥은 한자리에서 승전 축하식을 가졌고, 양당의 지도부는 치열한 토론을 벌였다. 10월 10일, 양당은 다음 내용에 합의했다.

"국민당과 공산당이 서로 협력하며 내전은 절대 피한다."

"독립·자유·부강의 신중국을 건설하기 위해 삼민주의 정신을 실천한다."

"각계각층이 고루 참가한 정치 협상 회의를 열어 국가 통일을 준비한다."

1946년 1월에는 정전 협정이 성립되었고, 이날 정치 협상 회의도 개최되었다. 회의는 순조롭게 진행되어 평화·민주·단결의 건국 원칙을 확인했다. 국민당과 공산당, 민주동맹을 포함한 각계각층이 참여하는 새로운 정부 조직 방안도 마련했다.

이제 국민당 일당 독재가 끝나고 경제·사회 분야의 대개혁이 시작될 터였다. 그러나 국민당 내에 공산당과 손잡는 데 반대하는 이들이 있었다. 대대적인 개혁으로 그동안 누렸던 특권을 내놓는 상황이 될까 봐 걱정하는 이들도 있었다. 그들은 회의 결과를 인정하지 않았고, 얼마 전까지 협력하던 두 세력은 급격히 전쟁으로 빨려 들어갔다.

내전, 인민공화국으로 가는 길

1946년 6월, 국민정부군이 먼저 공격하였다. 정부군의 총병력은 430만이었고, 미군의 최신 장비를 갖춘 정규군만 200만이 넘었기에, 낡은 무기를 갖춘 소수의 공산 세력을 압도하리라 자신했다.

1년 동안 국민정부는 중국의 주요 도시를 거의 장악했고, 공산당의 수도 역할을 한 옌안도 점령했다. 일이 이렇게 되자, 국민당은 화평건국을 약속하면서 구성했던 정치 협상 회의를 무시하고, 국민당의 일당 독재를 보장하는 헌법을 만든 뒤 새로운 정부를 구성했다.

그런데 1948년이 되자 상황은 완전히 달라졌다. 인민해방군으로 이름을 바꾼 공산군이 반격을 시작한 것이다. 이때까지 인민해방군이 후퇴한 것은 국민정부군을 주요 도시로 분산시킨 뒤 포위 공격하려는 전략 때문이었다. 도시를 포위한 인민해방군은 방어하는 데 급급한 국민정부군을 곳곳에서 무너뜨렸다.

국민정부가 국민들의 지지를 잃은 것도 치명적이었다. 일본이 물러간 뒤 국민정부는 곳곳에서 약탈과 부패를 일삼았다. 농촌에서는 토

중화인민공화국의 성립

1946년 국민정부와 공산당 사이에 정전 협정이 성립되었다. 그러나 1946년 3월 국민당은 이를 거부하고 반공 정책을 결정했다. 1946년 6월 국민정부가 전면 공격을 시작했고, 1년 만에 옌안을 포함한 중국 주요 도시를 거의 장악했다. 그러나 1948년부터 인민해방군이 본격적으로 공세를 시작하여, 1948년 겨울에 동북 지역 전부와 화북의 대부분을 장악했다. 1949년 4월 인민해방군이 양쯔 강을 건너 진격하자, 국민정부 군대는 급격히 무너졌다.

중화인민공화국 수립을 선포하는 마오쩌둥 인민해방군이 양쯔 강을 넘어 진격하던 중, 베이징에서는 인민정치협상회의가 열렸다. 중국 공산당을 비롯한 주요 정당 사회단체가 두루 참가한 이 회의에서 나라 이름과 정부를 이끌어 갈 사람들이 정해졌다. 사진은 1949년 10월 1일 톈안먼 광장에서 마오쩌둥이 중화인민공화국 수립을 정식으로 선포하는 장면이다.

만주
소련
몽골인민공화국
하얼빈
네이멍구 자치구
베이징
북한
한국
중 화 인 민 공 화 국
옌안
지난
황허
일본
시안
난징
청두
상하이
충칭 양쯔 강
국민당 정부 퇴각(1949.12)
타이완
광저우

■ 1948년 7월까지 공산당의 영역
■ 1949년 말까지 공산당의 영역
□ 1949년 이래 국민정부
→ 중국 공산당의 진로
○ 중국 공산당 근거지
○ 중국 국민당 근거지

난징에 입성하는 인민해방군 1949년 4월 2일 인민해방군이 양쯔 강을 건너 진격하자, 정부군은 급격히 무너졌다. 사진은 1949년 4월 3일 난징으로 진입하는 인민해방군의 모습이다.

오성홍기 한족의 상징이자 혁명의 상징인 붉은색 바탕 위에 다섯 개의 별이 그려졌다. 중국 공산당을 중심으로, 노동자, 농민, 소자산계급, 민족자산계급이 협력하여 나라를 이끌어 가자는 뜻이 담겼다.

지 재분배를 무효화하고, 토지 개혁에 동조한 이들을 처형하는 일도 잦았다.

반면에 공산당은 지주의 토지를 몰수하여 농민들에게 재분배하겠다고 약속했다. 국민당을 제외한 모든 세력이 새 정부에 참가하도록 하겠다는 약속도 했다. 국민당에 실망한 이들은 급격히 공산당으로 쏠렸다.

점차 공산당의 승리가 분명해졌다. 1949년 1월에는 인민해방군이 베이징과 톈진을 장악했으며, 4월에는 양쯔 강을 건너 국민정부의 수도인 난징과 최대 도시 상하이를 차지했다.

1949년 9월, 베이징에서는 공산당과 민주당파, 인민해방군 등 각 계각층의 대표 662명이 모인 가운데 정치 협상 회의가 열렸다. 그러고 나서 10월 1일, 오성홍기를 국기로 하는 신중국 창건을 공식적으로 선포했다.

새 나라의 이름은 중화인민공화국, 수도는 베이징, 그리고 중국 공산당을 이끈 혁명의 설계자 마오쩌둥이 국가 주석을 맡았다.

11월에 인민해방군은 광저우를 함락했고, 국민정부가 임시 수도로 삼았던 충칭도 함락했다. 장제스와 국민정부는 50만 병력을 유지한 채 타이완으로 옮겨 갔다. 신해혁명으로 청이 무너진 지 40여 년 만에 새로운 통일 국가가 탄생한 것이다.

항일과 혁명의 도시, 옌안

1936년 6월, 2년에 걸친 대장정이 끝났다. 마오쩌둥과 공산당은 옌안에 정착하여 항일과 혁명을 지휘했다. 낙후한 농촌에 불과했던 옌안은 이때부터 소비에트 공화국의 수도이자, 중국 혁명의 근거지가 되었다.

누런 옌허 강이 흐르는 칭량산 기슭으로 발걸음을 옮겨 보자.

칭량산은 옌안에 정착한 중국 공산당의 언론 활동 중심지였다. 신화통신, 해방일보와 같은 현재 중국에서 유명한 언론사들이 여기에서 탄생했다. 지금은 중

신화서점 터 공산당의 기관지를 발행하고, 당원과 군대 교육에 필요한 선전물이나 책자를 발간했다. 신화사 같은 현재 중국을 대표하는 언론사의 '생가'라 할 만하다.

국 전역 어디에나 있는 신화서점의 1호점도 이곳에 있었다. 주변의 만불사라는 절에는 인쇄 공장도 있었다고 한다.

공산당의 기관지를 발행하고, 정치사상을 선전하고 교육하는 일이 무엇보다도 중요했던 때, 바로 이곳에서 당원들은 막중한 임무를 수행했던 것이다.

다음은 마오쩌둥이 거주했던 혁명 유적지로 향해 보자.

유적지는 청량산 서쪽 부근에 위치해 있다. 바위를 뚫고 작은 동굴을 여러 개 만들어 공간을 활용했다. 중앙군사위원회, 총사령부, 각종 회의실 및 대강당 등이 몰려 있다. 또 마오쩌둥을 비롯하여 저우언라이, 주더 등 유명한 공산당 지도부가 살았던 소박한 집들도 보인다.

이곳에서 마오쩌둥은 여러 차례 대표자 회의를 개최했고, 국민당과 일본에 저항할 군대를 길렀으며, 새로운 중국이 나아가야 할 길을 구상했다.

옌안 혁명 기념 우표

옌안 시절 마오쩌둥 중국 공산당이 옌안에서 활동하던 시기, 마오쩌뚱은 당의 핵심 인물로 확고하게 자리잡았다.

이번에는 산을 벗어나 옌안 대학으로 가 보자. 마오쩌둥이 직접 이름을 지었다는 옌안 대학은 중국 공산당이 세운 최초의 종합 대학이다. 1941년, 공산당 중앙정치국은 여러 학교를 합병하여 대학을 설립하기로 결정했다. 뿐만 아니라, 옌안에는 공산당의 군 간부를 길렀던 항일군정대학, 문화 예술 분야에서 활약할 간부를 양성했던 루쉰예술학원 등도 있었다.

이곳을 거친 사람들은 훗날 항일과 혁명, 두 가지 목적을 이루기 위해 크게 활약했다. 혁명은 몇몇 사람의 힘만으로 완성되는 것이 아니라, 많은 사람의 뜻이 함께해야 가능한 것임을 마오쩌둥도 잘 알고 있었으리라.

옌안에 자리 잡은 공산당은 모든 중국 인민을 포용하는 원칙을 세웠다. 국민당이 농민을 수탈했던 것에 비해, 공산당은 친농민 정책으로 농민들의 지지를 받았다. 이 같은 전략 덕분에 공산당은 중국 대륙을 통일할 수 있었고, 중화인민공화국을 건설할 수 있었다. 그리고 옌안도 혁명의 성지로 남을 수 있었다.

옌안 대학교 1941년 중국 공산당이 옌안에 세운 최초의 종합대학이다. 베이징의 유명 대학 중 여기서 파생된 대학이 여럿이고, 현재에도 단과대학이 17개, 재학 중인 학생 수가 2만 명이 넘는다.

China

10장

중화인민공화국 60년,
사회주의와 현대화의 추구

1949년 중화인민공화국이 탄생했다. 옛 대청 제국 영토를 대부분 넘겨받은 거대한 국가이자 중국 역사상 여느 왕조 이상으로 강력한 중앙 집권 국가가 탄생한 것이다. 외세의 침략에 맞서 자주성을 지키려는 꿈, 심각한 불평등을 넘어 평등 사회를 실현하려는 꿈, 생산력을 비약적으로 발전시켜 국민 모두가 가난에서 완전히 해방되는 꿈. 중화인민공화국은 자주적인 독립국가, 사회주의와 현대화의 실현을 동시에 내걸고 60여 년을 달렸다. 심각한 실패와 좌절에 얽힌 이야기, 그 유산 위에서 새로운 변화를 도모하려는 이야기를 통해서 우리와 가장 가까운 곳에 있는 나라, 우리의 운명에도 중요한 영향을 미칠 수 있는 나라 중국의 오늘을 생각해 보자.

1950년	**한국 전쟁 참전, 토지 개혁 실시**
1954년	**중화인민공화국 헌법 제정**
1958년	**대약진 운동 시작**
1959년	**중국·인도 국경 분쟁**
1966년	**문화 혁명 시작**
1976년	**마오쩌둥 사망**
1978년	**개혁·개방 정책의 본격화**
1989년	**톈안먼 사태**
1997년	**홍콩 돌려받음, 덩샤오핑 사망**
2008년	**베이징 올림픽 개최**

1968년 체코 프라하의 봄,
프랑스 파리에서 학생들의
5월 혁명
1990년 독일 통일
1993년 유럽연합 출범
1999년 유럽 단일 통화 출범

1979년 소련, 아프가니스탄 침공
1986년 소련, 체르노빌
원자력 발전소 방사능
유출 사고
1992년 소련의 해체

1950년 한국 전쟁 발발
1960년 4·19 혁명
1980년 5·18 민주화 운동
1987년 6월 민주 항쟁
1992년 중국과 국교 수립

2001년 9·11 테러
2003년 이라크 침공

1962년 알제리
독립

1973년 1차 석유 파동
1978년 2차 석유 파동
1980년 이란·이라크
전쟁

1948년 이스라엘 건국,
1차 아랍·이스라엘 전쟁,
미얀마 독립
1982년 이스라엘, 레바논 침공
1988년 팔레스타인, 독립국 선언

1946년 덴노의 인간 선언,
일본국 헌법 공포
1972년 중국과 국교 수립
2011년 후쿠시마 원전 참사

1991년 유고 내전, 발트 3국 독립
1998년 유고, 코소보 사태

1965년 베트남 전쟁

1973년 칠레, 아옌데 정권 붕괴

1960년 나이지리아
독립

1 | 신중국의 탄생

중화인민공화국, 중국을 통일하다

1949년 10월 1일에 탄생한 새 나라의 이름은 중화인민공화국이고, 국기는 오성홍기였다. '인민공화국'이라는 말, 그리고 오성홍기에는 공산당이 주도하되 각계각층이 고루 참가하는 국가라는 뜻이 담겨 있다.

정부 수립 후 1년 동안은 전쟁이 이어졌다. 인민해방군은 남은 국민당 군대를 비롯하여, 공산당에 반대하는 크고 작은 군사 단체를 진압했다. 외국인이 주권을 행사하던 조계도 대부분 되찾았다. 1950년에는 신장과 티베트도 새롭게 장악했다.

여전히 타이완에는 50만 대군을 보유한 국민정부가 '대륙을 수복하겠다'며 버텼으나 통일과 독립이란 오랜 숙제가 해결된 것은 분명했다.

전국인민대표대회 1차 회의 참가자들 줄여서 '전인대'라 부르는 이 대회는 우리의 국회가 하는 기능과 비슷하다. 1954년에 열린 제1회 전인대에서 헌법을 제정했다.

　통일된 중국은 중앙 정부에 직속된 26성과 베이징·톈진·상하이 세 직할시로 재편성되었다. 그 아래 2000현 20만 향이 있었다. 중국 전체 인구의 6퍼센트 안팎인 소수 민족은 별도의 자치 구역을 형성했다.

　중화인민공화국은 청이나 중화민국과는 완전히 다른 국가였다. 향·현·성으로 이어지는 행정 구역마다 의회 역할을 하는 인민회의 (대회)가 구성되었고, 이들이 선출하는 인민위원회가 정부 역할을 맡았다. 헌법상 국가 최고 권력기관은 전국인민대표대회로, 입법권을 행사하면서 국가를 대표하고 행정의 최고 책임을 맡는 국가 주석을 선출했다.

　인민회의나 정부 기구에는 공산당과 여러 당파 인사들이 참가했다. 그러나 어느 단위에서든 공산당이 가장 중요한 역할을 맡았고, 최고위

직은 거의 공산당원이었다. 공산당 지도자인 마오쩌둥은 1957년까지 국가 주석을 겸했다. 그래서 당이 곧 국가란 말이 성립될 정도였다.

450만 당원과 강력한 인민해방군을 실질적으로 이끄는 중국 공산당 아래서, 중화인민공화국은 역대 어떤 왕조보다 강력한 통치력을 행사하는 국가가 되었다.

한국 전쟁에 개입하다

1949년 12월, 마오쩌둥은 공산당 지도부를 이끌고 소련을 방문했다. 이로부터 두 달 동안, 중국과 소련의 공산당은 깊은 대화를 나누었다.

"미국은 타이완의 국민정부를 지지하고 있어요."

"어디 그뿐입니까? 미국은 한국과 일본에서 소련과 맞서고 있습니다. 이제 우리 두 나라가 손잡고 미국의 반공 정책에 강경하게 대응해야 합니다."

중국 공산당은 미국의 반공·반소 정책을 걱정했다. 이는 소련도 마찬가지였다. 1950년 2월, 마오쩌둥과 스탈린은 우호 조약을 맺었다. 소련이 중국의 경제 건설을 지원하고, 두 나라가 미국과 일본의 적대 정책에 함께 맞서자는 내용이 담겨 있었다.

1950년 6월 25일, 한국에서 전쟁이 일어났다. 북한이 먼저 남한을 공격했고, 순식간에 남한 군대가 무너졌다. 미국은 6월 27일부터 전쟁에 개입했으며 곧바로 유엔군 파견을 주도했다. 미국이 가장 많은 군대를 한국에 파견했고, 중국과 타이완 사이의 바다에 함대를 배치했다. 미국·영국을 포함한 열여섯 나라가 전투병을 파견했고, 일본도

1949년 소련을 방문한 마오쩌둥과 스탈린 마오쩌둥은 중화인민공화국을 정식으로 수립한 지 두 달쯤 된 1949년 12월에 소련의 수도인 모스크바를 방문하여 약 두 달 동안 머물렀다. 소련과 동맹 국이 됨으로써 오랜 전쟁으로 어려워진 국가 재건에 많은 도움을 받았다.

비밀리에 유엔군을 도왔다.

중국은 미국에 강력하게 항의했으며, 한반도를 미국 주도로 통일하는 데 반대한다는 의사를 밝혔다. 한국군과 유엔군이 전쟁 이전 남북의 경계선인 38도선을 넘어 중국 국경에 다가설 무렵, 중국은 대규모 인민지원군을 전쟁에 투입했다.

중국 공산당과 정부는 '미국에 맞서고 조선을 돕자'며 군대를 파견했다. 그리고 전쟁이 이어지는 동안 제국주의 세력이 다시 중국을 침략할지 모른다는 구실을 내세우며, 나라 안에서 공산당에 반대할 만

압록강을 건너는 **인민지원군** 중국은 1950년 10월 13일 한국 전쟁 참전을 결정했으며, 정전 협정이 성립된 1953년까지 북한의 인민군과 함께 전쟁을 수행했다. 지원자들이 참가하는 형식을 취했으므로 인민지원군이라 불렀다. 대체로 34개 사단 50만 명 이상이 참전했으며, 전쟁이 끝난 뒤에도 많은 수가 북한의 재건을 도왔다. 1958년에 완전히 철수했다.

한 세력을 찾아내 제거했다.

1953년 7월, 한국 전쟁이 끝났다. 막 새로운 정부를 수립한 중국의 인적, 물적 손실은 매우 컸다. 타이완 문제를 해결할 기회를 놓친 것도 문제였고, 미국·영국·프랑스 등 선진 자본주의 국가와 평화적으로 교류할 수 있는 가능성이 거의 사라졌다는 점도 타격이었다.

그러나 사회주의 진영 안에서 중국의 위상은 높아졌다. 또 전쟁 기간 동안 공산당의 활동에 부정적이었던 세력을 제거하면서 공산당의 권력은 더욱 확고해졌다.

사회가 급격히 변화하다

1950년 5월, 혼인법이 시행되었다. 이제 누구도 첩을 둘 수 없게 되었으며, 매매춘도 금지되었다. 돈 때문에, 또는 여러 가지 이유로 원치 않은 혼인을 강요받았던 이들, 극단적인 가정 폭력으로 고통받던 이들에게는 쉽게 이혼할 수 있도록 했다. 이제 많은 여성이 옳지 않은

토지개혁법을 환영하는 농민들 1950년 6월 토지개혁법을 공포했다. 이로부터 1년 10개월 동안 신장과 티베트를 제외한 전 지역에서 토지 개혁이 빠르게 추진되어, 토지가 없거나 조금밖에 없는 사람 약 3억 명이 토지를 분배받았다.

지주를 비판하는 모임 중앙 정부와 지방 정부에서는 토지개혁위원회를 만들고 지역의 토지 개혁을 지원했다. 이와 함께 지역별로 지주를 비판하는 집회를 열었으며, 일부 '악질 지주'로 간주된 사람들을 숙청하는 일도 있었다.

결혼을 거부할 수 있고, 가족 내에서 평등한 대우를 요구할 수 있게 되었다.

같은 해 6월에는 토지개혁법이 시행되었다. 자신이 경작할 수 있는 양보다 많은 땅을 가진 사람의 토지는 국가가 몰수했다. 그러고 나서 땅을 갖지 못했거나 조금밖에 갖지 못한 사람에게 이 토지를 나누어 주었다. 온 나라 농토의 45퍼센트가 주인이 바뀌었다. 수천 년을 이어 온 지주와 소작농민 사이의 지배와 억압이 완전히 사라졌다.

하지만 제도를 바꾸었다 해서, 어제까지만 해도 자신을 억압하던 남편이나 지주와 곧장 평등한 관계를 맺을 수는 없었다. 개혁을 추진한 공산당도 이를 잘 알았다. 공산당은 곳곳에서 집회를 열었다. 여성과 소작농민 들이 그동안의 불만을 공식적으로 쏟아 낼 수 있게 하고, 이를 통해 잘못된 관행을 고치려는 집회였다.

처음에는 그 누구도 자신의 남편이나 지주를 고발하지 못했다. 떠밀리다시피 집회에 참가했고, 연설대에 서도 마냥 주뼛거렸다. 그런데 몇 사람이 먼저 말문을 트자, 많은 사람이 그 뒤를 따랐다.

"나를 때리고 감금했던 남편, 더 이상 참을 수 없습니다. 나는 이혼을 요구합니다."

"지주에게 돈을 조금 빌렸는데, 이자가 너무 높았어요. 빚을 갚지 못하자 우리가 농사짓는 땅을 빼앗아 갔습니다."

이제 그들도 꼿꼿이 고개를 들고 세상을 바라보기 시작하면서 한 사람의 인격체로 당당히 자기 권리를 주장했다.

국가가 주도하는 제도 개혁, 인민의 참여 속에서 자유와 평등이라는 새 문화가 사람들의 생활 속에 자리 잡아 갔다. 여성에 대한 남성의 우위, 농민에 대한 지주의 지배, 이런 세상을 뒷받침했던 유교 전통은 이제 발붙이기 어려워졌다.

사회주의로 가는 길

중화인민공화국은 거듭된 전쟁으로 피폐해진 경제를 물려받았다. 게다가 경제를 일으켜야 할 국민 대부분은 문맹이었다. 그러나 부강한 나라, 평등한 사회를 만들겠다는 열정은 그 어느 때보다 높았다.

1953년 1월, 제1차 경제개발 5개년 계획을 시작했다. 유럽의 후진국이던 러시아가 사회주의 혁명 이후 빠르게 공업화한 경험을 모델로 삼았다. 소련의 경제 원조도 적지 않았다. 많은 소련 기술자가 중국에 왔고, 중국 유학생 수천 명이 소련으로 공부하러 떠났다.

당과 정부는 중화학 공업의 발전부터 서둘렀다. 철강과 기계, 화학 비료를 생산하는 현대적 기업을 여럿 세웠다. 석유 자원을 개발하고, 철로를 놓는 데도 많은 예산을 투입했다. 이렇게 해야 경공업과 농업이 발전할 수 있다고 생각했다.

농업 발전을 위해서는 여러 명의 농민이 집단 농장을 만들어 함께 일하는 방안을 추진했다. 1954년부터 농민들 대다수가 집단 농장에 편입되었다. 공동 노동을 통해 수리 시설을 만들거나 농지 개간을 쉽게 하고 기계 도입과 협동 노동을 통해 생산력을 높일 수 있다고 생각했다.

5년 동안 경제는 빠르게 성장했다. 특히 중공업의 발전 속도가 빨랐다. 연평균 경제성장률이 9퍼센트에 이르러서, 중국에서 산업 혁명이

소련의 공업화를 배우자는 포스터 중국은 소련의 사회주의 건설을 본받아 중화학 공업 정책을 앞세워 계획적인 경제개발을 시도했다. 소련의 기술과 자원 지원도 적지 않았다. 포스터에는 "소련의 선진 경험을 배워서 우리 조국의 공업화를 위해 분투하자"라고 씌어 있다.

진행된다는 말까지 나왔다. 농촌의 생산력도 크게 높아졌다.

이 기간 동안 중국은 점차 사회주의 사회로 바뀌었다. 기업은 국가나 공동체의 소유로 바뀌었고, 농민 대다수는 집단 농장의 사원으로 생활했다.

당과 정부는 필요한 국영 기업을 만들거나, 기업이 생산할 품목과 양을 결정하는 데 영향을 미쳤다. 기업은 노동자에게 식량과 집을 제공하고, 학교 교육과 의료 기관을 지원했다. 농촌에서는 이와 비슷한 일을 집단 농장이 맡았다.

크고 작은 행정 구역마다 생산과 분배를 계획하는 기구가 설치되었다. 나라 전체의 경제 상황을 점검하고 발전 방향을 설계하는 국가계획위원회는 정부의 주요 기구로 자리 잡았다.

1956년 9월, 중국 공산당은 '이제 중국에서 모든 계급은 사라졌다. 생산력을 끌어올려 부유한 나라를 만드는 데 최선을 다하자' 하고 선언했다. 사회주의와 현대화, 중국은 과연 두 마리의 토끼를 다 잡을 수 있을까?

마오쩌둥의 중국

중국과 소련, 독자적인 길을 모색하다

1955년 4월, 중국은 인도네시아, 인도와 함께 대규모 국제 회의를 주도했다. 세계 인구의 과반수를 대표하는 29개국이 참가한 이 회의는 서양의 식민주의를 규탄하고, 미국과 소련 어느 한쪽 편에도 서지 않겠다는 선언문을 채택했다(반둥회의).

1956년부터 중국과 소련의 사이는 조금씩 벌어졌다. 소련 공산당의 정책이 크게 바뀌었기 때문이었다. 스탈린이 죽은 뒤 소련 공산당을 이끌게 된 흐루시초프는, 미국에 평화 공존을 제안했다. 그리고 이제 막 중국에서 시행한 경제 정책과는 전혀 다른 방향의 정책을 실시하려 했다.

중국 공산당은 당혹스러웠다. 당 안에서 치열한 토론이 벌어졌지만, 소련의 변화를 받아들이기는 어려웠다. 중국은 '소련 공산당은 자

본주의에 굴복한 수정주의자'라고 비난했다. 이에 맞서 소련에서는
'중국 공산당은 책에 나온 대로 행동하는 교조주의자'라고 대응했다.

상황이 이렇게 되자, 마오쩌둥은 소련에 의존하지 말고 '자력갱생'
하자고 제안했다.

"우리 힘으로 모든 것을 해결합시다!"

"자립적인 중국형 사회주의를 건설합시다!"

소련의 원조와 기술 지원에 의존하지 않고, 중국 인민의 힘으로 경
제와 국방 건설을 이룩하자는 제안이었다.

"외국의 기술이 있어야만 경제가 발전하는
것은 아닙니다. 인민의 지혜를 모으고, 사회주

대약진 운동 중국 공산당 지도부는 1957년까지 경제 체제
와 사상에서 사회주의적 개조가 이루어졌다고 판단했다. 이
를 토대로 1958년에는 비약적인 생산력 향상을 위해 대약
진 운동을 제창했다. 15년 안에 영국의 공업 생산을 앞지르
자는 차원에서 철강 생산을 비롯하여 중공업에 인력과 자
원을 대거 투자했으며, 많은 농민을 수리 관개 시설 공사에
투입했다. 이 같은 생산 증대 운동과 함께 중소 규모의 집
단 농장을 대규모 인민공사로 개편하는 활동을 전국적으로
전개했다. 사진은 집단 노동에 참가한 농민들이고, 포스터
에는 "비약적인 성장을 이어 가자"고 씌어 있다.

대약진 운동 포스터

의를 실현하겠다는 열정이 무엇보다 중요한 것입니다."

"좋은 무기가 있어야 적을 물리치는 것은 아닙니다. 모든 인민이 내 고장, 내 나라를 지킨다는 의지를 가지고, 민병을 길러야 합니다."

마오쩌둥은 경제 건설과 국가 방위를 함께 감당할 수 있는 인민공사 설립에 나섰다. 이른바 대약진 운동의 시작이었다.

본격화한 대약진 운동, 그 빛과 그림자

1958년부터 농촌에서 대약진 운동이 본격화되었다. 여러 개의 집단 농장을 더 큰 규모로 통합하여 인민공사로 재편하는 데서부터 시작했다. 1958년 가을까지 평균 30여 개의 집단 농장을 하나의 인민공사로 통합하여 1억 명이 넘는 농민들이 인민공사 사원이 되었다.

각 지역의 인민공사는 계획적으로 농민의 노동력을 배치하여 수리 시설을 만들고 농지를 개간하는 운동을 벌였으며, 지역에서 필요한 공산품을 자급자족할 수 있도록 공장을 만들었다.

인민공사에는 평균 4600호 정도의 농민이 참가했다. 재산은 모두 공동 소유였고, 생산 활동은 계획에 따라 이루어졌다. 그렇게 생산한 식량이나 공산품 또한 공동 소유였으며, 사람들은 공동 식당에서 함께 식사했다.

인민공사의 사원 대표회의는 지방 의회, 공사 일을 맡은 간부는 관리와 비슷한 역할을 담당했다. 인민공사는 유치원과 양로원을 운영하고, 병원이나 학교도 운영했다. 그리고 제대한 군인들을 중심으로 민병대를 운영하여 치안을 유지했다.

인민공사의 공동 식당 인민공사에서는 능력에 따라 일하고 그 결과를 개인이 소유하던 때와 완전히 다른 집단적 생활방식을 채택했다. 재산은 공동 소유였고, 노동은 계획적으로 이루어졌다. 식사도 공동 식당에서 함께했다.

"홍슈취안의 천조 전묘 제도가 시행되었다면, 이런 모습이었을까? 캉유웨이의 대동사회 이상이 실현되었다면, 이런 모습이었을까? 마르크스와 레닌이 꿈꾸었던 사회주의, 공산주의가 이런 모습이었을까?"

일부 공산당원은 공산주의라는 오랜 꿈이 이루어졌다고 흥분했다. 그러나 흥분은 순식간에 가라앉았다.

대약진 운동이 진행된 3년 동안, 식량 생산과 공업 생산은 오히려 크게 줄었다. 게다가 심각한 자연재해까지 닥쳤다. 1959년부터 1961년까지 2000만 명 정도가 굶어 죽었고, 수많은 농민이 기근을 피해 고향을 떠났다.

류사오치 류사오치(1898~1969)는 항일 전쟁 기간 동안 국민당 통치구역에서 정치공작을 주도하였다. 1959년, 마오쩌둥을 이어 국가 주석 자리에 올랐다. 먼저 생산력을 높인 뒤 점진적으로 사회주의를 실현하자고 주장하여, 사회주의를 통해 생산력을 높이자는 마오쩌둥과 대립하였다. 결국 1967년, 마오쩌둥에 의해 밀려났다.

　모든 일이 위에서 세운 계획에 따라 진행되면서 개인의 자발성과 창의성을 살리지 못한 것이 가장 큰 원인이었다. 생산물을 똑같이 나누게 되면서 '일을 하든지 안 하든지, 결과는 똑같다'는 분위기가 만연하였고 노동 의욕도 사라졌다.

　중국 공산당 안에서도 반성하는 목소리가 일었다. 마오쩌둥이 사태의 책임을 지고 국가 주석에서 물러났고, 류사오치와 덩샤오핑을 중심으로 새로운 정책을 추진했다. 능률이 떨어지는 공장을 없애고 인민공사를 중소 규모의 집단 농장으로 해체했다. 열심히 일하면 더 많이 가질 수 있도록 하고, 자유 시장도 되살렸다.

　1963년이 되자 생산량이 점차 늘고, 농촌 경제도 조금씩 살아났다. 1965년까지 국민 경제는 어느 정도 안정을 되찾았다. 당 안에서 류사오치와 덩샤오핑에 대한 지지도 빠르게 높아졌다.

문화 혁명 문화 혁명은 사회주의 이념을 강조한 마오쩌둥이 현대화를 앞세운 류사오치나 덩샤오핑 진영을 공격하던 이념 투쟁이었다. 사회주의와 자본주의 진영이 극단적으로 대립하던 시기, 마오쩌둥 진영은 상대를 자본주의를 추종한다거나, 미국의 앞잡이라고 비난했다. 사진은 군중이 당시 국가 주석이던 류사오치의 부인 왕광메이를 끌어내 모욕을 주는 장면이다.

홍위병 마오쩌둥의 제안에 호응하여 모여든 청년 학생 조직. 이들은 봉건주의나 자본주의 사상에 물든 자들을 당과 정부에서 몰아내자며 다양한 집회와 선전 활동을 벌였다. 1966년부터 1968년 사이에 주로 활동했고, 많을 때는 1000만 명에 이르렀다.

문화 혁명 포스터 문화 혁명은 마오쩌둥이 실질적으로 주도했으며, 마오쩌둥의 생각을 정책으로 만들어 가는 과정으로 진행되었다. 손에 든 책자는 마오쩌둥의 어록이다.

마오쩌둥, 문화 혁명을 주도하다

마오쩌둥은 대약진 운동이 잘못되었다고 인정했으나. 류사오치와 덩샤오핑의 주장을 받아들이지는 않았다. 문제는 인민공사 그 자체가 아니라, 제도를 잘못 운영한 당과 정부의 책임이라고 생각했다. 그런데도 류사오치와 덩샤오핑은 생산력을 높이기만 하면 된다는 식이라고 비판했다.

마침 미국이 베트남이나 인도네시아에서 강력한 반공 정책을 펴는데도, 소련이 미국과 화해만 추구한다며 걱정하던 때였다.

"사회주의를 지킵시다! 당을 자본주의의 길로 잘못 이끄는 세력을 몰아냅시다!"

1966년, 마오쩌둥은 류사오치와 덩샤오핑이 소련의 잘못을 반복하고 있다고 주장했다. 그리고 이른바 문화 혁명을 주장했다.

국가 주석에서 물러났지만, 마오쩌둥은 여전히 비밀경찰과 문화계, 인민해방군 안에서 많은 지지를 받고 있었다. 특히 인민에게 마오쩌둥은 절대적인 존재였다. 학생과 노동자를 중심으로 마오쩌둥의 주장을 지지하는 시위가 격렬하게 일어났다.

류사오치와 덩샤오핑 등은 시위를 억제하고 나섰다. 그러나 마오쩌둥은 '모든 반란은 정당하다'며, 시위를 적극 권장했다. 학교와 기업, 당과 군대 등 곳곳에서 시위가 일어났다. 공산당도, 국가 기구도 일대 혼란에 빠졌다.

누구든지 개인의 자유나 물질적 풍요를 거론하면, 자본주의를 옹호하는 사람으로 오해받았다. 유교 문화나 소수 민족의 문화는 비판받

앉고, 수많은 문화재도 파괴되었다. 대다수 지식인과 전문가는 사회적 위치를 이용해 권력을 행사했다는 이유로 비판받았다.

거의 3년 동안 모든 권위와 질서가 붕괴되었다. 류사오치와 덩샤오핑 그리고 그들과 같은 정책을 추진한 사람들도 밀려났다. 당도 붕괴되고 정부도 붕괴되었다. 그리고 빈자리는 인민해방군에 의해 채워졌다. 군대가 당과 정부를 지배하고, 마오쩌둥은 유일무이한 지도자로 자리 잡았다.

미국·일본과 관계를 개선하다

1969년, 중국은 소련과 전투를 벌였다. 국경 문제가 계기였으나, 소

저우언라이와 리처드 닉슨 1972년 중국은 그동안 적대시하던 미국의 대통령을 초대하여 정상회담을 열었다. 소련을 견제하는 데 서로 필요했던 두 나라의 대화는 이념보다는 인민의 실생활 개선을 앞세운 저우언라이의 생각이 반영된 결과였다. 저우언라이(1898~1976)는 중화인민공화국이 수립된 1949년부터 세상을 떠난 1976년까지 총리로 일했다.

련이 평화 공존 정책을 내놓으면서 시작된 대립의 결과였다. 이제 중국 공산당 안에서, 소련과 손잡고 미국을 견제하자는 주장은 펼 수 없었다.

중국은 1970년부터 미국과 비밀 회담을 진행하고, 캐나다와 이탈리아 등 자본주의 국가와 국교를 맺었다. 1971년에는 미국 국무장관을 베이징으로 초대했다. 국제 사회는 타이완 대신 중화인민공화국을 중국 전체의 대표자로 인정했다. 1972년, 중국은 미국과 일본의 정상을 초청하여 회담을 열고, 일본과 정식으로 국교를 맺었다.

중국이 이 같은 변화를 시도한 이유는, 소련을 견제하면서도 미국, 일본과 평화롭게 공존함으로써 국방비 부담을 줄이려 했기 때문이다. 아울러 외국의 선진 기술을 받아들여 현대화를 추구하자는 주장이 어느 정도 받아들여졌기 때문이다.

이러한 변화를 주도한 이는 총리로서 정부를 이끌던 저우언라이였다. 그는 '현대화'를 강조했다. 그리고 선진국의 기계와 설비를 도입하고, 기술을 배우자고 주장했다. 문화 혁명 때 밀려났던 덩샤오핑도 다시 불러들여 경제 건설에 주력하도록 애썼다.

그러나 저우언라이와 덩샤오핑의 계획은 반발에 부딪혔다. 문화 혁명 당시 마오쩌둥의 입장을 대변했던 4인방° 그룹이 견제했기 때문이다. 4인방은 사회주의 이념을 강조하면서, 이들이 자본주의를 도입하려 한다고 공격했다.

● **4인방** | 문화 혁명 시기 정책을 고수하려던 왕홍원, 장춘차오, 장칭, 야오원위안 4명을 일컫는 말이다.

1976년 1월, 저우언라이가 세상을 떠났다. 4인방은 덩샤오핑을 집중적으로 공격했고, 마오쩌둥은 4인방을 지지했다. 덩샤오핑은 다시 모든 지위에서 물러났으며, 현대화 정책은 흔들렸다. 그런데 바로 이때 마오쩌둥이 세상을 떠났다. 그러자 그가 지명한 후계자 화궈펑이 마오쩌둥의 자리를 이었다. 그러나 세상은 죽은 자의 뜻대로 돌아가지 않았다.

3 | 덩샤오핑,
사회주의의 현대화를 추구하다

쓰러지지 않는 노인

1977년 7월, 덩샤오핑이 제자리로 돌아왔다. 문화 혁명 때 한 번, 1976년에 또 한 번, 모든 자리에서 쫓겨났다가 기적처럼 다시 일어난 것이다. 세상은 그를 '쓰러지지 않는 노인'이라 불렀다.

덩샤오핑은 마오쩌둥과 무척 가까웠으나, 대약진 운동 이후 생각이 달라졌다. 마오쩌둥이 사회주의 이념을 중시한 것과 달리 그는 현대화를 강조했다. 이러한 생각의 차이 때문에 덩샤오핑은 두 번이나 모든 직책을 박탈당했다.

마오쩌둥이나 4인방은 덩샤오핑이 자본주의를 신봉하는 사람이라고 비난했다. 그러나 덩샤오핑은 사회주의와 현대화를 함께 추구할 것을 주장했다.

"사회주의가 '가난의 평등'을 뜻하지는 않는다."

덩샤오핑 덩샤오핑(1904~1997)은 프랑스 유학 시절부터 공산주의 운동에 참여했으며, 대장정과 항일 전쟁에서 중요한 역할을 했다. 1952년 부총리가 되었으며, 류사오치와 함께 실용주의를 강조했다. 1966년과 1976년 두 차례 모든 지위를 박탈당했으나, 마오쩌둥이 죽은 뒤 복직했으며 1981년부터 실질적으로 중국을 이끌었다.

"검은 고양이든 흰 고양이든, 쥐를 잘 잡는 고양이가 좋은 고양이다."

덩샤오핑은 경제를 일으켜서 인민의 실생활이 나아져야 한다고 주장했다. 이념보다는 실용주의를 강조한 것이다.

그와 생각이 비슷한 사람들이 공산당 안에도 여럿 있었다. 그들은 마오쩌둥이 죽자 덩샤오핑의 복귀를 강력히 요구했고, 덩샤오핑은 권력 서열 3위로 당당하게 복귀했다. 복귀한 덩샤오핑은 마오쩌둥이 위대한 지도자였음을 인정하면서도, 대약진 운동과 문화 혁명은 잘못이라고 주장했다. 그는 두 사건으로 지위와 명예를 빼앗긴 사람들을 제

자리로 돌려놓았다. 그리고 마오쩌둥이 지명한 후계자 화궈펑을 물러나게 했다. 드디어 덩샤오핑의 시대가 열린 것이다.

중국 공산당, 개혁·개방을 본격화하다

덩샤오핑이 복귀한 지 1년 만인 1978년, 중국 공산당은 문화 혁명이 끝났다고 선언했다. 그리고 4개 부문의 현대화를 가장 중요한 과제로, 개혁과 개방을 그 실천 방침으로 설정했다.

개혁은 농업에서부터 시작했다. 농민들은 스스로 일하며 생산물을 시장에서 판매할 수 있게 되었다. 그 결과 인민공사는 해체되었다. 인민공사가 대신하던 정부 기구는 새롭게 구성되었다.

도시의 변화는 더욱 획기적이었다. 우선 자영업이 허용되었다. 또 선전을 비롯한 4개 도시를 경제특구로 지정하여 외국 기업을 유치하고 자유롭게 기업을 설립하고 운영할 수 있도록 했다. 수출 산업도 적극적으로 키웠다.

외교 분야의 변화도 추진했다. 대립보다는 평화, 이념보다는 경제를 우선하는 방침을 확립했다. 1979년에는 미국과 정식으로 국교를 수립했으며, 소련과의 관계도 개선했다. 또한 타이완을 침략하지 않겠다고 약속하며 교류를 시작했다.

점차 시장 경제가 중요해졌다. 값싸고 질 좋은 물건을 내놓은 생산자는 성공을 거두었으나, 그렇지 못한 생산자는 생활을 보장받지 못하는 처지가 되었다.

농촌에서는 식량과 공업 원료 생산이 빠르게 증가하고, 농가 소득

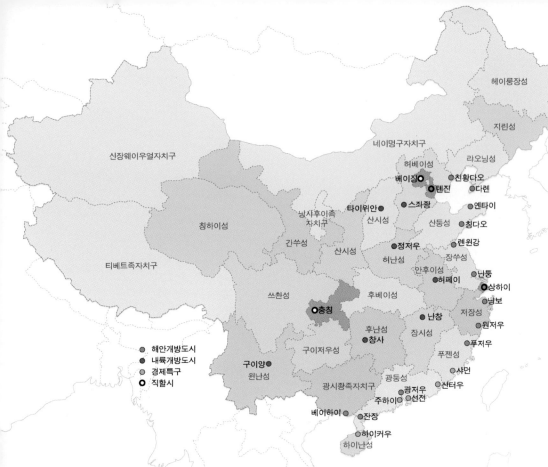

중국의 개혁·개방 1978년부터 시작된 대외 개방 정책은 연해 지방에 경제특구를 두는 방식으로 시작되었다. 1980년에는 남동 연해의 선전, 주하이, 산터우, 샤먼이 경제특구로 지정되었다. 1984년에는 다롄, 친황다오, 톈진, 상하이, 푸저우, 광저우, 잔장, 베이하이 등 14개 연해 도시를 대외 경제 개방도시로 지정했다. 개방 정책은 톈안먼 사태를 기점으로 한때 주춤했으나, 1992년 이후 다시 전면화했다.

도 늘었다. 부지런하고 돈 많이 버는 농민이 좋은 농민이라는 새로운 문화도 생겨났다.

  도시에서는 현대화한 대기업이 빠르게 늘고, 여러 분야의 기업들이 활발하게 활동했다. 그리하여 부유한 도시, 성공한 기업가가 나왔고, 노동자의 평균 수입도 높아졌다.

톈안먼 사태가 발생하다

경제가 살아나면서 경제특구를 더 많이 지정하고, 시장 경제를 더욱 확장했다. 중국 공산당에 대한 인민의 지지도 높아졌다.

그러나 예상하지 못한 부작용도 많았다. 빈부 격차가 심해졌고, 그저 돈만 많이 벌면 된다는 식의 문화가 빠르게 확산되었다. 당 간부나 정부 관리의 부패도 심각해졌다.

이 같은 상황에 이르자, 민주화를 주장하는 운동이 점차 활기를 띠었다. "사상과 언론의 자유를 더욱 확대해야 한다!", "관리의 부패를 막기 위해서 견제할 수 있는 장치가 필요하다!"라는 주장이 제기되었다. 나아가 공산당 이외의 정당이 활동할 수 있어야 하고, 서양의 의회민주주의 도입을 고려하자는 주장도 생겨났다.

1989년은 5·4 운동 70주년이었다. 베이징의 학생과 지식인 들은 4월 중순부터 독재 반대, 언론과 결사의 자유 등을 주장하며 집회를 열었다. 5·4 운동의 중심지인 톈안먼 광장은 민주화를 주장하는 시위의 중심지가 되었다. 5월에는 일반 시민의 참여도 확대되었고, 종종 정부 관계자마저 참가했다. 시위에 참가하기 위해 먼 지방에서 온 사람들도 많았다. 순식간에 시위 참가자가 100만 명을 훌쩍 넘었다.

때마침 폴란드와 독일 등 동유럽 여러 나라에서 사회주의 체제를 반대하는 운동이 크게 일어났고, 소련에서도 자유화 운동이 불붙었다.

위기를 느낀 공산당은 5월 20일, 베이징에 계엄령을 선포했다. 군대가 톈안먼 광장을 둘러쌌으나, 시위대는 흩어지지 않았다.

2주 동안 군대와 시위대의 대치가 이어졌다. 결국 공산당은 군대를

톈안먼 사태 1989년 4월 15일 처음 시위가 시작되었다. 시위대는 관리들의 부패와 빈부 격차 확대를 비판함과 동시에 기본적 인권, 언론의 자유 등 정치적 민주화를 요구했다. 6월 4일 군대가 시위를 강제 해산하면서 많은 희생자가 생겼다. 희생자 수는 공식적으로 밝혀지지 않았는데, 사망자가 수백 명 또는 수천 명에 이른다는 추정까지 여러 주장이 있다. 사진은 시위의 상징물이었던 민주주의와 자유의 여신상이다.

동원하여 시위대를 강제로 진압했다. 수백 명이 죽고 만여 명이 부상을 입은, 심각한 유혈 사태였다.

무력 진압을 결정한 것은 덩샤오핑이었다. 그는 광장의 시위대가 '당과 사회주의를 무너뜨려, 중국을 서양 자본주의 국가에 예속된 국가로 만들려 한다'고 주장했다.

민주화를 주장했던 인물은 대부분 체포되거나 나라 밖으로 망명했다. 공산당 안에서 강제 진압을 반대하고, 경제 건설과 민주화를 동시에 추진하자고 주장했던 인물들도 제거되었다.

되찾은 홍콩, 일국양제를 시험하다

톈안먼 사태는 나라 안팎에 충격을 주었다. 일단 공산당 안에서는 개혁·개방이 자본주의 문화를 확산시켰다고 주장하는 보수파의 목소리가 높아졌다. 그리고 미국과 일본을 비롯한 주요 자본주의 국가와의 관계가 나빠졌다. 이 때문에 개혁·개방은 큰 타격을 입었다.

비슷한 시기, 사회주의 국가였던 동독이 자본주의 국가인 서독에 흡수되고 동유럽 사회주의 체제가 차례로 무너졌다. 심지어 사회주의 종주국인 소련마저 붕괴되었다. 중국 공산당 내 보수파의 우려는 더욱 커졌다.

그러나 개혁·개방 정책 자체는 흔들리지 않았다. 장쩌민을 새로운 지도자로 선출한 중국 공산당은 베이징 아시안 게임을 성공적으로 개최하고, 아시아 외교를 강화하여 국제적으로 고립되지 않도록 했다.

개혁·개방 정책은 1992년 이후 다시 불붙었다. 같은 해 1월부터 한 달 동안, 덩샤오핑은 선전과 상하이 등 다섯 도시를 방문했다.

"자본주의에도 계획이 있는 것처럼, 사회주의에도 시장이 있어야 합니다. 사회주의인가 자본주의인가를 논쟁하지 말고 생산력 발전, 국력 양성, 인민 생활 향상에 유리한가 아닌가를 기준으로 삼읍시다!"

덩샤오핑은 '개혁·개방이야말로 중국이 나아갈 유일한 길'임을 여러 차례 강조했다.

중국 공산당은 덩샤오핑의 제안을 전폭적으로 받아들여 정책에 반영했다. '개혁·개방은 앞으로 100년 동안 흔들리지 않고 진행될 것'이란 말도 나왔다. 개방을 내륙이나 국경 지역으로 확대하고, 외국인

홍콩 반환식 1984년 12월 19일, 중국은 영국과 홍콩 반환 협정을 맺었다. 영국이 홍콩을 빼앗은 지 155년 만인 1997년 7월 1일부터 홍콩을 중국 영토로 복귀시킨다는 내용이었다. 사진은 홍콩컨벤션센터에서 열린 반환식 장면으로 장쩌민 국가 주석, 영국의 왕세자, 총리 등이 참석했다.

투자를 끌어들이기 위해 노력했다.

중국 지도부가 분명한 입장을 밝히자 외국인의 중국 진출이 활발해졌다. 자동차·전자는 물론 소비재 공업에서 최첨단 공업에 이르기까지 수많은 기업이 중국에 투자했다.

1997년 2월, 덩샤오핑이 세상을 떠났다. 그러나 그의 주장은 사회주의 이념과 시장 경제의 장점을 아우른 사회주의 시장 경제 이론으로 정립되어 후계자들에게 계승되었고, 경제 성장도 꾸준히 이루어졌다.

1997년 7월에는 150여 년 전 영국에 빼앗겼던 홍콩을 돌려받았다. 1980년대 초, 덩샤오핑이 터를 닦은 일이었다. 그는 사회주의 중국과 자본주의 홍콩·타이완이 하나의 중국 속에 공존할 수 있다고 생각했다. 그러한 체제를 덩샤오핑은 '일국양제'라 불렀다.

덩샤오핑과 함께 통일과 부강, 평화 공존을 향한 중국의 새로운 출발이 시작되었다.

4 | 사회주의 시장 경제, 다시 떠오르는 중화 제국

중국 특색의 사회주의

덩샤오핑 이론은 중국 인민을 영도하여 개혁·개방 과정에서 성공적으로 사회주의 현대화 건설을 실현할 수 있는 정확한 이론이다.

— 제15차 공산당 전국대회 보고

1997년, 10년에 한 번씩 열리던 공산당 전국대회가 열렸다. 덩샤오핑이 세상을 떠난 직후였다. 중국 공산당은 물론 군과 정부를 이끌던 장쩌민은 '위대한 덩샤오핑 이론을 앞세워 중국 특색의 사회주의를 건설하자'라는 제목으로 연설했다.

2002년에는 중국 공산당 제16차 전국대회가 열렸다. 이때 장쩌민이 은퇴하고, 후진타오가 새로운 당 총서기로 선출되었다. 후진타오역시 '사회주의 이상을 유지하되, 개혁·개방 정책을 적극 추진하자'

장쩌민과(오른쪽) 후진타오(왼쪽) 장쩌민(1926~)은 1989년부터 2002년까지, 후진타오(1942~)는 2002년부터 2012년까지 중국 공산당 총서기를 지냈으며, 당과 정부, 군대의 요직을 모두 차지하여 실질적으로 중국을 이끌었다.

는 공산당의 방침을 충실하게 계승했다.

장쩌민은 대학에서 전기를 전공했고, 후진타오는 수리 시설과 하천 개발을 전공했다. 두 사람 모두 엔지니어로 출발하여 현장에서 상당한 공을 세웠고, 그 능력을 인정받아 당 지도자로 선출된 것이었다.

그들은 '현대화'를 가장 중요한 과제로 생각하고 실천했다. 이를 위해서는 개혁·개방의 원칙, 사회주의 이상과 공산당의 지도 원칙, 이 두 가지가 흔들리지 않아야 한다고 생각했다. 그래서 두 사람 모두 덩샤오핑의 톈안먼 시위 진압을 옳다고 여겼다.

"중국은 아직 사회주의 초급 단계에 불과합니다. 국가는 경제 건설에 집중해야 하며, 이를 위해서는 정치 안정이 필수적입니다. 오직 중국 공산당만이 경제 건설과 정치 안정을 함께 이룰 수 있습니다."

이들은 여러 정당이 경쟁하고 의회를 통해 정책을 결정하는 서양식 민주주의를 받아들일 수 없다고 선을 그었다.

세계의 공장에서 세계의 시장으로

1997년, 한국은 IMF 사태를 맞아 경제가 급격히 후퇴했고, 동아시아 여러 나라도 줄줄이 경제 위기를 맞았다. 2008년, 미국에서 시작된 경제 위기는 주요 자본주의 국가들에까지 번져 나갔다. 그러나 두 시기 모두 중국은 물가 안정과 연간 9퍼센트에 이르는 고도성장을 달성했다.

그 결과 중국은 경제 규모와 1인당 소득 두 측면에서 큰 성과를 거두었다. 이제 중국은 세계 2위의 경제 규모를 자랑하게 되었으며, 1인당 소득도 3000달러에 이르렀다.

이는 제조업이 빠르게 성장한 결과였다. 세계 제조업에서 중국이 차지하는 비중이 11.4퍼센트(2007년 기준)에 이르렀으며, 생산량이 세계 1위를 달성한 분야도 여럿 있다. 수출과 수입도 급격히 늘어났는데, 수출이 수입보다 훨씬 많아 해마다 벌어들이는 외화가 엄청나다.

이제 세계 어느 나라에서나, 중국 상품이 없는 생활을 상상할 수 없게 되었다. 미국 정부가 발행하는 채권을 가장 많이 보유한 나라가 중국인 것처럼, 미국 경제는 물론 세계 경제 질서에 미치는 중국의 영향력이 갈수록 커지고 있다.

여전히 많은 자본주의 국가의 기업들이 중국에 투자하고 있다. 앞

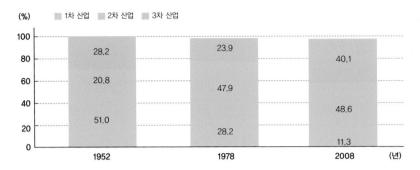

(%)	■ 1차 산업	■ 2차 산업	■ 3차 산업

1952	1978	2008
28.2	23.9	40.1
20.8	47.9	48.6
51.0	28.2	11.3

중국의 산업구조 1952년은 중화인민공화국이 전쟁의 폐허를 겨우 수습하던 때, 1978년은 중국이 문화혁명을 종결짓고 본격적으로 개혁·개방 정책으로 나아가던 시점이다. 신중국 건설 60년 만에 중국은 가난한 농업 국가에서 세계적인 공업 국가로 탈바꿈하고 있다.

으로 세계 최대의 시장이 될 것이 분명하기 때문이다. 중국이 한국의 최대 수출국인 것처럼, 많은 나라에서 중국 시장에 팔기 위해 생산을 늘리고 있다.

2010년대 중국은 세계 최대의 공업국이며, 세계적인 소비 시장으로 떠올랐다.

세계적인 가전 회사 하이얼 공장 중국 칭다오에 본사를 둔 세계 최대의 가정용 전자제품 제조 회사 하이얼 그룹은 중국에서는 '하이얼 가전 왕국'으로 통할 정도로 영향력이 크다.

사회주의 조화 사회, 그리고 중화 민족주의

그러나 역동적인 변화는 불균형 발전을 토대로 이루어졌다. 경제 성장은 동부 해안의 대도시를 중심으로 이루어졌다. 중서부나 동북 3성, 그리고 농촌은 개혁·개방 정책의 효과가 미진했고, 인민의 살림살이도 많이 나아지지는 못했다.

빈부 격차 문제는 갈수록 심각해졌다. 개혁·개방을 거치며 이제 살만한 세상이 되었다고 생각하는 이들도 늘었지만, '철저한 평등'을 내걸었던 마오쩌둥 시대를 지낸 이들은 과거를 추억했다.

2001년, 장쩌민은 '선부론을 넘어서 공부론'●으로 나아가자고 제안했다. 뒤를 이은 후진타오는 '사회주의 조화 사회 건설'을 내걸었다. 이후 중국 공산당은 고도성장과 균형 발전을 함께 이루는 방향으로 정책을 설계했다.

장쩌민과 후진타오가 중국을 이끄는 동안, 중서부 내륙 지방과 동북 3성처럼 발전이 늦었던 지역도 개발이 빠르게 진행되었다. 농촌을 변화시키며, 사회 보장 제도를 강화하려는 정책도 추진되었다.

후진타오가 당 총서기로 선출된 2002년, 중국 공산당 제16차 전국 대회는 장쩌민이 주장한 '3개 대표론'을 당이 추구할 지도 이념으로 내세웠다.

"중국 공산당은 생산력을 발전시킬 요구를 대표하며, 선진 문화의

● **선부론을 넘어서 공부론** | 선부론은 먼저 부자가 되는 이가 있어야 두루 잘사는 기회가 생긴다는 성장 중심의 주장. 공부론은 분배야말로 지속적인 성장을 가져온다는 주장이다.

나아갈 방향을 대표하며, 광대한 인민의 근본 이익을 대표한다."

이제껏 중국 공산당은 노동자와 농민이 주도하는 혁명 정당을 자처했다. 그런데 이 주장은 선진 문화를 상징하는 지식인은 물론, 앞선 생산력을 달성한 기업인을 포함하여, 중국 인민 각계각층을 대변하는 국민 정당을 자처한 셈이다.

2007년에 열린 중국 공산당 제17차 전국대회는 '위대한 중화의 복원'을 강조했다. 후진타오는 현대화를 이룩함으로써, '중화 문명의 새

베이징 올림픽 2008년 중국의 베이징에서 열린 제29회 하계 올림픽을 말한다. 204개국에서 1만 942명의 선수가 참여하였다. 개막식과 폐막식을 비롯하여 경기 대부분이 베이징에서 열렸고, 칭다오, 홍콩, 텐진, 상하이, 선양, 친황다오에서도 일부 경기가 열렸다. 중국이 가장 많은 금메달을 획득하였다.

로운 광채를 널리 떨치고, 중화 민족의 새로운 모습을 창조하며, 평화를 애호하고 신뢰와 친목을 도모하고, 모든 나라와 화합할 수 있는 중화 문명의 부흥을 함께 만들어야 한다'라고 제안했다.

전설 속에서 중국인의 황금시대를 열었다는 황제가 중국인의 공동 조상으로 떠올랐다. 중국은 진작부터 한족을 중심으로 55개 소수 민족이 다민족 통일 국가를 이루었다는 중화민족론이 강조되었으며, 공자가 위대한 스승으로 새롭게 조명을 받았다. 이 모두 사회주의 혁명 이후 철저히 무시된 일들이었다.

다시 떠오른 중화 제국, 그 빛과 그림자

2008년, 베이징에서 올림픽이 열렸다. 13억 인구에서 선발된 중국 선수들은 훌륭한 기량을 과시했고, 중국은 세계 제일의 스포츠 강국임을 분명하게 보여 주었다.

그러나 많은 사람들이 놀란 것은 중국 대표팀의 성적이나 중국의 화려한 전통 문화가 아니었다. 세계를 놀라게 한 것은 개회식에서 폐회식에 이르기까지 곳곳에서 드러난 중국의 첨단 기술이었다. 또한 하루가 다르게 변화하는 중국의 역동적인 모습이었다.

그로부터 꼭 1년 뒤, 베이징에서는 신중국 60년을 기념하는 행사가 열렸다. 2009년 10월 1일, 후진타오는 60년 전 마오쩌둥이 중화인민공화국 창건을 선포했던 톈안먼 성루에 올랐다. 당시의 마오쩌둥과 똑같은 회색 인민복을 입고 나타난 후진타오 옆에는 장쩌민 전 주석을 비롯한 주요 지도자들이 함께 서 있었다.

"사회주의만이 중국을 구할 수 있고, 개혁·개방만이 중국을 발전시킬 수 있습니다."

"중국 특색의 사회주의 깃발 아래 단결하여, 중화 민족 부흥의 목표를 실현합시다."

"타이완과 평화 통일을 이루기 위해 계속 노력합시다."

이날 후진타오는 100년의 굴욕을 딛고 60년의 성취를 이루어 낸 공산당의 지도 아래, 중화 민족의 부흥을 이루어 내자고 호소했다.

일찍이 세계적인 문명을 건설한 중국인들, 주변 세계를 문명의 빛으로 밝히겠다며 스스로를 중화라 내세운 중국인들. 굴욕적인 패배와 참혹한 근대의 경험 속에서 사회주의를 선택한 중국인들, 이념과 실용의 뒤섞임 속에서 후퇴와 전진을 거듭한 중국인들.

그들이 만들어 낼 새로운 미래는 어떤 모습일까?

● 분배에 초점을 둔 '공부론'

"30년 동안 실시된 개혁·개방 정책이 동부 해안가 도시들을 모델로 삼았다면, 앞으로의 30년은 충칭이 새로운 모델이 될 것입니다."

2012년, 충칭의 당 서기는 한 인터뷰에서 이같이 자신했다. 충칭에서 무슨 일이 일어나고 있는 것일까?

2007년, 중국 정부는 주로 동부 해안가 도시에 설정했던 경제특구를 서부 내륙 지역의 중심지인 충칭에 새롭게 지정했다. 이는 도시와 농촌 간의 빈부 격차, 도심과 외곽 간의 빈부 격차를 줄이고, 성장보다 분배를 강조한 '공부론'을 실천한 것이었다.

같은 해 열렸던 중국 공산당 제17차 전국대회에서는 '선부론' 위주의 정책으로 나타난 문제를 해결하는 데 주력하기로 의견을 모았다. 이제는 경제 성장의 과실을 온 국민이 고루 나누어야 할 때가 되었다고 판단한 것이다.

충칭 2010년 기준 인구 2800만 명이 넘는 대도시로 1997년에 직할시로 승격되었다. 중일 전쟁 시기 국민정부의 임시 수도였으며, 2007년 경제특구로 지정되어 내륙 개발의 거점 도시로 비약적인 발전을 거듭하고 있다.

충칭의 기업들은 노동자의 작업 환경과 복지 시설을 개선하거나, 회사 수익의 일정한 비율을 사원의 퇴직금으로 적립하는 등 공부론을 실천하는 모범 기업이 되기 위해 앞다투어 경쟁하고 있다. 이러한 충칭의 시도처럼, 중국 전역에서 공부론이 대세로 자리 잡을 수 있을까?

사회주의 시장 경제를 선도하는 광둥 성

부유한 중국을 상징하는 광둥 성. 중국 남부 바닷가와 인접해 있는 이곳은 홍콩과 연결되어 무서운 속도로 발전하고 있는 경제 도시들이 밀집해 있다.

광둥 성의 정치·경제 중심지는 단연 광저우다.

먼저 휘황찬란한 야경을 뽐내며 600미터 정도의 엄청난 높이로 우뚝 서 있는 광저우 탑이 시야에 확 들어온다. 이 탑을 비롯하여 높은 건물들이 즐비한 쇼핑의 천국 광저우는 중국 최대의 상업 도시라 할 만하다.

광저우는 중국의 남쪽 바다와 인접해 있어 예로부터 외국과 접촉이 잦았다. 당나

광저우 시의 고층 빌딩 광저우는 광둥 성 성도가 있는 도시, 2010년 기준으로 인구가 1200만 명이 넘는 대도시다. 중화민국 광둥 정부가 있던 곳이며, 국민 혁명의 출발점으로도 유명하다.

라 때부터 무역항으로 발전을 거듭했고, 명나라 때는 조공을 위해 들어오는 배들로, 청나라 때는 중국과 교역하기 위해 들어오는 유럽의 배들로 가득 찼다.

그러나 아편 전쟁을 겪으면서 사정이 달라졌다. 홍콩 및 주룽 반도를 영국에 빼앗기고 상하이가 새로운 항구로 발돋움하면서, 광저우의 번영은 주춤했다.

1979년, 덩샤오핑이 개혁·개방정책을 본격적으로 실시하면서 광저우는 새로운 도약의 기회를 맞이했다.

이후 광저우는 제조업 분야에서 중국을 선도하는 지역이자 '세계의 제조 공장'으로 자리 잡았다. 해마다 봄가을에 '광저우 교역회'를 개최하는데, 이때마다 수많은 외국 기업과 무역 상인으로 문전성시를 이룬다. 중국 한 해 수출의 3분의 1 이상이 광저우 교역회에서 이루어진다고 하니, 실로 엄청난 규모의 박람회임을 알 수 있다.

이제 광저우, 홍콩과 연결되어 발전을 거듭하고 있는 선전으로 가 보자.

원래 초라한 어촌 마을에 불과했던 선전은 최초의 경제특구로 지정되면서 발전했다. 화교들의 엄청난 자본과 외국 기업의 투자가 이루어지면서 근대적인 공업 도시로 탈바꿈한 것이다. 이제는 중국에서 부자들이 가장 많이 살고 있는 도시로 손꼽히고 있으니, 그야말로 상전벽해라는 표현이 어울리는 곳이다.

최근 선전은 금융, IT 산업에 대한 투자를 늘리면서 새로운 도약을 꿈꾸고 있다. 홍콩을 뛰어넘는 최고의 도시를 만들겠다며 야심찬 포부를 밝혔으니, 기대해 볼 만하다.

사회주의 시장 경제의 핵심 지역, 나라는 하나지만 사회주의와 자본주의 두 체제를 아우른 '일국양제' 체제가 가동되고 있는 이곳. 이곳의 실험은 앞으로 중국 사회에 어떤 변화를 가져올까?

선전의 중심가 선전은 홍콩과 육지로 연결되어 있으며, 1980년 최초의 경제특구로 지정된 뒤 비약적으로 발전했다. 2010년 기준으로 인구 1000만 명이 넘는 대도시로, 비약적인 경제 성장과 도시화가 이루어졌다.

역사 속의
중국과 우리나라

한반도에서 처음 성립된 국가는 고조선이었다. 고조선은 중국과 구별되는 청동기 문화를 토대로 성립되었고, 북중국의 중국 세력과 경쟁하면서 성장했다.

고조선은 중국 한나라의 침략을 받아 멸망했다. 그러나 고조선의 옛 땅에는 새로운 국가가 형성되었고, 이후에도 한반도와 만주 일대는 삼국과 가야가 일어나 독자적인 역사를 일구었다. 중국의 왕조들은 이들을 '삼한'이나 '해동'이란 말로 뭉뚱그려 불렀다.

삼국과 중국은 여러 갈래로 교섭했다. 고구려가 여러 차례 침략을 당했으나, 중국의 한자와 유교 문화, 발전된 통치제도는 삼국 문화의 수준을 높이는 데 기여했다. 통일신라와 발해는 이전보다 훨씬 활발하게 중국과 교류했다. 많은 유학생과 상인, 사절단이 당을 찾았고, 그곳에서 세계적 수준의 중국 문화와 다양한 외래 문화를 만났다. 그것은 발해를 발전시키고, 신라와 고려 사회를 개조하는 데 새로운 상상력을 불러일으켰다.

'책봉'과 '조공'은 중국 왕조와 고려, 조선의 관계를 이해하는 핵심 키워드다. 책봉은 중국 황제가 고려·조선 왕을 임명하는 절차를, 조공은 고려·조선이 예를 갖추어 중국 황제를 찾는다는 뜻이다. 그러나 책봉과 조공은 종속의 제도화이기보다 친선의 징표였다. 일시적인 예외를 빼면, 중국 왕조들이 고려·조선의 내정에 간섭하지 않았고, 조공은 대등한 경제·문화 교류 형식을 취했기 때문이다.

고구려가 수·당의 침략을 받았고, 고려는 거란족과 몽골족의 침략을 여러 차례 받았다. 조선도 여진족의 침략을 받아 고통을 겪었다. 그러나 중국 왕조가 침략당한 조선을 돕기 위해 대군을 파견하기도 했다. 조선이 일본의 침략을 받았던 임진왜란(1592~

1598) 때였다. 명의 조정은 일본의 조선 침략을 자국의 안보 문제로 받아들였고, 대군을 보내 여러 해 동안 함께 일본과 싸웠다.

청일 전쟁을 계기로 조선과 청의 관계는 달라졌다. 청과 조선 사이의 책봉–조공 관계가 끝났고, 많은 조선 사람이 청 대신 일본이나 서양을 거울로 삼아 자신을 들여다보기 시작했다. 그러나 변혁을 추구하는 중국인의 활동은 조선 혁명가들의 피를 끓게 했고, 많은 독립운동가가 중국에서 항일 운동의 터전을 잡았다.

일제에 맞서면서 조·중 연대 활동도 활발했다. 중국의 혁명에 가담한 조선인이 여럿 나왔고, 조선의 독립 운동을 지원하는 중국인도 적지 않았다. 한국인은 중국인과 연대하면서 더 효과적으로 싸울 수 있었고, 중국의 국가 건설 과정을 지켜보면서 독립을 이룬 뒤 나라를 세우는 문제를 더 깊이 생각할 수 있었다.

한반도의 분단, 중화인민공화국의 탄생은 두 민족의 긴 역사에 새로운 전환점이었다. 사회주의를 지향한 북한은 중화인민공화국과 결속되었고, 남한과 중국의 관계는 경색되었다. 한국 전쟁 때는 수십만의 중화인민공화국 군대가 북한과 함께 싸웠다.

한국 전쟁을 거치면서, 중국과 북한은 피를 나눈 동맹 국가가 되었고, 남한은 중국을 적대시했다. 한국인과 중국인이 공유했던 평화의 기억들은 잊었고, 서로 협력하면서 새로운 동아시아, 새로운 세계를 만들어 갈 수 있는 가능성은 아예 검토조차 되지 못했다.

1992년, 한국은 정식으로 중국과 국교를 수립했다. 이후 한국과 중국의 교류는 빠르게 늘었다. 사람의 왕래도 활발해졌고, 무역과 투자도 폭발적으로 늘었다. 그러나 전쟁이 남긴 상처는 여전하여, 남과 북 그리고 중국이 '동아시아'란 공동의 집을 만들기까지 넘어야 할 산이 많다.

중국의 역사를 통해
중국인의 꿈을 엿보다

2012년 8월로 한중 수교 20주년을 맞았다. 1992년부터 20년 동안 한국과 중국의 교역은 폭발적으로 확대되었다. 이제 중국은 한국의 최대 수출국이자 한국인이 두 번째로 투자를 많이 하는 나라가 되었다. 특히 중국과 무역을 통해 한국이 거두어들인 무역 흑자는 최근 20년 동안 한국의 무역 흑자 총액과 비슷하다.

인적 교류도 매우 활발하다. 한국을 찾는 외국 관광객 중 중국인이 압도적으로 많고, 한국에 거주하는 외국인 중에도 중국인이 단연 1등이다. 유학생이나 사업을 위해 중국에 머무는 한국인, 중국을 찾는 한국인 관광객 수도 급속히 늘었다.

이처럼 한국과 중국의 관계는 그 어느 때보다 긴밀하고, 이러한 관계는 더욱 깊어질 전망이다. 새롭게 출범한 중국의 지도부가 그것을 분명히 보여 준다.

2013년 3월 새로운 중국 지도자로 시진핑이 선출되었다.

시진핑은 국가 주석에 취임하면서 2049년까지 민주 문명을 바탕으로 각계각층이 고루 잘사는 현대화된 사회주의 국가를 만들 것을 약속했다. 시진핑은 이것을 '중국의 꿈'이라 명명했고, 모든 인민이 함께 중국의 꿈을 현실로 만들기 위해 노력하자고 제안했다.

시진핑이 말한 '중국의 꿈'은 후진타오나 장쩌민, 덩샤오핑이 꿈꾸던 미래와 그리 다르지 않다. 그는 지속적인 경제 성장을 통해 부강한 나라를 만들겠다는 목표를 앞세웠고, 그가 집권하는 동안 중국의 경제는 계속 성장하였으며 국제적 영향력도 높아졌다.

한국과 중국은 경제적으로나 정치적으로나 깊이 결속되어 있다. 치열하게 경쟁하는 영역도 있는 반면에, 상대의 존재를 필요로 하는 부분도 많다. 한반도 미사일 체계 사드(THAAD) 문제로 외교적 갈등을 겪기도 했지만, 한반도와 중국이 밀접한 관계라는 걸 다시 생각할 수 있었다. 2018년 이후 한반도 평화 체제 구축을 위한 노력이 활발해지면서 중국과의 관계가 더욱 중요해졌다.

한반도 평화가 동아시아 평화와 긴밀하게 연계된 점을 고려하고, 또 중국이 북한과 갖는 특수한 관계까지 고려한다면, 우리의 미래를 새롭게 설계하기 위해서도 중국을 이해하기 위한 더 큰 노력이 필요할 것이다.

개혁·개방 40년의 역사, 나아가 신중국 70년 역사를 아는 데서 출발해 보자. 중국인들이 겪은 근대 체험, 삶 깊은 곳에 내재한 오랜 전통의 목소리에 귀 기울여 조심스레 동아시아의 미래를 상상해 보자.

● 연표

중국사	세계사	한국사

BC

중국사	세계사	한국사
170만 년경 윈난 성에서 위안머우인 등장		
50만 년경 베이징 근처에서 베이징인 등장		**70만 년경** 구석기 문화 시작
	4~5만 년경 현생 인류 출현	
	1만 년 전 농경과 목축 시작	
	1만 년경 조몬 시대 개막	
	3세기경 벼농사 시작, 야요이 시대	
5000년경 반포 지역에 신석기 마을 형성		**8000년경** 신석기 문화 시작
	3000년경 메소포타미아 문명, 이집트 문명 성립	
	2500년경 인더스 문명 성립	**2333년경** 고조선 건국
2070년경 하 건국(추정)		**1500년경** 청동기 문화 시작
1600년경 은 건국		
1300년경 은, 수도를 은(은허)으로 옮김	**1240년경** 아시리아, 바빌로니아 정복	
1046년 은 멸망, 주 성립	**1020년경** 헤브라이 왕국 성립	
770년 주의 동천, 춘추 시대 시작		
651년 제나라 환공, 패자로 추대	**750년경** 그리스, 폴리스 성립	
551년 공자 탄생	**671년경** 아시리아, 오리엔트 통일	
	492년경 그리스·페르시아 전쟁	
403년 진(晉)의 분열, 전국 시대 시작	**431년경** 펠로폰네소스 전쟁	**400년경** 철기 문화 시작
370년경 직하학궁 건립		
359년 상앙, 변법 실시		
333년 소진, 합종책으로 6국 동맹 결성	**317년경** 인도 북부, 마우리아 왕조 건국	
318년 6국이 흉노와 연합하여 진에 대항	**300년경** 일본, 야요이 시대	
	264년경 포에니 전쟁	
	247년경 옛 페르시아 땅에 파르티아 건국	
221년 진(秦)의 중국 통일		
215년 몽염이 흉노 제압, 만리장성 축조 시작		
209년 진승·오광의 난		
202년 유방, 한 건국		
198년 한과 흉노의 화친 성립	**146년경** 카르타고, 로마에 멸망	
139년 장건, 흉노 견제를 위해 서역 파견		
136년 한 무제, 장안에 태학 건립		**108년** 고조선 멸망
91년 사마천, 〈사기〉 완성	**73년** 로마, 스파르타쿠스의 반란	**57년** 신라 건국
	30년경 헤브라이에서 크리스트교 성립	**37년** 고구려 건국
	27년 로마, 제정 수립	**18년** 백제 건국

AD

중국사	세계사	한국사
8년 왕망, 신 건국		

25년	유수, 뤄양을 도읍으로 후한 건국	
105년	채륜, 종이 발명	
184년	황건적의 난	
		200년경 베트남 남부에 참파 왕조 성립
208년	적벽대전	
220년	후한 멸망, 위·촉·오 삼국 시대 시작	**227년경** 사산 왕조, 페르시아 성립
280년	사마염, 진(晉)을 건국하고 삼국 통일	
316년	5호 16국 시대 시작	**320년경** 인도, 굽타 왕조 건국
		371년 백제, 고구려 평양성 공격
		375년 게르만족, 로마 제국으로 이동 시작
		395년 로마 제국, 동서로 분열
		4~6세기경 야마토 정권 성립
		427년 고구려, 평양으로 수도 옮김
		433년 신라, 백제 동맹 성립
439년	북위의 화북 통일, 남북조 시대 시작	
460년경	윈강 석굴 조성 시작	**476년** 서로마 제국 멸망
		481년 프랑크 왕국 건설
		4~10세기경 중앙아메리카, 마야 문명 성립
494년	효문제, 뤄양으로 천도하고 한화 정책 실시	
534년	북위, 동위와 서위로 분열	
		562년 신라, 가야 정복
589년	수 문제, 중국 통일	**610년** 무함마드, 이슬람교 창시
605년	대운하 건설 시작	
612년	수 양제, 고구려 침공	**612년** 살수대첩
618년	이연, 당나라 건국	
637년	율령 반포	**642년** 사산 왕조 페르시아, 이슬람에 멸망
645년	현장, 인도에서 장안으로 돌아옴	**645년** 일본, 다이카 개신
		648년 신라, 당나라와 동맹
		676년 신라, 삼국 통일
690년	측천무후, 주를 세우고 황제 즉위	**698년** 발해 건국
		710년 일본, 나라 시대 시작
755년	안록산의 난	

780년	양세법 실시	794년	일본, 헤이안 시대 돌입		
		800년	프랑크 왕국의 카롤루스 대제, 서로마 황제 대관		
875년	황소의 난				
				900년	견훤, 후백제 건국
907년	당 멸망, 5대 10국 시대 시작				
916년	야율아보기, 거란국(요) 건국			918년	왕건, 고려 건국
960년	조광윤, 송 건국			1019년	귀주대첩
1004년	요와 송, 형제관계 맺고 화친				
		1037년	셀주크튀르크 건국		
		1054년	크리스트교, 동·서 교회로 분열		
1069년	왕안석의 신법	1067년	안남, 참파 정벌		
		1077년	카노사의 굴욕		
		1096년	십자군 전쟁		
1115년	아구타, 금 건국			1126년	이자겸의 난
1127년	북송 멸망, 남송 성립				
				1170년	무신정변
1190년	주희, 대학·논어·맹자·중용을 새롭게 간행	1192년	가마쿠라 바쿠후 성립		
1206년	칭기즈칸, 몽골 제국 성립				
				1231년	몽골 침입
1240년	바투, 키예프 정복				
1258년	훌라구, 바그다드 정복			1270년	삼별초 항쟁
1271년	쿠빌라이, 원 건국				
1274년	마르코 폴로, 대도 도착	1274년	여·원 연합군 제1차 침입		
1279년	남송 멸망, 원의 중국 재통일				
		1293년	인도네시아, 마자파히트 왕조 성립	1392년	고려 멸망, 조선 건국
		1299년	오스만튀르크 건국		
		1336년	남북조 시대 시작		
		1337년	영국·프랑스 백년전쟁		
1368년	명 건국	1369년	중앙아시아에 티무르 제국 성립		
		1392년	무로마치 바쿠후의 요시미쓰, 남북조 통일		
1405년	정화의 원정 시작				
		1428년	아스테카 문명, 중앙 멕시코 지배		
1429년	베이징을 수도로 삼음		안남, 명에서 독립		
				1446년	훈민정음 반포

	1453년 오스만튀르크, 콘스탄티노플 점령	
	1455년 장미전쟁	
	1467년 전국 시대 돌입	
	1492년 콜럼버스, 서인도 제도 도착	
	1498년 바스쿠 다 가마, 인도 캘리컷 도착	
	1502년 페르시아, 사파비 왕조 성립	
	1517년 루터의 종교 개혁	
	1521년 에스파냐, 멕시코 정복, 아스테카 제국 멸망	
1557년 포르투갈 인에게 마카오 거주 허가	**1543년** 코페르니쿠스, 지동설 발표	
1572년 장거정의 개혁	**1562년** 프랑스, 위그노 전쟁	
	1590년 도요토미 히데요시, 일본 통일	
	1592년 일본, 조선 침략(임진왜란)	**1592년** 임진왜란
	1600년 영국, 동인도 회사 설립	
	1603년 에도 바쿠후 수립	
1616년 만주족의 누르하치, 후금 건국	**1613년** 러시아, 로마노프 왕조 성립	
	1618년 독일, 30년 전쟁	
		1627년 정묘호란
1636년 후금, 국호를 청으로 고침		**1636년** 병자호란
1644년 명 멸망, 청이 중국 지배	**1642년** 영국, 청교도 혁명	
	1651년 영국, 항해조례 발표	
1683년 청, 타이완을 영토로 편입		
	1701년 프로이센 왕국 성립	
	1709년 영국, 인클로저 운동	
		1725년 탕평책 실시
1757년 청, 신장 위구르 지역을 영토로 편입	**1756년** 7년 전쟁	
	1760년경 영국에서 산업혁명 시작	
	1776년 미국, 독립 선언	
	1779년 카자르 왕조, 페르시아 통일	
	1789년 프랑스 혁명, 인권 선언	
1796년 백련교의 난		
	1803년 미국 선박이 나가사키에서 통상 요구	
	1803년 안남, 국호를 베트남으로 정함	
	1814년 빈 회의	**1811년** 홍경래의 난
	1834년 독일, 관세 동맹 성립	
1840년 아편 전쟁		
1842년 영국과 난징조약 체결, 홍콩 할양		
1851년 태평천국 운동		
1856년 애로 호 사건	**1857년** 인도, 세포이 항쟁	
	1858년 미·일 수호 통상 조약 체결	
	1859년 다윈, 《종의 기원》 출판	

1860년 영·프 연합군 베이징 점령, 양무운동	**1861년** 미국, 남북 전쟁	
	1862년 제1차 프랑스·베트남 전쟁	
	1863년 링컨, 노예 해방 선언	**1863년** 고종 즉위, 흥선 대원군 집권
	1868년 메이지 유신	**1866년** 병인박해, 병인양요
	1871년 독일 제국 성립, 파리 코뮌 성립	**1871년** 신미양요
		1875년 운요호 사건
		1876년 강화도 조약 체결
1883년 청·프 전쟁	**1881년** 수단, 마흐디 항쟁	**1882년** 임오군란, 미·영·독 등과 통상 조약 체결
1885년 톈진 조약 체결	**1889년** 제국 헌법 발표	
1894년 청·일 전쟁		**1894년** 동학 농민 전쟁, 갑오개혁 실시
1898년 독일, 산둥의 자오저우만 조차 무술 변법,	**1898년** 필리핀, 아기날도 독립 선언	**1897년** 대한제국 성립
1899년 의화단 운동	**1902년** 영일 동맹 성립	
	1904년 러일 전쟁	
1905년 쑨원, 중국 동맹회 결성	**1905년** 러시아, 피의 일요일 사건 이란, 입헌 혁명	**1905년** 을사조약
	1906년 인도, 스와데시·스와라지 운동	
	1907년 영·프·러 3국 협상 성립	
1909년 자의국 개설	**1909년** 오스만 제국, 무스타파 케말의 혁명 해방군이 이스탄불 장악	
1911년 신해혁명	**1910년** 멕시코 혁명	**1910년** 한일 병합 조약
1912년 중화민국 성립		
	1914년 사라예보 사건, 제1차 세계 대전 발발	
	1915년 제1차 세계 대전 참전, 중국에 21개조 요구	
	1917년 러시아 혁명	
1919년 5·4 운동	**1919년** 인도, 간디의 비폭력·무저항 운동 베르사유 조약, 독일 바이마르 공화국 성립	**1919년** 3·1 운동, 대한민국 임시정부 수립
1921년 중국 공산당 창당	**1922년** 소비에트 사회주의 공화국 연방 수립	
	1923년 터키 공화국 수립	
1924년 제1차 국공 합작	**1925년** 페르시아, 팔레비 왕조 성립	**1925년** 조선 공산당 결성
1926년 국민당 북벌 시작		
1927년 장제스, 난징에 국민정부 수립		**1927년** 신간회 결성
1928년 국민정부 북벌 완수	**1929년** 미국, 대공황 발생	
	1930년 호찌민, 베트남 공산당 창당	
1931년 일본의 만주 침략	**1931년** 만주사변	
	1933년 미국, 뉴딜 정책	
1934년 공산당 대장정	**1936년** 에스파냐 내전	
1937년 중일 전쟁 발발, 제2차 국공 합작, 난징 대학살	**1939년** 제2차 세계 대전	**1940년** 한국 광복군 창설
	1941년 태평양 전쟁	**1941년** 임시 정부, 건국 강령 발표 및 대일 선전 포고
1945년 중국, 일본군의 항복을 받음	**1945년** 히로시마·나가사키에 원자 폭탄 투하, 패전	**1945년** 해방, 미·소 군정 실시

368   처음 읽는 중국사

중국	세계	한국
	얄타 회담, 독일 항복, UN 성립	
	아랍 연맹 결성	
	베트남 민주 공화국 수립	
	캄보디아 독립 선언	
	인도네시아 독립 선언	
	1946년 필리핀 공화국 수립	
	덴노의 인간 선언, 일본국 헌법 공포	
1947년 국·공 내전 재개	1947년 미국, 트루먼 독트린 발표, 마셜 계획 발표	
	인도 연방과 파키스탄 자치령 분리 독립	
1949년 중화인민공화국 수립	1948년 이스라엘 건국, 제1차 아랍·이스라엘 전쟁	
1950년 한국 전쟁 참전, 토지개혁 실시	미얀마 독립	1950년 한국 전쟁 발발
1951년 티베트 점령		
1954년 중화인민공화국 헌법 제정		
1958년 대약진 운동 시작		
1959년 중국·인도 국경 분쟁	1960년 나이지리아 독립	1960년 4·19 혁명
	1962년 알제리 독립	
1966년 문화 대혁명 시작	1965년 베트남 전쟁	
	1968년 체코, 프라하의 봄	
	프랑스, 파리에서 학생들의 5월 혁명	
1971년 UN 가입	1972년 미국, 중국과 국교 수립	1972년 7·4 남북 공동 성명 발표
	1973년 칠레, 아옌데 정권 붕괴	
1976년 마오쩌둥 사망	제1차 석유 파동	
1978년 개혁·개방 정책의 본격화	1978년 제2차 석유 파동	
	1979년 소련, 아프가니스탄 침공	
	1980년 이란·이라크 전쟁	1980년 5·18 민주화 운동
	1982년 이스라엘, 레바논 침공	
	1986년 소련, 체르노빌 원자력 발전소 방사능 유출 사고	
	1988년 팔레스타인, 독립국 선언	1987년 6월 민주 항쟁
1989년 톈안먼 사태	1990년 독일 통일	
	1991년 유고 내전, 발트 3국 독립	
	1992년 소련의 해체	
	1993년 유럽연합 출범	1992년 중국과 국교 수립
1997년 홍콩 돌려받음, 덩사오핑 사망	1998년 유고, 코소보 사태	1994년 북한, 김일성 사망
1999년 마카오 돌려받음	1999년 유럽 단일 통화 출범	1997년 IMF 구제 금융
	2001년 미국, 9·11 테러	
	2003년 미국, 이라크 침공	2000년 남북 정상 회담, 6·15 선언
2008년 베이징 올림픽 개최	2011년 후쿠시마 원전 참사	2007년 남북 정상 회담, 10·4 선언
		2018년 남북 정상 회담, 판문점 선언, 평양 선언

● 중국 역대 왕조

| 중국 문명의 형성 | 기원전 25세기 |

| 하 | 기원전 21세기 ~ 기원전 16세기 |

| 상 | 기원전 16세기 ~ 기원전 1066 |

| 주 | 기원전 1046 ~ 기원전 770 |

| 춘추 | 기원전 770 ~ 기원전 403 |

| 전국 | 기원전 403 ~ 기원전 221 |

| 진 | 기원전 221 ~ 기원전 206 |

| 전한 | 기원전 202 ~ 기원후 9 |

| 후한 | 25 ~ 220 |

| 삼국시대
(위, 촉, 오) | 220 ~ 280 |

| 진
(서진, 동진) | 265 ~ 420 |

| 남북조시대 | 439 ~ 589(북위의 북중국 통일과 수의 통일) |

수	문제	581 ~ 604
	양제	604 ~ 618
	공제	618 ~ 619

당	고조	618 ~ 626
	태종	626 ~ 649
	고종	649 ~ 684
	중종	684
	예종	684 ~ 690
	측천무후	690 ~ 705
	중종	705 ~ 710

당	예종	710 ~ 712	
	현종	712 ~ 756	
	숙종	756 ~ 762	
	대종	762 ~ 779	
	덕종	779 ~ 805	
	순종	805	
	헌종	805 ~ 820	
	목종	820 ~ 824	
	경종	824 ~ 826	
	문종	826 ~ 840	
	무종	840 ~ 846	
	선종	846 ~ 859	
	의종	859 ~ 873	
	희종	873 ~ 888	
	소종	888 ~ 904	
	애제	904 ~ 907	
오대 (후량, 후당, 후진, 후한, 후주)		907 ~ 960	
북송	태조	960 ~ 976	
	태종	976 ~ 997	
	진종	997 ~ 1022	
	인종	1022 ~ 1063	
	영종	1063 ~ 1067	
	신종	1067 ~ 1085	
	철종	1085 ~ 1100	
	휘종	1100 ~ 1125	
	흠종	1125 ~ 1127	
남송	고종	1127 ~ 1162	
	효종	1162 ~ 1189	
	광종	1189 ~ 1194	
	영종	1194 ~ 1224	
	이종	1224 ~ 1264	
	도종	1264 ~ 1274	
	공종	1274 ~ 1276	
	단종	1276 ~ 1278	

	남송	제병	1278 ~ 1279
	요		907 ~ 1125
	서하		1032 ~ 1227
	금		1115 ~ 1234
	몽골		1206 ~ 1270
원		세조	1271 ~ 1294
		성종	1294 ~ 1307
		무종	1307 ~ 1311
		인종	1311 ~ 1320
		영종	1320 ~ 1323
		진종	1323 ~ 1328
		명종	1328 ~ 1329
		문종	1329 ~ 1332
		혜종	1333 ~ 1370
명		홍무제	1368 ~ 1398
		건문제	1398 ~ 1402
		영락제	1402 ~ 1424
		홍희제	1424 ~ 1425
		선덕제	1425 ~ 1435
		정통제	1436 ~ 1449
		경태제	1449 ~ 1457
		천순제	1457 ~ 1464
		성화제	1464 ~ 1487
		홍치제	1487 ~ 1505
		정덕제	1505 ~ 1521
		가정제	1521 ~ 1566
		융경제	1566 ~ 1572
		만력제	1572 ~ 1620
		태창제	1620
		천계제	1620 ~ 1627
		숭정제	1627 ~ 1644

청	태조	1616 ~ 1626	
	태종	1626 ~ 1643	
	순치제	1643 ~ 1661	
	강희제	1661 ~ 1722	
	옹정제	1722 ~ 1735	
	건륭제	1735 ~ 1795	
	가경제	1796 ~ 1820	
	도광제	1820 ~ 1850	
	함풍제	1850 ~ 1861	
	동치제	1861 ~ 1874	
	광서제	1874 ~ 1908	
	선통제	1908 ~ 1911	
중화민국		1911	
중화인민공화국 (역대 국가 주석)	마오쩌둥	1949 ~ 1959	
	류사오치	1959 ~ 1968	
	리셴녠	1983 ~ 1988	
	양상쿤	1988 ~ 1993	
	장쩌민	1993 ~ 2003	
	후진타오	2003 ~ 2012	
	시진핑	2013 ~	

● 참고문헌

· J.J.클라크, 장세룡 옮김, 《동양은 어떻게 서양을 계몽했는가》, 우물이있는집, 2004.

· 가와카쓰 요시오, 임대희 옮김, 《중국의 역사(위진 남북조)》, 혜안, 2004.

· 강진아, 《문명제국에서 국민국가로》, 창비, 2009.

· 고지마 신지, 최진규 옮김, 《홍수전》, 고려원, 1995.

· 기시모토 미오 · 미야지마 히로시, 김현영 · 문순실 옮김, 《조선과 중국 근세 오백년을 가다》, 역사비평사, 2004.

· 김관도 · 유청봉 엮음, 김수중 · 박동헌 · 유원준 옮김, 《중국문화의 시스템론적 해석》, 천지, 1994.

· 김성동 · 백원담 엮음, 《중국 철학산책》, 백산서당, 1996.

· 김원중, 《중국문화사》, 을유문화사, 2001.

· 김학관, 《손중산과 근대 중국》, 집문당, 2004.

· 김호동 역주, 《마르코폴로의 동방견문록》, 사계절, 2000.

· 노신 외, 임대근 옮김, 《격동의 100년 중국》, 일빛, 2005.

· 다나까 마사도시, 배손근 옮김, 《중국근대경제사연구서설》, 인간사, 1983.

· 데이비드 문젤로, 김성규 옮김, 《동양과 서양의 위대한 만남 1500－1800》, 휴머니스트, 2009.

· 라이샤워, 조성을 옮김, 《중국 중세사회로의 여행》, 한울, 1991.

· 러우칭시, 이주노 옮김, 《중국 고건축 기행》, 컬처라인, 2002.

· 리우스, 이동민 옮김, 《모택동》, 오월, 1988.

· 마리－클레르 베르제르, 박상수 옮김, 《중국현대사》, 심산, 2009.

· 마츠바라 사브로 엮음, 최성은 외 옮김, 《동양미술사》, 도서출판 예경, 2003.

· 미야자키 이치사다, 중국사연구회 옮김, 《중국의 시험지옥－과거》, 청년사, 1995.

· 박원호 외, 《15－19세기 중국인의 조선인식》, 고구려연구재단, 2005.

· 박은화 엮음, 《중국회화 감상》, 예경, 2001.

· 박한제 · 김형종 · 김병준 · 이근명 · 이준갑, 《아틀라스 중국사》, 사계절, 2007.

· 박한제 · 김호동 · 한정숙 · 최갑수, 《유라시아 천년을 가다》, 사계절, 2002.

· 방향숙 외, 《한중 외교 관계와 조공책봉》, 고구려연구재단, 2005.

· 백영서 외, 《동아시아의 지역질서－제국을 넘어 공동체로》, 창비, 2005.

· 사마천, 김원중 옮김, 《사기본기》, 민음사, 2010.

· 사마천, 김원중 옮김, 《사기열전》, 민음사, 2007.

· 서울대 동양사학 연구실 편, 《강좌 중국사 1－7》, 지식산업사, 1994.

· 小島晋治 丸山松幸, 박원호 옮김, 《중국근현대사》, 지식산업사, 1994.

· 송승엽, 《중국 개혁개방 30년》, 휴먼비전, 2008.

· 스기야마 마아사키, 임대희 · 김장구 · 양영우 옮김, 《몽골 세계제국》, 신서원, 2004.

· 신동준, 《인물로 읽는 중국 근대사》, 에버리치홀딩스, 2010.

· 신성곤 · 윤혜영, 《한국인을 위한 중국사》, 서해문집, 2010.

· 아마코 사토시, 임상범 옮김, 《중화인민공화국 50년사》, 일조각, 2006.

· 안정애 · 양정현, 《중국사 100장면》, 가람기획, 1998.

· 알랭 루, 정철웅 옮김, 《20세기 중국사》, 책과함께, 2010.

· 岩間一雄, 김동기 · 민혜진 옮김, 《중국정치사상사 연구-중국봉건사상의 정치경제사적 분석》, 동녘, 1993.

· 양승윤 외, 《바다의 실크로드》, 청아출판사, 2003.

· 옌 총니엔, 장성철 옮김, 《대청제국 12군주열전(상, 하)》, 산수야, 2007.

· 우덕찬, 《중앙아시아사 개설》, 부산외국어대출판부, 2001.

· 유용태, 《환호 속의 경종》, 휴머니스트, 2006.

· 이상옥, 《현대중국사(1945-2009)》, 전주대학교출판부, 2010.

· 이시바시 다카오, 홍성구 옮김. 《대청제국 1616-1799》, 휴머니스트, 2009.

· 이재정, 《중국사람들은 어떻게 살았을까》, 지영사, 1999.

· 이춘식, 《중국사 서설》, 교보문고, 1995.

· 저우스펀, 김영수 옮김, 《중국사 강의》, 돌베개. 2006.

· 정은주 · 박미란 · 백금희, 《비단길에서 만난 세계사》, 창비. 2005.

· 정준희, 《중앙아시아-대륙의 오아시스를 찾아서》, 청아출판사, 2004.

· 제임스 류, 이범학 옮김, 《왕안석과 개혁정책》, 지식산업사, 1992.

· 조영명 엮음, 《중국현대사의 재조명》, 온누리, 1985.

· 존 K. 페어뱅크 · 에드윈 O. 라이샤워 · 앨버트 M. 크레이그, 김한규 · 전용만 · 윤병남 옮김, 《동양문화사 (상, 하)》, 을유문화사, 1994.

· 존 M. 홉슨, 정경옥 옮김, 《서구문명은 동양에서 시작되었다》, 에코리브르, 2005.

· 주장환, 《중국의 엘리트-마오쩌둥에서 제5세대 지도자들까지》, 살림, 2010.

· 진순신, 정태원 옮김, 《시와 사진으로 보는 중국 기행》, 예담, 2004.

· 토머스 후블러, 이원하 옮김, 《인물로 읽는 세계사-주은래》, 대현출판사, 1993.

· 판수즈, 이재훈 옮김, 《중국사 16마당》, 이끌리오, 2009.

· 필립 리처드슨, 강진아 외 옮김, 《쟁점으로 읽는 중국 근대 경제사 1800-1950》, 푸른역사, 2007.

· 한인희 외, 《중국 속의 중국 1-G2》, 대선, 2010.

· 한중일3국공동역사편찬위원회, 《미래를 여는 역사》, 한겨레출판, 2005.

〈주요 참고논문〉

· 강명희, 〈1940년대 한중 중간노선의 '신민주'的 국가건설 지향〉, 중국근현대사연구 제36집, 2007.

· 강진아, 〈16~19세기 중국경제와 세계체제 : "19세기 분기론"과 "중국 중심론"〉 이화사학연구 제31집, 2004.

· 곽덕환, 〈후진타오 시대의 중화민족 중흥전략〉, 중국연구 36, 2005.

· 김동환, 〈1955~1962 기간의 중국 대외정책에 관한 연구 - 반둥회의와 아시아 · 아프리카 인민연대회의를 중심으로〉, 국제지역연구 제13권 3호, 2009.

· 김영환, 〈중화주의로서의 유학〉, 철학사상 40, 2011.

· 김정계, 〈중국공산당 통치이데올로기의 변용과정 연구 : 마오쩌둥에서 후진타오까지〉, 동아인문학 제14집, 2008.

· 김정호, 〈17세기 중국변동기 한족 사대부 개혁론의 의의와 한계 : 황종희와 왕부지의 정치사상을 중심으로〉, 한국정치외교사논총 제26집 1호, 2004.

· 김종윤, 〈근대 중국 지식인들의 서양 민주정치제도에 대한 인식〉, 전주사학 4, 1996.

· 김창규, 〈장개석의 《중국지명운》과 중국공산당〉, 중국근현대사연구 제22집, 2004.

· 김창규, 〈현행 고등학교 세계사 교과서의 근대 이전 중국사 서술의 특징과 문제점〉, 중등교육연구 제53집, 2005.

· 김창규, 〈현행 고등학교 세계사 교과서의 중국 근현대사 서술체제와 내용분석〉, 사회과교육 제43권 4호, 2004.

· 김태승, 〈현대중국의 역사서술에 나타난 근대주의와 근대성 - 중국 근대사 인식을 중심으로〉, 국제중국학연구 제46집, 2002.

· 대외경제정책연구원, 〈신중국 60주년 경제사회발전과 변화〉, KIEP북경사무소브리핑, 2009.

· 박병석, 〈중국, 중국인, 중국 문화 : 중국의 국가, 국민 및 민족 명칭 고찰〉, 사회이론 26, 2004.

· 박장배, 〈근현대 중국의 역사교육과 중화민족 정체성 2 - 중화인민공화국 시대의 민족통합 문제를 중심으로〉, 중국근현대사연구 제20집, 2003.

· 박지훈, 〈12세기 남중국 지역사회의 서원 네트워크〉, 국제중국학연구 49, 2004.

· 박지훈, 〈당송변혁기 화이관의 이해〉, 국제중국학연구 40, 1999.

· 백영서, 〈공화에서 혁명으로 : 민초 논쟁으로 본 중국 국민국가 형성〉, 동양사학연구 제59집, 1997.

· 안경식, 〈직하학궁의 교육사적 의의〉, 교육사상연구 제12집, 2003.

· 오병수, 〈중국 중등학교 역사교과서의 서술양식과 역사인식〉, 역사교육 80, 2001.

· 유용태, 〈중국정치협상회의와 건국민의의 향방, 1944-1949〉, 동양사학연구 제106집, 2009.

· 유장근, 〈한·모택동주의적 근대상과 만청적 근대상 사이에서〉, 명청사연구 제32집, 2009.

· 윤휘탁, 〈중국 중·고교 역사교과서에 반영된 중화의식〉, 중국사연구 제45집, 2006.

· 윤휘탁, 〈중국의 '사회주의 정신문명' 건설과 유가적 전통문화 : 21세기 중국인상의 모색과 관련하여〉, 중국근현대사연구 제10집, 2000.

· 이강수, 〈춘추전국시대 사회사상개관〉, 중국철학 3, 1992.

· 이동윤, 〈송대 해상무역 제문제〉, 동양사학연구 17, 1982.

· 이성형, 〈유럽중심주의를 넘어서 : 명청시대 재해석을 중심으로〉, 중소연구 116호, 2008.

· 이은자, 〈중국 근대사 서술에 대한 두 가지 시각 : 중국 역사교과서와 대만 역사교과서의 비교 분석을 중심으로〉, 사총 66, 2008.

· 이화승, 〈중국 전통상인의 정체성 연구-타인의 시각에서 주인공으로〉, 국제중국학연구 62, 2010.

· 장쩌민, 〈중국공산당 제15차 전국대표대회에서의 보고(1997. 9. 12)〉, 중소연구 통권 74호, 1997.

· 정혜중, 〈명청시기 이주와 한족의 확산〉, 동양사학연구 제105집, 2008.

· 조병한, 〈해방체제와 1870년대 이홍장의 양무운동〉, 동양사학연구 제88집, 2004.

· 천성림, 〈내셔널 아이덴티티를 찾아서 : 20세기 중국의 '황제'와 '중화민족' 만들기〉, 대구사학 제81집, 2005.

· 홍원식, 〈'동림당 사건', 강소 무석의 동림서원〉, 오늘의동양사상 제20호, 2009.

· 황동연, 〈중국현대사 속의 중화인민공화국 50년〉, 창작과 비평, 1999.

· 황동연, 〈중국현대사 이해의 문제점들과 그 극복의 전망〉, 중국근현대사연구 10집, 2000.

처음 읽는 중국사

1판 1쇄 발행일 2014년 4월 21일
개정판 1쇄 발행일 2018년 12월 17일
개정판 9쇄 발행일 2024년 7월 29일

지은이 전국역사교사모임

발행인 김학원
발행처 (주)휴머니스트출판그룹
출판등록 제313-2007-000007호(2007년 1월 5일)
주소 (03991) 서울시 마포구 동교로23길 76(연남동)
전화 02-335-4422 **팩스** 02-334-3427
저자·독자 서비스 humanist@humanistbooks.com
홈페이지 www.humanistbooks.com
유튜브 youtube.com/user/humanistma **포스트** post.naver.com/hmcv
페이스북 facebook.com/hmcv2001 **인스타그램** @humanist_insta

편집주간 황서현 **편집** 최윤영 박상경 강승훈 이영란 **디자인** 유주현 민진기디자인
지도 임근선 **일러스트레이션** 구연산 **사진제공** 셔터스톡 최종명
용지 화인페이퍼 **인쇄** 청아디앤피 **제본** 민성사

ⓒ 전국역사교사모임, 2018

ISBN 979-11-6080-185-9 03900